공부를 지배하는 독서법
# 딥코어리딩

독서 코끼리의 주인이 되라!

## 공부를 지배하는 독서법, 딥코어리딩
독서 코끼리의 주인이 되라!

**초판 1쇄 발행** 2022년 10월 22일

**지은이** 박동호
**펴낸이** 장길수
**펴낸곳** 지식과감성#
**출판등록** 제2012-000081호

**교정** 한지현
**디자인** 이현
**편집** 이현, 정슬기
**검수** 서은영, 이현
**마케팅** 고은빛, 정연우

**주소** 서울시 금천구 벚꽃로298 대륭포스트타워6차 1212호
**전화** 070-4651-3730~4
**팩스** 070-4325-7006
**이메일** ksbookup@naver.com
**홈페이지** www.knsbookup.com

ISBN 979-11-392-0707-1(03370)
값 15,000원

- 이 책의 판권은 지은이에게 있습니다.
- 이 책 내용의 전부 또는 일부를 재사용하려면 반드시 지은이의 서면 동의를 받아야 합니다.
- 잘못된 책은 구입하신 곳에서 바꾸어 드립니다.

지식과감성#
홈페이지 바로가기

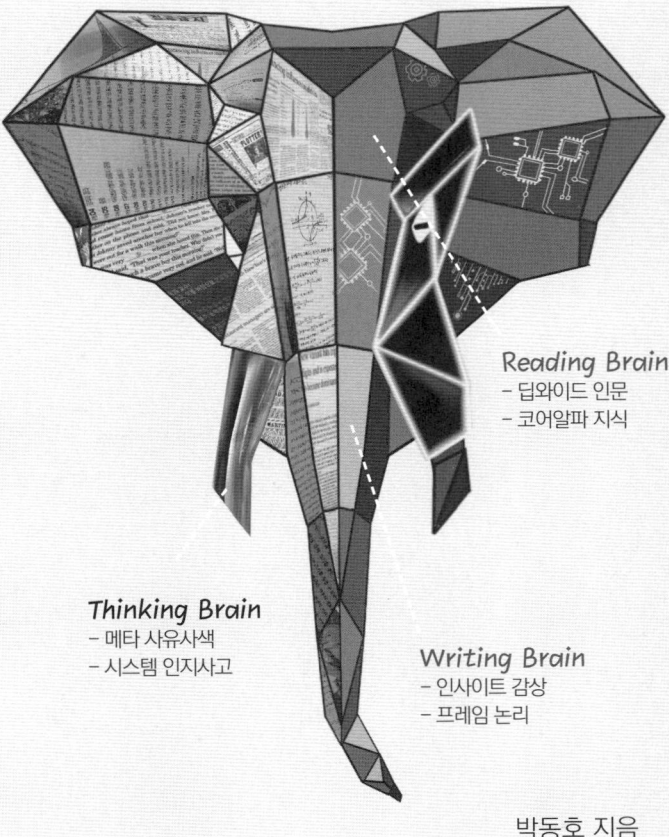

책 읽는 최상의 뇌
# 독서 코끼리의 주인이 되라!

Reading elephant Brain

**Reading Brain**
- 딥와이드 인문
- 코어알파 지식

**Thinking Brain**
- 메타 사유사색
- 시스템 인지사고

**Writing Brain**
- 인사이트 감상
- 프레임 논리

박동호 지음

공부에 강한, 공부보다 더 강한 독서 **Deep-Core Reading**은
지속적인 성장을 이끄는 **투트렉 교차 독서법**으로
미래인재역량의 핵심 코드인 **공감 문해력**을 계발시켜 줄 것입니다.

공부에 강한, 공부보다 더 강한 독서
영원한 독서형 인재의 핵심 코드
## DEEP-CORE READING

공감 문해력과
투 트랙 교차 독서법으로
행복한 독서와 성공하는 공부를 하자!

누구의 독서법이 아닌
누구나의 독서법
딥코어리딩은
모든 독서의 플랫폼이 될 것입니다.

최상의 책 읽는 뇌
King of Reading
독서 코끼리의 주인이 되어
공부와 독서를 다스리자!

진짜 공부 공학 전문가의 심쿵한 솔루션

## [프롤로그]

*모든 길은 로마로 통한다.*
*모든 독서가 통하는 길은 없을까?!*

　다양한 책과 유튜브에서 독서와 관련해 많은 조언을 합니다. 문제는 단편적이고 개인적인 정보의 양이 너무 많아 자신에게 적합한 방법을 골라내는 것이 어렵다는 것입니다. 진흙 속에 묻힌 보석을 캐내듯 말이죠. 심지어 좋은 포장지에 쌓인 해로운 정보로 인해 혼란에 빠지기도 쉽습니다. 많은 사람들이 독서를 하거나 독서 교육을 받고 있지만, 실상은 큰 변화를 경험하지 못하거나 제 나이에 맞게 편성된 교과서나 교양서조차 제대로 이해하지 못하는 경우가 대부분입니다. 분명 독서의 이점은 여러 사람이 알고 있는 것 같은데 말이죠.

　식이요법과 규칙적인 생활 습관을 권유하는 것은 건강한 사람이 질병에 걸리지 않도록 예방하는 데는 효과적일 수 있습니다. 그러나 이미 위중한 병에 걸린 사람에게는 의미가 없습니다. 이미 앓고 있는 질환이 있다면 전문가의 진단, 투약 또는 수술을 거쳐 실질적인 치료를 하는 것이 환자에게 보다 이로울 것입니다.

　또한 탁월한 능력과 기술을 갖추는 데 있어서 가벼운 조깅과 기초 체력 훈련만으로는 한계가 있습니다. 필요한 고도의 기술을 지속적으로 단련해야 합니다.

독서나 공부도 마찬가지입니다. 여태껏 건강한 습관을 들여온 사람에게는 어떤 방식으로 접근을 하든지 성장하는 데 보탬이 됩니다. 예방을 위해 규칙적으로 운동을 하는 것과 같습니다. 다만 이미 독서와 공부에 문제가 발생했거나, 아주 높은 수준으로 도약하기 위해서는 다른 방법이 필요합니다. 정확하게 자신의 상태를 파악하고, 적절한 해결책이 필요합니다.

딥코어리딩은 성공적인 독서를 지배하는 법칙들을 정리했습니다. 진짜 공부에 도움 되는 학습 독서는 물론 공부를 뛰어넘는 성장 독서, 공부와는 다른 독서 고유의 향과 맛을 느낄 수 있는 독서다운 독서에 대한 설명 모두를 담았습니다. 딥코어리딩은 원리와 기술, 이론과 실천, 감성과 지성, 이상과 현실 등 모든 독서의 길을 이어주는 독서의 플랫폼이자 기준이 되어 줄 것입니다.

부모님과 교육자들이 가장 적절한 시기에 적절한 도움을 줄 수 있는 자기 훈련 및 자녀 교육 설계 방법을 설명해 줄 것입니다. 더불어 숙련된 독서가로 자신의 수준을 스스로 향상시키는 구체적인 도구들도 소개합니다.

여기에 소개되는 독서법은 수많은 독서 방법의 성공 원리와 본질을 꿰뚫어 하나로 통합하고 최신의 두뇌기반 인지원리와 현장에서의 깊은 경험을 기반으로 엄선해 정리한 것들입니다. 막힌 문을 뚫어주는 독서의 패스워드이자 열쇠가 되어줄 것입니다.

완벽한 아름다움이란 더할 수도 뺄 수도 없는 것을 말한다고 합니다. 딥코어리딩은 진정성을 가지고 아름다운 독서법을 보여드리고자 욕심을 부렸습니다. 가벼운 에세이처럼 짧게 쓴 글이 아니라 약간은 긴 호흡과 체계를 갖추고 있습니다. 목차를 중심으로 체계를 잡고 사전처럼 궁금한 부분을 찾아 읽거나 목적에 따라 순서를 정해 읽기를 바랍니다.

여느 독서 전문가들과는 다른 진짜 공부 전문가의 새로운 시선과 솔루션으로 여러분의 독서 역량을 성장시키는 여정에 도움이 되길 바랍니다.

2022년
목동 연구실에서
공부 공학 전문가 박동호 드림

공부는 학습과 탐구, 독서와 생각 모두를 통해 지식과 의식을 성장시키는 것이다.
공학은 누구나 한계를 지속적으로 극복할 수 있는 도구와 방법을 만드는 것이다.
전문가는 해당 분야의 다양한 상황별 문제를 진단하고 해결하는 사람이다.

# 목차

**[프롤로그] 6**
**INTRO 독서와 코끼리 16**

## I
## 최적의 독서법
## 최고의 독서는 없어도 최적의 독서는 있다

### 1. 차이 나는 독서     27
    (1) 독서 전문가와 학습 전문가의 시선은 다르다.     27
    (2) 약한 독서와 강한 독서는 다르다.     31
    (3) 좋은 독서와 위대한 독서는 다르다!     34
    (4) 독서 코끼리는 차원이 다르다.     35

### 2. 뇌 과학이 독서와 공부의 읽기에 전하는 메시지     46
    (1) 차이나는 두뇌, 두뇌는 진화한다.     47
    (2) 타이밍을 놓치면 되돌릴 수 없다!     51

### 3. 최적의 독서 – 투 트랙 교차 독서법     53
    (1) 독해력과 문해력 그리고 리터러시는 다르다!     54
    (2) 공부에 강한 독서와 공부를 뛰어넘는 독서를 하라!     58
    (3) 지속 가능한 발전을 가져오는 최적의 독서를 하라!     62

# II
## 독서 코끼리의 눈과 귀 – 딥코어리딩

### 1. 독서형 융합 인재의 핵심 코드    68
   (1) 아레테 인문 독서와 로고스 지식 독서를 하자!    68
   (2) 참을 수 없이 가벼운 독서를 뛰어넘다.    73
   (3) 딥코어리딩의 지향점    74

### 2. 리딩 트랙 ONE – 딥와이드 마음공감 리딩
   – 공부를 뛰어넘는 인문 독서법    78

   (1) 인문독서의 열쇠 – 딥와이드 공감(共感)리딩    78
      What 인문 독서? – 인문학적 상상력을 일깨워 주는 놀라운 책의 비밀    78
      Why 인문 독서! – 지속적 성장과 행복을 가져다주는 고귀한 선물    82
      How 인문 독서 – 우선 문해력의 해석 기준을 세우고 사유와 사색하라!    82

   (2) 딥와이드 · 공감 리딩 설계 원칙    85
      CODE 01 슬로리딩: 천천히 읽어 깊이 이해하라!    86
      CODE 02 테크리딩: 기술적 읽기로 누구나 성공하는 읽기를 하라!    92
      CODE 03 심플리딩: 중요한 것에 집중하여 강한 읽기를 하라!    97

   (3) 딥와이드 공감 리딩 핵심 기술 – 인문 문해력의 필살기    102
      SKILL 01 기본 기술 – ERA 리딩 [감이행 리딩]    102
      SKILL 02 발전 기술 – 4차원 인문 독서 기술    108

   (4) 최상급 인문독서 기술 – 마음 공감 독서법    113
      감상 인문 독서 – 시인의 인문학적 상상력을 일깨워라!    114
      성찰 인문 독서 – 내 삶의 CEO가 되어 자신을 혁신하라!    115
      지혜 인문 독서 – 유대인의 두뇌를 훔쳐라!    118
      궁리 인문 독서 – 철학자처럼 사유 사색을 사랑하라!    122

## 3. 리딩 트랙 TWO : 코어알파 공부감각 리딩
### - 공부에 강한 지식 독서법 · · · 125

#### (1) 지식 독서의 열쇠 - 코어알파 공감(工感)리딩 · · · 125
- What 지식 독서? - 지식 학문의 구조를 뇌에 그려 주는 책의 비밀 · · · 126
- Why 지식 독서! - 빠른 성공을 가져오는 힘 센 무기 · · · 128
- How 지식 독서 - 체계적 지식을 반복해서 인지 사고하라! · · · 130

#### (2) 코어알파 공감 리딩 핵심 원칙 · · · 132
- **CODE 01 융합 설계 리딩**
  - 지식의 그물을 정교하게 짜서 많은 정보를 잡아라! · · · 134
- **CODE 02 몰입 가속 리딩**
  - 지식의 눈덩이를 굴려 폭발력 있는 지식을 만들라! · · · 138
- **CODE 03 동적 균형 리딩**
  - 다른 페달을 밟아 계속 전진하라! · · · 146

#### (3) 코어알파 공감 리딩 핵심 기술 · · · 152
- SKILL 01 기본 기술: CSI 리딩 [의상연 리딩] · · · 152
- SKILL 02 발전 기술: 4스텝 지식 독서 기술 · · · 156

#### (4) 최상급 지식 독서 기술 - 지식 융합 독서법 · · · 160
- 완성 융합 독서: 설계하고 편집하라 · · · 161
- 균형 융합 독서: 역동적으로 발전하라 · · · 163
- 연쇄 융합 독서: 꼬리에 꼬리를 물고 연결하라 · · · 164
- 변증 융합 독서: 퓨전으로 변형하라 · · · 165
- 다중 융합 독서: 멀티 플레이어로 활동하라 · · · 167
- 협력 융합 독서: 어벤져스처럼 협동하라 · · · 167

# III
## 독서 코끼리의 상아 – 딥코어 씽킹

### 1. 독서와 공부를 다스리는 최상의 생각 기술     174

### 2. 생각의 색깔과 모양은 다르다.     176

### 3. 씽킹 트랙 ONE (Deep사색 & Wide사유)
   – 인문학적 상상력 마음 공감 생각법
    : 공부를 뛰어넘는 지성의 힘을 단련하라!     186

  (1) 초급 인문 독해력 강화 생각법 - 딥와이드 씽킹 도입 훈련     191

    💡 Deep 세로축 사색 훈련: 깊은 생각은 본질을 보는 눈을 준다.     191
    ① 질문의 차원을 나누어 깊은 생각에 연결하라! - 다차원 심층 질문     192
    ② 완성된 질문으로 완벽한 생각을 생산하라!
       - 완성 질문 프레임워크 만들기     194
    ③ 자신만의 주제별 어휘 사전을 만들고 반복하라!
       - 신토픽 어휘 사전 만들기     196

    💡 WIDE 가로축 사유 훈련: 넓은 생각은 다르게 보는 눈을 준다.     198
    ① 다양한 시선으로 입체적 이해력을 높여라! - 다차원 확장 사유하기     199
    ② 연결하는 힘으로 창의력을 키워라! - 와이드 커넥션 연결짓기     202
    ③ 인간 유형과 맥락 이해로 소통 능력을 길러라!
       - 인간/상황 유형 분석하기     204

  (2) 중급 인문 문해력 강화 생각법 - 딥와이드 씽킹 발전 훈련     206

    💡 인물 사전과 역지사지 공감 분석: 천재의 뇌와 마음에 접속하라!     207
    💡 관점 사전과 프레임 사고
      : 다르게 보고 싶으면 개념과 시점을 바꿔라!     209

҉ 인문 개념 사전과 스키마 구축
   : 지식을 묶는 개념과 법칙을 잡아라!  212

### (3) 고급 인문 리터러시 강화 생각법 - 딥와이드 씽킹 완성 훈련   217

 ҉ 메타 감상 사유하기
   : 내 안의 감성의 눈을 회복해 세상의 찬란한 아름다움을 경험하라!  219
 ҉ 메타 성찰 사유하기
   : 내 안의 밝은 빛을 찾아 세상을 비춰라!  222
 ҉ 메타 궁리 사색하기
   : 내 안의 잠든 거인을 일깨워 생각의 쾌락을 즐겨라!  225

## 4. 씽킹 트랙 TWO (Core인지와 +Alpha사고)
지식 학문을 위한 공부 감각 생각법
: 공부에 강한 지식 학문의 힘을 단련하라!  **232**

### (1) 초등 때 완성하는 탁월한 공부 머리 생각법
   - 코어알파 씽킹 도입 훈련  238

 ҉ CORE 인지 구성 훈련
   : 정교한 이해가 진짜 독해력과 공부머리의 시작이다!  238
 ① 그림 생각, 이해의 시작이다-생각 그리기[비주얼씽킹]  240
 ② 논리 연결, 이해의 완성이다-논리적 사고 [로지컬씽킹]  241
 ҉ ALPHA 사고 재구성 훈련: 지식과 생각의 편집은 창조다.  246
 ① 생각을 더하고 빼고 곱하고 나누라
   : 확산 사고 - 사칙 연산 변형하기  247
 ② 압축하고 변형하고 설명하라: 수렴 사고-킹핀 응축 변형하기  249

### (2) 중고등 상위1%로 발전하는 학습 지능 생각법
   - 코어알파 씽킹 발전 훈련  251

 ҉ 본질 사전과 문일지십 인식: 하나를 들으면 열을 아는 뇌를 가져라!  252
 ҉ 범주 사전과 구조 트리: 범주와 구조로 텍스트를 묶고 엮어라!  257
 ҉ 지식 개념 뿌리 사전과 형상화
   : 개념 씨앗의 뿌리를 깊게 내려라!  261

(3) 대학과 취업을 뛰어넘는 미래 지능 생각법 - 코어알파 씽킹 완성 훈련  266

💡 지식 시스템 융합 설계
: 세상의 지식을 연결하고 정복하여 시대 인재가 되라!  271

💡 생각 시스템 융합 설계
: 새로운 세계를 창조하고 다스려 미래 인재가 되라!  275

## Ⅳ
## 독서 코끼리의 코-딥코어 라이팅

### 1. 기록은 지혜와 부를 당기는 자석이다.  284

(1) Pre Reading - 시작은 반을 결정한다  287
(2) In Reading - 기록은 대화다.  287
(3) Post Reading - 지혜의 부엉이는 황혼에 난다.  288

💡 1차 액션: 필기하라, 그리고 분류하라  288
💡 2차 액션: 융합 설계 글을 쓰라  290
① TRACK ONE-인사이트 사유 · 사색 글쓰기  293
② TRACK TWO-프레임 인지 · 사고 글쓰기  295

💡 3차 액션: 생산적인 활동을 하라
: 토론, 발표, 영상 삶 기획, 블로그 글쓰기  299

### 2. Re Doing 시작을 먼저 하는 자가 아닌 완성을 빨리하는 자가 이긴다.  302

[에필로그] 글을 마치며... 304

**INTRO**
# 독서와 코끼리

뜬금없이 독서에 웬 코끼리?
 코끼리는 다양하고 특별한 무언가를 가지고 있습니다. 그런데 그것들이 독서와 만나면 색다른 의미를 만들어 냅니다.

**하나. 코끼리는 동물 중 가장 똑똑한 동물이다.**
 뉴런과 뇌의 크기로 지능의 수준을 판단할 수는 없지만, 코끼리는 육식 동물 중 가장 큰 두뇌를 가지고 있습니다. 코끼리는 뇌가 큰 만큼 신경 세포가 많아서 기억력도 좋고, 주변의 상황을 빠르게 인식할 수 있습니다. 게다가 스스로 계획을 세우고 행동하는 모습도 보입니다. 뛰어난 기억력으로 어렸을 때의 경험이나 주변 환경, 다른 코끼리와의 관계를 오랫동안 기억할 수 있기 때문입니다. 또한 유인원, 돌고래 등과 함께 거울 속 자신을 인식하는 몇 안 되는 동물 중 하나입니다. 독서는 잘 알다시피 무한한 지식을 주고 지능을 높여주며 자신을 돌아보게 합니다.

### 둘. 코끼리는 죽을 때까지 성장한다.

코끼리는 몸은 물론 위턱에 있는 송곳니인 상아조차도 평생 동안 성장합니다. 계속 성장할 수 있기에 코끼리는 가장 커질 수 있습니다. 특히 상아는 고대 시절부터 귀중한 물품으로 취급받았습니다. 독서의 제일 가치는 지속하는 성장입니다. 독서는 일생 동안 우리의 지성과 의식을 일깨워 주고 지혜와 성장을 돕습니다.

### 셋. 코끼리는 가장 강력한 후각과 촉각을 가지고 있다.

코끼리는 가장 뛰어난 후각을 지니고 있습니다. 후각 유전자를 개의 2배 이상, 인간의 5배 이상을 가지고 있습니다. 아프리카 케냐 지방의 야생 코끼리의 경우 이상하게도 다른 사람이 바로 눈앞에서 창을 휘둘러도 별 반응을 보이지 않지만, 마사이족 사람에게는 격하게 공격적인 반응을 보입니다. 수천 년의 정적(政敵)을 옷에서 나는 냄새로 구분하는 것입니다. 독서는 우리를 섬세하게 주변을 지각하고 위험과 기회를 분별할 줄 아는 사람으로 만들어 줍니다.

코끼리는 소리와 촉각을 통해 의사소통을 합니다. 코끼리는 우리 인간이 들을 수 없는 저주파 진동과 소리로 의사소통을 합니다. 거리도 2km가 조금 넘는 거리에 이를 정도라고 합니다. 그리고 사바나 코끼리는 수백 km 떨어진 곳의 폭풍우를 감지할 수 있고, 며칠 전에 미리 비가 올 것을 예측하고 이동한다고 합니다. 독서도 시간과 공간을 초월해 위대하고 훌륭한 사람들과 소통할 수 있도록 돕습니다. 더불어 다른 사람은 볼 수 없는 것을 볼 수 있고, 원하는 것을 찾을 수 있게 하는 눈과 귀를 만들어 줍니다.

### 넷. 코끼리는 초식 동물이다.

초식 동물의 진짜 의의는 다른 동물의 육체에 의존하지 않는다는 것입니다. 직접 자연으로부터 영양분을 섭취해 살아갈 수 있기 때문입니다. 반면 육식 동물은 다른 동물이 있어야 합니다. 다른 동물이 없으면 육식 동물은 죽어야 합니다. 독서는 초식과 같습니다. 스스로 영양분을 섭취할 수 있기 때문입니다. 다른 사람이 가공해 준 것에만 의존한다면 스스로 자립하는 데 한계가 있습니다.

재미있는 것은 초식 동물인 코끼리의 경우 어린 새끼일 때는 악어와 사자, 하이에나 같은 육식 동물로 인해 생명의 위협을 받을 수 있지만, 성장한 후에는 코끼리를 상대할 수 있는 동물은 인간을 제외하고는 없다는 것입니다. 초식을 하는 코끼리는 처음엔 육식 동물보다 약하고 느리지만 후엔 더 강해지듯이, 독서도 처음엔 공부보다 느리고 힘이 약해 보이지만, 많은 독서가 쌓인 후에는 단편적 공부가 많은 독서를 이길 수 없게 됩니다.

다섯. 무엇보다 코끼리는 지상에서 가장 크고 튼튼한 몸을 지니고 있다.

바다에서는 고래, 육지에서는 코끼리의 몸집이 가장 크고 튼튼합니다. 다 자란 코끼리는 천적이 없습니다. 가장 힘이 세기 때문입니다. 튼튼한 다리와 코로 나무도 쉽게 부러트리거나 뽑아버립니다. 그래서 거대한 규모의 강한 조직은 보통 코끼리에 비유되기도 합니다. 인류의 자산인 책은 헤아릴 수 없을 만큼 많을 뿐만 아니라 독서는 우리가 흔히 말하는 어떤 분야의 대가 또는 거인인 거장으로 성장하도록 돕습니다. 절대 경쟁력을 가진 거인은 천적이 없습니다.

이상과 같은 신체적 특징뿐만 아니라 코끼리는 강한 사회적 관계 능력도 보여 줍니다. 코끼리는 홀로도 강하지만 무리를 이루어 서로 도우며 사회생활을 합니다. 코끼리는 자신과 상관없는 다른 무리 출신의 아기 코끼리가 사자나 하이에나에게 위협받고 있으면 다가가서 구출해 줍니다. 죽은 아기 코끼리를 발견하면 주위를 도는 애도를 하며, 동료들과 소통도 잘 하고 유대감도 잘 표현합니다. 공부는 경쟁적 요소가 강한 반면 독서는 협력적 요소가 강합니다. 독서는 더 많은 경험과 다른 사람의 생각을 이해하는 기회를 줍니다. 이는 더 많은 공감을 불러일으켜 더불어 살 수 있는 폭을 키워 줍니다.

불교와 힌두교 같은 종교에서도 코끼리는 특별한 의미를 지닙니다. 특히 가네샤는 힌두교에서 가장 거룩하게 우러러보고 인기 있는 신 중의 하나인 지혜와 학문의 신입니다. 그는 갖가지 장애를 제거해 주며 학문과 성취를 가져다주는 행운의 신으로 코끼리 머리를 하고 있습니다. 독서는 가네샤의 힘을 줍니다. 학문과 일의 성취를 가져다주고 어려움을 이길 수 있는 지식과 지혜를 줍니다.

이처럼 코끼리는 독서와 닮은 점이 많습니다.

특별히 이 책에서 말하는 독서 코끼리는 독서 대상으로서 부담스러울 정도로 많을 뿐만 아니라 계속 증가하는 '거대한 양의 책과 정보'를 말하는 동시에 독서 주체인 우리를 최고의 상태로 만들어 주고 꿈을 이루어 주는 '책 읽고 생각하는 뇌'를 말합니다.

책은 돈만 많이 들고 쓸모없는 애물단지나 통제할 수 없는 부정적 대상을 의미하는 '하얀 코끼리'(White elephant)가 될 수도 있고, 월트 디즈니와 그의 창조적 개발팀이 추구했던 창의성이나 꿈의 실현을 상징하는 '파란 코끼리'(Blue elephant)가 될 수도 있습니다.

당연히 우리는 파란 코끼리의 주인이 되어야 합니다. 이를 위해선 두 가지 노력이 필요합니다.

우선 충분히 힘을 갖고 있음에도 주어진 한계를 스스로 벗어나지 못하는 코끼리 신드롬을 벗어나야 합니다.

어린 코끼리를 나무에 묶어 두면 탈출을 하려 시도하지만 힘이 부쳐 실패합니다. 이 경험과 기억을 가지고 자란 커다란 코끼리는 충분한 힘을 가졌음에도 쉽게 끊을 수 있는 사슬을 끊고 벗어나려는 시도도 하지 않습니다. 독서해 봤자 무엇이 변하겠어?, 나는 원래 책 읽기와는 거리가 멀어!, 적당히 살자! 등 자신의 발전 가능성에 대한 부정적 생각의 사슬을 끊거나 말뚝을 뽑지 못한다면 밀림의 최강자가 아닌 영원히 작은 말뚝에 묶여 있는 코끼리로 살아가야 할 것입니다. 자신의 진정한 힘과 가능성을 자각하고 부정적인 생각의 사슬을 끊는 것이 선행돼야 합니다.

이어 다양한 감성과 의식, 지성과 영성 등의 다양한 풀과 나무를 먹고 성장하는 책 읽는 뇌를 키워야 합니다. 머릿속 독서 코끼리의 주인이 되어 지식 공부는 물론 여러 책의 다양한 영양분을 흡수하여 특별한 힘을 가진 거대한 코끼리나 가네샤 같은 최상의 독서머리를 키워야 합니다. 독서를 통한 지식은 살과 뼈가 되고, 생각은 근육이 될 것입니다. 육식 동물과 같은 공부의 힘을 능가하는 초식 동물 독서 코끼리의 주인이 되어 새로운 지식 정보화 밀림의 절대 강자가 되길 바랍니다.

이 책은 거대한 규모를 자랑하는 독서 대상인 책 코끼리의 전체 구조를 삼차원 독서로 이해시켜 줄 것입니다. 이어 책 읽고 생각하는 뇌인 독서 코끼리의 특별한 힘을 키워 주고, 느리게 성장하는 독서 코끼리의 단점까지 보완해 주는 독서방법으로 딥코어리딩을 소개할 것입니다. 딥코어리딩은 독서, 생각, 글쓰기를 각각 투 트랙으로 나누어 최적화된 훈련 방법을 소개하고 교차해서 효율을 극대화하는 방법과 원리도 소개할 것입니다.

# I

## 최적의 독서법
## 최고의 독서는 없어도
## 최적의 독서는 있다

독서가 중요한 이유는 무덤 수만큼 많을 것입니다. 그중에 특히 독서를 중요시 여기는 이유는 두 가지입니다.

하나는 중요하고 힘 있는 고급 정보는 결국 고급 책에 있다는 것입니다. 고급 정보를 얻기 위해서는 중요한 책을 선별하는 안목과 그 안에 있는 고급 정보를 읽어 낼 수 있는 문해력이 있어야 합니다. 이를 위해서는 우선 다양한 독서 경험이 필요하고 이어 그 안에 있는 내용을 이해할 수 있는 고급 독해력도 필요하다는 것입니다. 고급 책은 정보가 압축되어 있고 뻔한 일상 정보와는 다른 힘이 있습니다. 아는 만큼 보이듯이 아는 정보의 양과 수준이 그 사람입니다.

두 번째는 수동적으로 주어진 것을 듣고 외우는 공부만 해서는 특별하고 탁월한 삶을 살기 어렵다는 것입니다. 특히 요즘과 같은 시대의 변화로는 말이죠. 세상에 숨겨진 승리의 비결과 의미, 아이디어들은 찾아야 하는 보물이지, 주어지는 선물이 아닙니다. 선물로 주어지더라도 그것을 보는 안목이 있어야 합니다. 동물에게 보석을 던져 주어도 그 가치를 모르는 동물은 보석을 돌멩이로 취급하고 지나칠 뿐입니다. 또한 그 귀한 것은 남이 거저 주지 않습니다. 자신에게 적합하고 꼭 필요한 것은 자신이 스스로 적극적으로 찾아내야 합니다. 책은 시공간을 초월해서 가장 강력한 고수들이 평생을 바쳐 알아낸 도구들을 줍니다.

이렇게 독서가 중요하고 만능이라고 하지만 요즘은 왠지 독서와 관계없이 학년이 높아지면 공부가, 나이가 더 들면 취업이 배신을 하는 것 같습니다. 심지어 취업을 하더라도 미래가 만만치 않습니다. 아무리 책을 많이 읽어도 자기 학년의 교과서조차 제대로 이해하지 못하는 아이들이 많습니다. 성인이 되었어도 마찬가지입니다. 대학까지 졸업했는데 취업이 어려워 무능함을 느낍니다. 취업을 해도 변화가 빠른 혼란의 시대에 흔들리지 않는 자신감을 바탕으로 긍정적인 미래를 기대하기 어렵습니다.

대부분의 사람들이 저성장, 수축 사회, 압축 사회, 4차 하이테크놀로지 사회에 직면하여 새로운 역량을 가진 인재 교육의 필요성에 대한 거대 담론에 동의하고 있습니다. 문제는 대부분의 학생과 교육자가 제대로 답을 못하고 애매모호한 상태로 끌려가고 있다는 점입니다. 시대의 흐름에 뒤처진 교과 내용의 단순한 반복, 도전하는 아이가 아닌 실수하지 않는 아이를 만드는 교육은 지속됩니다.

분명 미래에는 근면, 성실하게 노력하여 1등을 거머쥔 사람보단, 창의적이고 유일무이한 한 사람을 필요로 할 것입니다. 하지만 현재 대부분의 학생은 기본적인 학습도 제대로 수행을 못하고 있습니다. 이런 상황에서 미래 교육에 대한 이야기를 꺼낸다면 뜬구름 잡는 주장으로 들릴 게 뻔합니다. 그렇다면 다수의 학생들이 제대로 역량을 발산하지 못하는 상황을 어떻게 해결할 수 있을까요?

신은 인간에게 만물을 다스릴 수 있는 권한을 주었습니다. 생각의 힘으로 동물과 자연을 다스리고, 그 과정에서 존엄성을 얻습니다. 그러나 이것 또한 과거의 일입니다. 현대에서는 경쟁에 대한 두려움과 불안이 새로운 두려움을 낳았고, 인공 지능의 개발로 인해 최소한의 존엄성도 박탈당할 위기에 처했습니다.

이런 조건에서 다시 우리의 존엄성을 되찾을 독서는 무엇일까요?

# 1.
# 차이 나는 독서

## (1) 독서 전문가와 학습 전문가의 시선은 다르다.

"진실의 가장 큰 적은 거짓이 아니라 신화다."

존 에프 케네디 대통령의 말입니다. 신화는 원래 거짓이 그럴듯한 논리로 포장되고 감성적인 요소가 보태져 우리에게 착각을 불러일으킵니다. 대표적으로 "고등학교 1년 만에 전교 꼴찌에서 1등이 되고 의대에 합격했어요.", "선행 학습 없이 학원에도 안 다니고 1등급 맞았어요."가 있습니다. 엄격히 따지면 틀린 말도 아니고 그러한 예도 있지만, 이는 극히 예외적으로 여러 가지 조건이 충족되어야 가능한 결과입니다.

위의 말을 믿고 '중학교 때 공부를 적당히 하다가 고등학교 때 죽도록 공부하면 누구나 잘 할 수 있어.'라고 생각할 수 있습니다. 아이들 스스로 이런 착각을 하는 순간 대부분의 학생들은 되돌릴 수 없는 결과로 가는 지름길에 발을 들이게 되는 것입니다. 대부분의 공개 강의는 현실적으로 필요한 진실을 설명하기보단, 듣기 원하는 이상적인 것을 늘어놓는 경향이 있다 보니 신화는 반복되어 강화됩니다.

저는 개인적으로 근래 봤던 특정 독서 전문가의 일부 주장이 불편했습니다. 20년 동안 연구하며 매어 놓은 결론에 반하는 주장이었기 때문입니다. 제가 연구한 자료를 토대로 일반적인 학생의 사고력 향상을 위해 만든 프로그램과 현장에서 만난 아이들의 모습과는 괴리가 느껴지는 내용들이었습니다. 심지어 무분별하게 강연 영상이 확산되는 걸 보고 놀랐습니다.

이상하다는 생각이 들어 해당 도서와 저자의 강연을 최대한 많이 분석했습니다. 이런 식으로 잘못된 정보가 일파만파 퍼지면 너무나 많은 사람들이 시행착오를 겪어야 하지만 잘못된 정보에 들인 시간과 기회는 누구도 책임져 주지 않습니다. 과거, 선행 학습이 성적을 올리는 데 전혀 도움 되지 않는다는 말이 유행처럼 퍼진 적이 있습니다. 당시 선행 학습의 무의미함을 믿고 진도를 늦추던 학생들이 고등학교에 입학하자 급격하게 어려워진 난이도와 많은 공부량 앞에서 낭패를 겪는 모습을 본 전문가는 뒤늦게 "무조건 천천히 공부하는 것도 적절한 해결책은 아니다."라고 의견을 바꾼 모습을 봤던 기억도 떠올랐습니다. 물론 저의 주장도 언제나 올바른 것은 아니기에 여러분은 한 가지 답안에만 몰두하지 말고, 학습 방법을 두루 살펴보시길 권합니다.

대표적으로 "책만 읽으면 모든 학습 능력이 향상되고 모든 문제가 해결된다!"는 주장도 같은 맥락에서 볼 수 있습니다. 사실 이런 주장은 보통 이상향을 추구하는 교육자, 또는 책을 통해 수익을 얻는 교육 및 출판업계의 관계자분들이 좋아할 말입니다. 하지만 정확한 진실은 일반 독서는 모든 문제를 해결해 주고 완성시켜 주는 게 아니라 전반적으로 기본 바탕을 세워 줄 뿐입니다.

심지어 글밥이 적고 쉬운 이야기책 읽기만으로도 국어 점수가 급격히 오르고 학습 능력이 발전한다는 주장도 합니다. 공부가 힘겨운 사람들은 단순하고 쉬운 방법에 환호할 수밖에 없습니다. 자신의 연령에 맞는 학습을 따라가는 것이 어려워서 좌절했던 사람에게 손쉬운 해결 방안은, 듣는 것만으로도 위로가 되기 때문입니다. 하지만 이게 진짜 올바른 방향일까요?!

아무리 필사, 초록, 슬로리딩, 하브루타 등 여러 방법을 활용하더라도 각 목적에 맞는 성공적인 원리와 본질이 빠져 있다면 독서의 효과는 한계가 있을 것입니다.

나이가 어린 초등학생들에겐 교과 성적을 위한 공부보다 흥미를 잃지 않는 독서 교육을 위해 노력하는 것이 훨씬 중요하다고 생각합니다. 하지만 학교에서 성적이 매겨지기 시작하는 초등학교 고학년이나 중학생부터는 교과서의 진도도 따라가지 못하면서, 단순히 독서 습관만 강조하는 것에는 무리가 있다고 생각합니다. 이때는 소설책 같은 흥미를 위한 독서 보다 독해력을 향상시키고 공부에 직접적으로 도움 되는 독서와 교과 공부에 집중하는 것이 더 효과적인 결과를 얻어낼 수 있습니다.

교과서 지문에서 필요한 정보를 선택, 취합, 추론, 도출 등 고도의 인지 능력을 발달시키기 위해서는 더 높은 차원의 읽기와 사고력이 필요합니다. 학원 강사가 읊어주는 줄거리를 가만히 듣고 외우는 것만으로는 사고력 발달에 한계가 있습니다. 더욱 적극적인 자세로 책을 읽으며 스스로 분석하고 답을 고민하는 것이 좋습니다. 교과서를 읽는 것 또한 독서에 해당되므로 중고등학생은 스스로 교과 과정을 이해하고 정리하는 게 이때 필요한 학습 능력을 향상시키는데 가장 큰 도움이 될 것입니다.

뒤에 제시한 다양한 해결책을 꾸준히 연습한다면 스스로 학습력과 언어 능력을 기르고 기대 이상의 좋은 성적도 거둘 수 있을 것입니다.

최근에는 스마트폰 사용량의 증가로 인한 독해력 저하의 문제를 제기하기도 합니다. 아이들의 독해력 저하는 단순히 어떤 한 가지 원인에 치중되어 있지는 않습니다. 스마트폰이 보급되기 훨씬 이전부터 자기 학년의 교과서를 제대로 이해하는 능력을 가진 사람은 소수였습니다. 오히려 가장 큰 원인은 최근 초중등 학년에서 글을 읽으며 요약정리하는 교과 활동이 줄었기 때문이라고 봅니다. 판서를 통해 지식을 체계화하는 기초적인 연습을 할 시간이 줄고, 읽고 쓰는 시간보다 토론과 체험 활동을 중심으로 교육이 이루어지면서, 아이들 스스로 지식과 생각을 정리할 기회가 많지 않습니다.

그렇다고 해서 독서의 빈자리를 채우기 위한 교육 과정이 편성 되어 있는 것도 아닙니다. 여러 분야를 아우르는 본질에 접근하여 기초 교육을 탄탄히 하고, 이후 상급 교육으로 발전시켜야 했는데 기초 교육을 소홀히 했던 것입니다.

중학교 1학년이 될 때까지 성적에 반영이 되는 시험이 사라졌습니다. 그렇다 보니 한 번이라도 교과서를 제대로 꼼꼼하게 읽어 볼 기회가 없다가 중학교 고학년이 되어 난이도가 급격히 올라간 교과서를 마주하고, 시험도 치르게 되니 공부하면서 어려움에 직면하게 됩니다. 기초가 없으니 글을 이해하는 능력이 부족하고, 이해력과 어휘력이 부족하니 좋은 성적을 받기 어렵고, 좋은 평가를 받지 못하니 독서와 학습이 지루하게 느껴지는 것입니다.

언어 영역에만 국한된 이야기가 아닙니다. 수학, 과학 분야를 배우는 데에도 마찬가지로 적용할 수 있습니다. 기반이 탄탄하지 않으니 무너지는 것입니다.

독서의 최우선은 독서 시간이 행복하도록 돕는 것입니다. 하지만 한 걸음 더 나아가 학습에 대한 조언으로 연결할 때에는, 아이들의 미래에 직접적인 영향을 줄 수 있기 때문에 사실을 확인하고 전달해야 합니다. 감언이설로 겉에서 보기에는 논리적으로 그럴듯하지만 진실이 아닌 정보가 확산되지 않도록 주의를 기울일 필요가 있습니다.

## (2) 약한 독서와 강한 독서는 다르다.

독서는 우리를 위로해 주거나 즐겁게 해 주기도 하고, 세상을 살아가는 데 필요한 생존과 성장의 도구들을 주기도 합니다. 지식, 아이디어, 다양한 생각, 의식, 가치관, 지혜, 감성 등 다양합니다. 독서는 이해력과 표현력, 마음의 공감 능력과 공부 역량을 길러 줍니다. 지식을 융합하여 가치를 생산할 수 있는 힘도 키워 줍니다. 이를 통해 우리는 성공과 행복에 더 가까워질 수 있습니다.

책, 책이 중요한 건 알지만 생각만큼 꾸준히 책을 읽는 사람은 많지 않습니다. 이유가 무엇일까요? 대부분 재미가 없어서, 당장의 이득이 없다고 느껴서, 책장을 덮고 나면 잊어버리니까, 등의 이유로 '이걸 읽어서 뭐 하겠어?'라는 생각을 하기 때문입니다. 물론 현실에 치여 시간도 없고 에너지가 고갈되어서일 수도 있습니다. 원인의 공통점은 독서가 재미있어도 중요성, 필요성을 느끼지 못 하고 우선순위에서 밀려 생각이 행동으로 이어지기가 어려운 것 같습니다. 따라서 독서가 지속적으로 이어지기 위해서는 독서에 대한 재미를 알고 습관이 만들어져 있거나 독서의 가치와 효용성에 대해 인식하고 결단이 필요합니다.

개인적으로 저는 독서 방식에 옳고 그름은 없다고 봅니다. 하지만 책을 읽는 사람의 처지에 따라 약한 읽기와 강한 읽기로 읽기 강도를 구분할 수 있습니다. 그 기준은 '목적이 있는가?' 그리고 '변화와 성장을 가져오는가?', '계속 읽게 만드는가?'라고 생각합니다. 재미로 읽는다고 할지라도 목적이 있어야 합니다.

읽는 사람을 퇴보하게 만드는 독서는 약한 독서입니다. 약한 독서의 예로는 막연한 독서, 독서량만 늘리는 양치기 독서, 의무적 독서, 형식적 독서 등 다양합니다. 강한 독서는 실질적인 성장과 변화를 가져오도록 약한 독서와 반대로 하면 되지 않을까요? 과정과 방법에 이어 결과로 강한 독서와 약한 독서의 구분도 가능합니다. 그 기준은 독서가 가져오는 변화의 결과와 속도 그리고 크기입니다.

책을 많이 읽는 사람들은 시대의 흐름을 빠르게 읽고 트렌드를 앞서갑니다. 하지만 대부분의 사람들은 독서량이 부족해 간신히 따라

가거나 결국 포기합니다. 독서에 대한 인식이 흥미 위주의 독서에만 머물러 있기 때문입니다.《이기는 독서》의 저자 김슬기는 여러 책을 열심히 읽었지만 자신과 지인들의 더딘 성장과 성숙을 경험하고 삶이 왜 변하지 않는지에 대한 의문을 가졌다고 합니다.

독서를 많이 하면 초반에는 내면이 풍성해지고 새로운 생각과 감정 아이디어가 많이 떠오르며 무한히 기쁨을 느낍니다. 하지만 어느 순간 독서는 힌트와 조언을 줄 뿐 진짜 삶의 변화를 가져오고 문제를 해결하는 데 한계가 있다는 것을 알게 됩니다. 충분한 솔루션은 결국 힌트를 바탕으로 자신이 고민해서 상황에 맞게 지식과 아이디어들을 선택하고 발전시켜 실천해 나가야 한다는 당연한 진실을 깨닫게 됩니다. 독서만으로 삶이 변하는 것은 아니라는 것입니다.

낮은 수준의 독서는 실력을 위로 올려 주지 못합니다. 그래서 낮은 수준에만 계속 머무는 독서는 결국은 성장으로부터 멀어질 수 있다는 겁니다. 높은 수준의 독서로 성장할 수 있는 독서에 푹 빠져볼 수 있는 기회를 갖고 강한 독서의 가능성과 의미를 이해하고 경험해야 합니다.

의미 있고 효과적인 독서를 위해서 그리고 인생을 변화시키는 독서가 되기 위해서는 분명한 목표 의식과 전략 그리고 실천이 필요합니다. 실천하는 강한 독서는 빠르게 내면의 성장을 가져오거나 겉으로 드러나는 커다란 생산적인 결과물을 가져오는 독서입니다.

## (3) 좋은 독서와 위대한 독서는 다르다!

짐 콜린스의 저서 《좋은 기업을 넘어 위대한 기업으로》의 첫 장 제목은 '좋은 것은 위대한 것의 적'이라고 쓰여 있습니다. 독서 관련 책에서는 "독서를 좋아하지 않는 아이를 어떻게 하면 독서를 좋아하는 아이로 만들까?" 또는 "독서를 잘하게 하는 방법은 무엇일까?"에 관심을 두고 말하고 있습니다. 짐 콜린스의 생각을 질문에 적용하면 단지 책을 좋아하고 잘 읽는 게 목표의 전부라면 위대한 독서가로서 탁월한 성취를 얻지는 못할 수도 있다는 걸 알 수 있습니다. 왜냐면 독서를 단순히 좋아하고 즐기는 것에 만족하고 그 이상에 대해 고민하지 않기 때문입니다.

독서는 우리에게 기대하는 만큼만 주는 것 같습니다. 재미를 기대하면 재미난 것만 찾게 되고, 독해력, 언어력을 추구하면 또 그만큼만 보일 것입니다. 독서를 안 하는 사람들이 더 많지만 독서를 좋아한다고 해도 독서를 통해 탁월해지는 경우는 드문 것 같습니다. 이런 상황에서 굳이 좋은 '독서가'가 되어야 할 이유가 있을까요?

독서를 안 해도 언어 능력과 머리가 좋아지는 방법은 있습니다. 순전히 교양과 언어 능력을 위한다면 더욱이 이미 머리가 좋은 학생과 시험을 보지 않는 성인이 독서를 할 필요는 없어집니다. 그냥 사는데 지장 없을 정도의 언어 능력과 교양 정도는 있으니까요. 바로 이렇게 기대 수준이 작을 때 독서를 하지 않게 되는 것입니다.

하지만 독서를 통해 생산적인 사람이 되고, 사업은 성공하고, 세상을 보는 눈이 좋아져 유능한 사람이 되고, 더 큰 쾌락을 느낄 수 있다면? 또한 특별한 경험을 가질 수 있고 내적 자아가 충만해지고 강해지는 경험을 할 수 있다면? 만족과 큰 기쁨을 얻을 수 있다면?

이 책은 좋은 독서에서 위대한 독서, 더욱 강한 독서로 나아가는 방법을 모색하고 있습니다. 즐기는 독서에 머무르지 않고, 각 개인이 위대함을 느낄 수 있는 길을 안내하고자 합니다. 독서를 학습의 하위 수단으로만 사용하지 말고 진짜 더 강한 독서의 기쁨과 가치를 깨우치기 바랍니다.

독서의 시작은 그 사람에게 적합한 독서를 아는 것이 가장 중요합니다. 사람이 재미있고 필요를 느끼고 스스로 선택하고, 읽어 가면서 성취감도 의미도 찾아야 할 것입니다. 어떤 책이든 읽고 이해할 수 있고 성공하리라는 믿음과 처음엔 어렵고 관심이 없는 책일지라도 무언가 의미 있고 배울 게 있을 거라는 긍정적인 마인드가 필요합니다.


## (4) 독서 코끼리는 차원이 다르다.

학습과 연관 짓는 독서 때문에 아이들이 책을 멀리한다고 주장하는 사람이 있습니다. 그들은 순수한 독서의 즐거움을 회복해야 한다고 말합니다. 독서만 하면 어떤 사람이든지 모든 공부를 잘할 수 있다고 주장하는 사람도 있습니다. 책을 빠르게 읽어야 효과가 있다고 말하는 사람이 있고, 천천히 읽어야 한다고 말하며 나름대로의 논리를 펼치는 사람도 있습니다. 양쪽의 논리가 모두 나름 논리적이라

더욱 혼란에 휩싸이기 쉽습니다. 여러 주장의 이면에는 모두 장님 코끼리 만지듯 부분적인 면들만 강조하기에 온전한 이해와 방향의 설정이 어렵습니다.

각각의 독서법은 상황과 조건에 따라 약이 될 수도 있지만 독이 될 수도 있습니다. 따라서 더 명확한 독서의 전체상, 즉 독서 코끼리를 전체 모습을 바탕으로 독서의 다양한 목적과 종류, 가능성과 한계를 우선 살펴보고자 합니다. 살펴보는 과정을 통해 자신의 독서 수준과 유형을 파악하고 목적에 따라 자신에게 맞는 독서 계획을 제대로 설계할 수 있기를 기대합니다.

독서의 목적과 유형을 정리하여 아래와 같이 피라미드 모형으로 나타냈습니다.

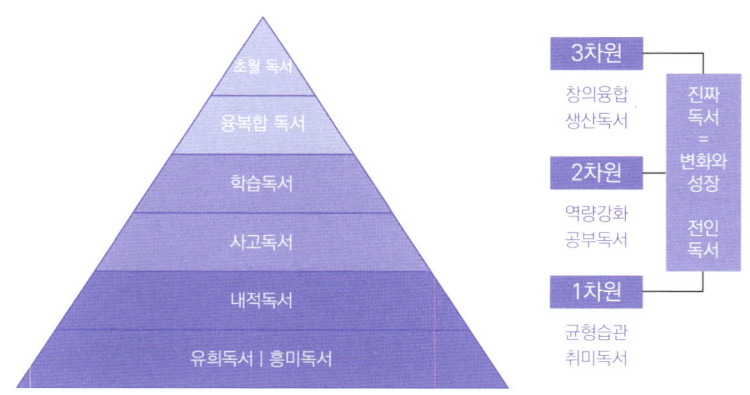

처음 독서의 유형 구분은 아래처럼 좌우 스펙트럼 모양으로 일직선 평면으로 구분했었습니다. 하지만 이를 상하로 한 번 더 구분해

피라미드 모형으로 배열을 하니 더 입체적이고 정확하게 전체 독서 체계를 볼 수 있었습니다.

| 진짜 독서(약한/가벼운 독서) (취미/여가 독서) | | | 강한 독서 (학습적/탐구적 공부 독서) | | | 위대한 독서 (생산적 독서) | | |
|---|---|---|---|---|---|---|---|---|
| 유희독서 | 내적 성장 /균형 독서 | 흥미 독서/ 본능독서 | 사유사색 독서 | 인지사고 독서 | 지식 (학습) 독서: | 탐구 독서: | 폭풍독서 | 초월독서 |
| 음미 독서 공감 독서 *재미 *감동 | 자기 계발 경영 내면 방법 독서 도구 지혜 독서 | 동기 독서 가치 독서 잡학 독서 샛길 독서 | 인문학적 생각 심미 본질 공감 동감 감성 상상 예술 철학 사유 사색 | 인지과학적 생각 좌뇌 우뇌 논리 창조 설계 설계 인지 사고 | 코어 스키마 | 교과 주제 슈퍼 파워 연계 융합 독서 독서 심화 연구 탐미 목표 독서 독서 독서 독서 | 영적 독서 | 공학 독서 |
| 휴머니즘 | 주체성/균형/소통 (더 나은 삶) | 가벼운 호기심 | 주체적 의미와 가치 | 성취감 유능감 | | 유능감, 소명, 강함 호기심 | 열정 | 가치 생산 |

여러분도 삼차원 독서 피라미드를 참고해서 스스로 필요한 독서의 수준과 방향을 잡아 독서 계획을 디자인하시길 바랍니다. 독서 피라미드 모형은 독서의 목적과 유형에 따라 대략 세 단계, 세부적으로 여섯 단계의 유형으로 구분할 수 있습니다.

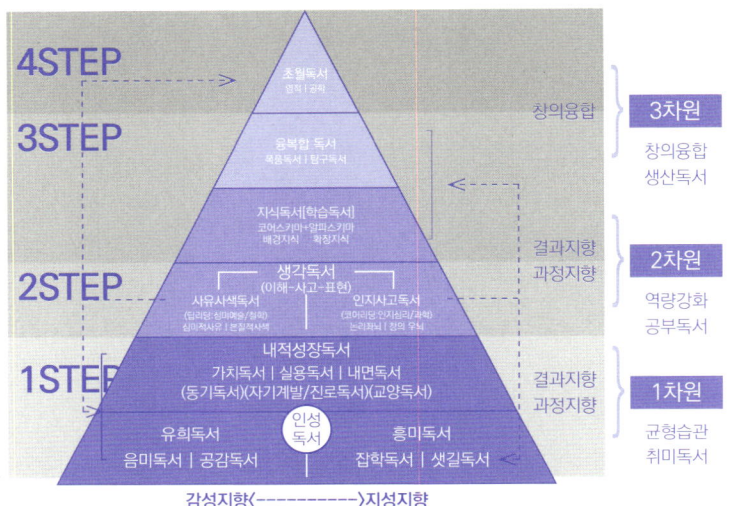

삼차원 독서 피라미드

　대략적으로 나눈 세 가지 유형은 생산성과 복잡성에 따른 분류로 차원으로 나누었습니다. 각 차원별로 목표하는 바와 그것을 이루기 위해 필요한 시간과 적절한 시기 그리고 소모되는 에너지의 차이 등 다양한 차이에 기반해 사각형이 아닌 삼각형 모형에 좌우로 나뉘는 모양을 띠게 되었습니다.

　이 챕터에서 특히 강조하고 싶은 것은 삼차원 독서입니다. 일차원 독서는 누구나 일반적으로 하는 독서를 조금 더 체계화한 것입니다. 이차원 독서는 학교 공부는 물론 지금의 많은 문제와 과제를 해결할 수 있는 생각 기술과 지식 학습 독서로 뒤에서 집중적으로 다룰 예정입니다. 가장 위대하고 생산적인 독서는 삼차원 독서입니다. 조금만 방법을 바꾸면 가장 현실적이며 즉시 도움이 될 수도 있습니다.

저는 인공지능 시대에 인간이 행복해지기 위한 근본적인 비밀이 삼차원 독서에 있을 거라고 기대합니다.

**일차원 독서는 균형적인 독서, 습관적인 독서, 취미의 독서입니다.**
가랑비에 옷 젖듯이 조금씩 읽어가며 독서의 양을 확대하는 것입니다. 생활의 활력과 윤기를 얻고 싶다면 일차원 독서를 적극 추천합니다. 일차원 독서는 흔히 우리가 생각하는 취미나 교양으로서의 독서로 친구 같은 독서를 말합니다. 세부적으로는 재미와 감동을 추구하는 유희 독서, 가벼운 지적 호기심을 채워주는 흥미 독서, 가벼운 인문학 교양 독서는 물론 자기 계발 독서와 공부나 독서, 자신의 일의 가치를 일깨워 주는 가치 독서 등 취미나 교양을 쌓는 가벼운 책 읽기입니다. 특히 가치 독서와 내면 독서 등 내적 성장 독서는 치유 독서의 역할도 합니다. 이 단계에서는 특별한 독서법이 필요하지 않습니다. 자신의 마음이 끌리는 대로 각자의 기호에 맞추어 읽어 가면 됩니다.

실제 일차원 독서의 경우 자율적인 특성이 있어 성향과 습관에 따라 책을 가까이하는 경우와 그렇지 않은 경우로 나뉩니다. 이 단계는 독서의 필요성을 크게 느끼지 않고 자연스레 필요나 환경에 따라 읽는 정도입니다. 보통의 부모가 아이의 독서 교육에서 기대하는 단계는 대부분 여기에 해당될 것입니다. 아이가 책을 좋아하고 책에 대한 긍정적 시각과 책 읽는 습관을 갖기를 기대하는 겁니다. 이 단계에서 가장 중요한 목표는 독서의 맛과 멋, 그리고 재미를 느끼고 알게 되어 책을 가까이하는 습관을 갖는 것입니다. 동시에 여러 사람의 입장에서 생각과 마음을 읽고 공감할 수 있는 능력을 얻고, 취미로 독서를 즐겁게 향유하기를 기대합니다.

| 유희독서 | | 내적성장독서 | | | 흥미독서 | |
|---|---|---|---|---|---|---|
| 음미독서 | 공감독서 | 가치독서 (동기독서) | 실용독서 (자기계발) | 내면독서 | 잡학독서 | 샛길독서 |

일차원 독서는 어린이들의 경우 부모의 역할과 환경이 중요합니다. 특히 초등학교 고학년 이전에 많은 긍정적 경험과 생각을 갖는 게 중요합니다. 부모는 자연스럽게 독서할 수 있는 환경을 만들어 주는 게 최고 중요합니다.

특히 '흥미 독서'는 잡지나 교과서 또는 어떤 책에서 관심을 갖게 된 것을 다른 책이나 사전에서 찾아 가며 읽는 아이 중심 독서입니다. 이는 지식을 연결하는 힘을 키우기 쉽고 빠르게 이차원, 삼차원 독서로 발전할 수 있는 바탕이 됩니다.

사실 자율적으로 책을 읽는다는 것은 몰입해서 책을 읽는 것보다 어렵습니다. 이미 어려서부터 독서에 대한 긍정적인 경험이 있거나 습관화되어 있지 않은 상황에서 당위와 의무감의 생각만으로는 독서에 젖어들기 어렵기 때문입니다.

독서가 생존에 영향을 미치지 않고 비약적인 도약이나 커다란 이익을 가져오지 않는다면 굳이 독서에 신경 쓰고 시간과 돈을 투자하지 않을 겁니다. 그래서 가장 일반적이고 쉬운 접근이지만 새롭게 독서를 시작하기에는 가장 어려운 단계가 일차원 독서일 수 있습니다. 바쁘고 마음의 여유가 없는 대한민국에서 낮은 수준의 독서 인식으로는 대부분 '독서의 필요성'에 대한 어떤 외침도 귀 기울여 들고 움직이기까지는 어렵습니다.

　고학년 이상에서 일차원 독서의 목표를 이루는 것으로 가장 좋은 것은 정말 재미있는 소설책이나 마음 깊이 울림을 주고 의식을 일깨우는 자기 계발 에세이들입니다. 정민의 《미쳐야 미친다》와 같은 강렬한 열정을 불러일으키거나 김수현의 《나는 나로 살기로 했다》와 같은 섬세한 위로와 내면의 의식 성장을 가져다주는 심리 에세이 같은 책들이 한 예입니다. 이런 책들을 여러 권 읽으며 새로운 힘을 얻고 이를 발판으로 한 발 한 발 더 나아가도록 도와주면 좋습니다.

### 이차원 독서는 역량을 강화하는 독서, 성장하는 독서입니다.

　개장수도 올가미가 있어야 한다는 속담이 있습니다. 무슨 일을 하든지 거기에 필요한 준비와 도구가 있어야 한다는 것을 비유한 겁니다. 요즘에는 자기 계발에 관심이 많은 학생이나 학부모는 학습과 연관되는 독서에 관심이 많습니다. 입시와 취업 그리고 교육의 본질에 독서의 중요성이 더해지고 있기 때문입니다.

　이차원 독서는 인지 과학을 활용한 독서로 역량을 강화하는 독서의 기술입니다. 이후 딥코어리딩 독서는 주로 이 부분을 다르게 될 것입니다. 이차원의 독서는 생각 역량을 기르는 독서의 기술과 공부에 도움 되는 지식을 쌓는 학습 독서로 이루어져 있습니다. 누구나 근본적이고 지속적인 변화를 통해 실력을 끌어올리길 원한다면 이차원 독서에 도전하기를 권합니다. 이차원 독서부터는 단순한 취미와 교양이 아닌 성장과 발전 또는 도약을 위한 목적으로 독서를 합니다. 문화의 창조자이자 대표적인 지성인 중 하나인 이어령 선생님은 "내가 지닌 독창성과 상상력의 원천은 어려운 책을 읽으면서 모르는 부분을 끊임없이 알아가는 데서 생겨났다고 본다"라고 말했습니다. 이차원 독서는 어려운 책 읽기에 도전하며 생각의 근육을 키우는 단계입니다. 편안한 독서가 아닌 버거운 독서에 도전하고 성취하는 쾌감을 느껴야 독서의 고수가 될 수 있습니다.

| 지식 학습독서 | | | |
| --- | --- | --- | --- |
| 스키마 학습독서(배경지식+확장지식) | | | |
| 생각 역량독서 | | | |
| 사유사색독서 | | 인지과학독서 | |
| 심미적 사유 | 본질적 사색 | 논리좌뇌 | 창의우뇌 |

이차원 독서는 크게 과정과 결과로 나누어집니다. 더 효과적이고 탁월한 결과를 위해, 인지 능력과 사고 기술을 배우는 과정 독서와, 교과목 관련 지식과 전문 지식을 쌓는 학습을 위한 독서입니다. 눈에 보이는 실력을 세우기 위한 독서 과정입니다.

흔히 성적과 역량을 올리기 위한 목적 독서는 독서 자체에 대한 마음이 순수하지 않다고 생각합니다. 따라서 일차원 독서와 같은 가벼운 독서만이 진짜 독서라고 말하기도 합니다. 물론 독서의 가치를 학습을 위한 것으로 너무 제한하여 독서의 또 다른 소중한 가치들이 우습게 여겨져서는 안 됩니다. 하지만 독서의 가치와 가능성을 낮추는 것으로 제한하는 것 또한 올바르지 않긴 마찬가지입니다.

이차원 독서는 일차원 독서보다 더욱 교육적인 독서라고 볼 수 있습니다. 인지교육심리학자 피아제의 주장대로 발달에 따라 자연스럽게 접하는 방법이 일차원 독서라고 한다면, 비고츠키의 교육 철학에 따라 정교하게 훈련하여 습관을 만드는 것이 이차원 독서입니다. 따라서 이차원 독서는 이상과 현실의 독서 방식을 연결해 주는 고리 역할을 합니다. 이미 동기가 형성된 소수를 제외하고는 쉽게 다가서기 어려운 영역이긴 합니다. 그러므로 개인이 다양한 시행착오를 겪으며 자신만의 체계를 세우는 경우도 있지만, 주로 전문가의 도움을 받아 체계적으로 교육 과정을 세우고 실천하는 방법이 대부분입니다.

### 삼차원 독서는 창의 융합 생산 독서입니다.

얼마 전 한 지인은 탄탄한 구성과 좋은 스토리를 이어 오던 드라마가 마지막 회의 엉성한 결말로 작품에 대한 감동과 기대가 무너져 인생 드라마를 놓쳤다는 아쉬움을 토로했습니다. 삼차원 독서는 독서의 최고 수준으로 인생에서 한 번은 삼차원 독서의 강한 힘과 감동을 꼭 경험하기 바랍니다.

삼차원 독서에는 융·복합 독서와 초월 독서가 있습니다. 공통점은 단순히 읽는 것에 멈추지 않고 책에 나온 정보 그 이상의 것을 추구한다는 것입니다. 삼차원 독서의 기반은 통찰입니다. 그렇기에 강한 몰입이 요구됩니다. 반면 차이가 있다면 융·복합 독서는 읽기가 더 중심이 되고, 초월 독서는 창조활동이 중심이 되어 독서가 부수적인 것이 된다는 것입니다.

융·복합 독서는 많은 책을 탐독하며 지식과 생각을 서로 연결해 가는 독서입니다. 이는 목적 유무에 따라 다시 순수 몰입 독서와 탐구 독서로 구분할 수 있습니다. 목적 없이 책을 폭식하듯이 읽어 가는 독서가 몰입 독서라면, 어떤 주제에 대해 통찰하고 새로운 것을 알아내기 위한 목적을 가지고 탐구하듯이 읽는 주제 중심 융합 독서가 탐구 독서입니다.

최종 단계인 초월 독서는 독서 그 자체보다는 독서한 것들을 바탕으로 새로운 것을 창조하고 삶에 적용하는 것이 중심입니다. 개인의 내면을 다지는 것일 수도 있고, 타인 또는 외부 세계에 있는 것과 연결하여 새로운 것을 만드는 독서가 될 수도 있습니다. 독서와 실제의 삶을 연결 짓는 단계가 되는 것입니다. 초월 독서에서 책은 목적이 아닌 하나의 수단이 되는 것입니다. 고전 평론가 고미숙 선생님은 "쓰기 위해 읽어라!"는 조언을 합니다. 책을 읽은 다음에만 글을 쓴다면 자신이 관심 있는 분야와 가치관을 가진 책만 가까이하게 되어 자아의 세계가 확장하지 못한다는 의미를 말합니다. 하지만 쓰기 위하여 읽기 시작하면 전혀 생각지 못한 의견과 지식을 찾아 읽게 되어 관심 영역과 세계관이 확장된다는 겁니다.

| 융복합 독서 | | 초월 독서 | |
| --- | --- | --- | --- |
| 몰입 독서<br>(폭풍 독서) | 탐구 독서 | 영적 독서 | 공학 독서 |

삼차원의 독서를 한 사람은 대부분 창조적인 작업들을 한 분들입니다. 대표적으로 에디슨, 빌 게이츠, 스티브 잡스, 또는 세종대왕이나 정약용 등이 있습니다. 이들은 공부와 독서, 생각과 실천을 융합한 분들입니다. 시간, 노력, 마음, 생각 등 모든 자원을 총동원해 융합과 창조를 만들어 낸 것입니다.

이는 가벼운 차원의 독서로 우연히 만들어진 것이 아닙니다. 단순한 지식 습득이나 오직 성적을 위해 책을 읽고 공부한 결과도 아닙니다. 지속적이고 오랜 시간에 걸쳐 노력을 다해야만 얻을 수 있는 신의 선물입니다. 이들은 자기 안의 천재성을 꾸준한 독서와 끊임없는 생각을 통해 찾아낸 것입니다.

사람의 자리를 대신하는 인공 지능이 넘쳐나는 시대에서 인간적인 삶을 살며 경쟁력이 갖춰진 지능을 계발할 수 있는 독서법입니다.

일차원의 독서로 독서 문화 및 습관을 만들어 가는 데 있어 부모의 역할이 크고, 이차원의 독서로 사고 훈련 및 토론과 같은 독서 교육에서는 전문가의 역할이 큽니다. 삼차원 독서는 무엇보다 자신 스스로 의지와 진정성을 갖고 도전해야 하기에 좋은 책과의 만남이 무엇보다 중요합니다.

앞서 말했듯이 이후 나오는 딥코어리딩 및 씽킹은 이차원 독서 방법으로서 일차원 독서와 삼차원 독서를 연결하는 다리 역할을 하게 될 것입니다. 일차원 독서를 많이 할수록 이차원 독서가 쉽게 이루어지고 삼차원 독서로 빠르게 발전할 수 있습니다. 그래서 부모는 제대로 된 일차원 독서를 유·초등 때 기회를 놓치지 말아야 합니다.

십수 년 가까이 연구를 해오면서 나 자신은 삼차원 독서를 해왔지만 실제 아이들에게는 이차원 독서의 전달에만 더 집중한 것 같아 크게 반성한 적이 있습니다. 이차원 독서를 통해 이뤄진 사고는 그릇의 크기를 키우는 게 아니라 키워진 그릇 안에서 그것을 정교하게 만드는 교사 주도 공부 머리 훈련이었기 때문입니다. 더 많은 분들이 진정한 삼차원 독서의 기쁨과 힘을 느껴보시기 바랍니다.

## 2.
# 뇌 과학이 독서와 공부의 읽기에 전하는 메시지

최근엔 인간의 뇌에 대한 연구와 책들이 인기입니다. 컴퓨터가 자신의 한계를 넘어서기 위해 인간의 뇌에 대한 이해가 필요해졌고 그 결과는 알파고가 증명하듯이 AI의 혁신으로 이어지고 있기 때문입니다. 뇌 과학이 독서에 주는 핵심 메시지는 결국 '뇌 가소성(plasticity)'에 관한 것입니다. 인간의 뇌세포는 계속 성장하거나 쇠퇴하기 때문에 계속 책을 읽으면, 읽는 만큼 글을 읽는 뇌로 바뀌게 된다는 것입니다. 이는 속도의 차이는 있지만 누구나 발전하고 인재가 될 수 있다는 근본적 근거가 됩니다. 더불어 일회적인 책 읽기가 아닌 지속적인 독서, 연결하는 독서여야 더 큰 효과가 있다는 것을 시사합니다.

## (1) 차이나는 두뇌, 두뇌는 진화한다.

　인간의 머리 앞쪽에 위치한 전두엽은 종합적인 사고를 담당하며 메타 인지를 돕는 뇌입니다. 해마의 작업 기억, 대뇌의 스키마 기억, 편도의 감정, 뇌신경의 미엘린과 크랩 그리고 호르몬에 의한 뇌신경의 가소성은 공부와 독서의 인지 작용에 대한 가장 기본적인 이해에 도움을 줍니다. 이 중에서 독서와 관련해 세 가지를 중점적으로 살펴보겠습니다.

　첫 번째는 우선 책 읽는 뇌와 몸을 만들라는 것입니다. 아예 책을 읽지 않아 읽는 뇌가 발달하지 않았거나, 컴퓨터 게임이나 스마트폰으로 지나치게 감각적인 것에 중독되고 망가진 뇌로 책 읽기는 고통이 되고 효과도 떨어질 것입니다. 그래서 처음에는 읽는 습관을 갖고 뇌가 책 읽기에 최적화되도록 쉬운 책, 흥미 있는 내용에 대한 책부터 많이 읽도록 해야 합니다. 정리하고 글 쓰는 활동 등 어떠한 행동도 삼가고 우선 글 읽기가 재미있도록 도와주어야 합니다. 그래서 어느 정도 읽기에 적응되었을 때 더 정교한 기술과 방법들을 더해가야 합니다. 두뇌도 어느 수준까지 양을 늘리면 질도 따라 변한다는 양질 전환의 법칙을 따르기 때문입니다. 이때는 독서 환경도 중요합니다. 독서 습관 없던 사람이 집에서 혼자 독서해 가기는 힘듭니다. 따라서 독서를 할 수밖에 없는 조건과 환경을 만드는 것도 중요합니다. 독서 모임에 참여하거나 카페나 도서관 등 독서에 최적의 장소를 찾아 이용하길 바랍니다.

　두 번째는 어느 정도 읽기에 적응되면 작업 기억력을 키우기 위해 노력해야 합니다. 이를 위해 책을 읽는 중간에 한 장에 통합정리도 해 보고 안 보고 머릿속에 생각을 그려 보고 설명도 해 봐야 합니다. 두뇌에 지식이 남기 위해서는 어느 정도 이상의 크기를 지닌 지식을 만들고, 기존 지식과도 연결되어야 합니다. 워킹메모리, 즉 작업 기억은 전두엽과 해마에서 이루어지는 과정으로, 새로운 정보가 입력되었을 때 한 번에 처리할 수 있는 정보의 양과 관련되어 있습니다.

핵심은 뇌의 새로운 내용에 대한 기억 처리 용량은 한계가 있기 때문에 기존에 가지고 있는 배경지식을 잘 연결하고 지식을 덩어리 지어야 한다는 것입니다. 다시 말해 효과적으로 기억하기 위해서는 작업 기억력을 증진시켜야 하고, 작업 기억력을 늘리기 위해서는 대상 간의 상호작용을 파악하여 잘 연결하거나 분류하여 범주화를 해야 합니다.

또한 작업 기억은 기존에 가지고 있는 배경지식으로서의 스키마와 연동되기에 양질의 다양한 좋은 지식을 많이 가질 때 이해력과 기억력이 높아진다는 것입니다. 독해력도 마찬가지입니다. 그래서 지식을 효과적으로 쌓기 위해서는 같은 주제의 책을 동시에 또는 연달아 읽고 정리하는 것이 도움이 됩니다.

세 번째는 많이 아는 이야기지만 좌·우뇌의 구분과 통합적 사용입니다. 각자 뇌가 더 좋아하는 방식의 지식 구조와 정보 처리 방식이 존재합니다. 자신에게 우세한 두뇌의 특성을 이해하고 장점을 강화하고 약점을 보완하는 도구로 사용할 수 있습니다. 좌·우뇌의 역할에 대한 이해는 정보를 인지하는 방법에 대해 쉽게 이해할 수 있습니다. 사실 인간의 뇌는 뇌량을 통해 긴밀하게 연결되어 있어, 좌·우뇌의 역할이 명확히 구분 가지는 않습니다. 다만 기존의 연구를 따라 특성을 나누어 보면, 독서 계획 및 학습 목표를 세우는 데 도움이 됩니다. 투 트랙으로 나뉜 각 뇌의 특성을 살펴보면 다음과 같습니다.

| 좌뇌적 특성 | 우뇌적 특성 |
| --- | --- |
| 말과 계산 등 논리적인 기능이 발달 | 음악과 그림 등 이미지를 떠올리는 기능이 발달 |
| 논리적인 생각과 사고로 문제 해결 | 직관적 판단에 의해 문제 해결 |
| 추리를 통한 학습, 수학 학습에 유리 | 기하학적 학습, 공간적·시각적 과정을 통한 학습에 유리 |
| 이름 기억, 단어 사용 등 언어적 학습에 유리 | 얼굴 기억, 경험 등 비언어적이며 활동적인 학습에 유리 |
| 이성적, 사실적이며 현실적인 것을 선호 | 감정적, 창조적이며 새로운 것을 선호 |
| 귀납적, 논리적, 분석적, 추상적, 상징적 | 연역적, 창의적, 직관적, 구체적, 시·공간적 |
| 공격적, 능동적 | 수동적, 예술적 |

대부분은 우뇌가 발달했습니다. 좌뇌는 보다 치밀한 정보처리가 필요합니다. 좌뇌가 발달한 사람은 구조화되어 있고 명확한 지시와 자세한 설명이 따르는 과제를 제시하는 게 좋습니다. 혼자 하는 독서 기회를 제공하며, 문제를 작은 부분으로 쪼개어 단계별로 해결하도록 합니다. 하나씩 이해를 해야 정보를 처리할 수 있으므로 속도가 느릴 수 있습니다. 좌뇌가 발달한 사람은 이야기의 순서나 구체적 내용을 잘 기억하지만, 빠르게 주요 아이디어를 형성하고 추론하는 것을 어려워하기 때문에 중요한 아이디어를 확인하고 추론하는 단계를 보여 주면서 생각을 말하도록 연습하면 좋습니다.

우뇌가 발달한 사람은 역할극, 실험, 시뮬레이션과 같은 실제 체험적인 활동들과 선택의 기회가 있는 과제를 제시해야 합니다. 집단으로 공부할 수 있는 기회를 제공하며, 문제를 종합적으로 보고 직관을 활용하여 해결하도록 합니다. 우뇌가 발달한 사람은 하나씩 따지며 공부하는 것을 힘들어하고 상세한 것을 기억하는 데 어려움이 있습니다. 그래서 주요 사항들과 아이디어를 기억하고 조직하는 것을 돕기 위해 그림을 그리거나 그래픽 조직자를 사용하면 도움이 됩니다.

독서를 통한 좌뇌형 사고 훈련으로는 좋은 문장의 구조를 분석하기, 의미를 깊이 파악하거나 문장을 암기하기, 단계적이고 체계적으로 문자로 요약정리하기, 이해와 생각을 유도하는 질문하기, 논증 구성하기 등이 있습니다. 우뇌형 사고 훈련으로는 사례를 찾아보기, 그림으로 정리하기, 가정적 예측하기나 창의적인 질문하기 등이 있습니다.

특히 뉴런의 구조와 메커니즘에 대한 이해를 가질 필요가 있습니다. 개인적으로는 뉴런의 구조가 생각의 구조와 닮았다고 생각하는 부분이 많습니다. 마인드맵의 창시자도 같은 관점이었습니다. 마인드맵은 문장을 서술 구조가 아닌 다양한 개념과 명제가 서로 다양하게 연결되어 있습니다. 인간 두뇌의 지식 구조도 이와 같은 모습입니다. 우리가 읽는 글은 이미지, 오감, 그림으로 받아들여지거나 특정한 개념으로 연결됩니다. 그래서 효율적으로 문장을 이해하려면 머릿속의 생각을 모양과 구조로 그려낼 수 있어야 합니다.

## (2) 타이밍을 놓치면 되돌릴 수 없다!

19세기 초 프랑스 남부에서 늑대 가족에게서 자라난 빅터(VICTOR)는 열두 살 난 소년입니다. 그런데 인간인 빅터는 결국 끝까지 우리가 사용하는 언어 습득에 실패하고 맙니다.

오스트리아의 정신분석학자 프로이트는 태어날 때부터 5세까지 겪은 다양한 외부 자극의 경험이 아동의 성격과 무의식의 발달에 결정적인 영향을 준다고 보았습니다.

이처럼 발달 시기에 따라 달라지는 결정적 시기에 대한 이해는 인간의 발달과 관련해 매우 중요합니다. 언어 발달의 결정적인 시기 또한 같습니다. 결정적인 시기를 놓칠 경우 미흡한 상태에 머무르게 됩니다. 그래서 사람마다 결정적 시기가 언제이며 그 영향력의 정도는 어느 정도인지 우선 알고 있어야 합니다.

참고로 결정적 시기는 뇌 생리학적 발달의 결정적 시기와 사회 환경적 결정적 시기를 구분해서 이해해야 합니다. 뇌 생리학적 발달 시기는 개인의 DNA에 저장된 정보에 따라 결정되는 언어와 지능의 발달 시기로 많은 부분 어려서 결정됩니다. 반면 사회 환경적 결정적 시기는 시대별 지역별로 나이나 학년에 따라 사회적으로 계획되었거나 기대되는 행동이 결정되어 있어 개인의 의지로 바꾸기 어려운 것이 생기는 것입니다. 이는 나이가 들수록 더 많은 영향을 받습니다. 일례로 중학교 고학년부터 입시에 영향을 미치는 시험을 보게 되면서 자신의 부족한 부분을 채우지 못한 채 계속 진도를 따라가야 하는 경우 등입니다.

선천적으로 물려받은 요소와 후천적으로 습득하는 습관이 합쳐져 지능이 완성됩니다. 독서를 많이 한 친구들은 단단히 다져진 독서력과 독서 습관이 있기에 선순환 되어 어렵지 않게 독서를 이어갈 수 있습니다. 독서가 휴식처럼 편안하고, 취미처럼 즐거울 것이기 때문입니다. 반대로 독해력이 약한 상태로 중·고등학교에 올라온 친구들은 기본적인 학습조차 버거울 테니 독서는 또 다른 부담이 될 뿐이고, 심지어 공부를 방해하는 경우도 있습니다. 결국 악순환에 빠지게 됩니다. 독서도 공부와 경제적 수입처럼 부익부 빈익빈이 되는 것입니다. 타이밍을 놓치면 쉬운 걸 어렵게 만들게 되는 것입니다.

대부분의 사람들이 자세한 요소를 고려하지 않고 단순히 독서를 많이 하면 무조건 좋다고 생각합니다. 그런데 책을 많이 읽어도 학교 수업에서 집중 못하고 자기 학년의 교과서조차 제대로 이해하지 못하는 경우가 의외로 많다고 앞서 말했습니다. 책을 좋아하고 많이 읽는 것은 고급 독해력의 필요조건이지 충분조건은 아닙니다. 최근 어려서부터 직관적이고 단편적으로만 읽고, 듣고, 쓰고, 말하는 것에만 익숙해져 있어 보입니다. 이 한계에서 벗어나 보다 긴 호흡의 체계적인 논리와 지식을 형성하기 위해 보다 많은 종합 정리와 기억 인지활동이 필요해 보입니다.

# 3.
# 최적의 독서 – 투 트랙 교차 독서법

 투 트랙 교차 독서는 이 책 전체를 지배하는 독서 방향입니다. 그렇기에 조금 복잡해 보여도 계속하여 독서의 종류를 구분 지으면서도 통합을 시도할 것입니다. 투 트랙 구분 짓기는 더 명확해지기 위함이고, 교차 통합은 융합으로 도약하고 실용성을 높이기 위한 것입니다. 결국 투 트랙 교차 독서는 다양한 독서에 대한 균형 잡힌 시각을 갖추게 하면서 각각에 최적화된 독서를 통해 가장 효과적이면서도 지속적인 독서의 길을 안내할 것입니다.

## (1) 독해력과 문해력 그리고 리터러시는 다르다!

요즘 문해력 또는 리터러시란 용어가 독해력을 대신해 많이 사용되고 있습니다. 사전에 문해력이란 '글을 읽고, 글쓴이의 의도를 이해하는 능력'으로 정의합니다. 기초 독해력 정도를 언급한 것이죠. 반면 유네스코에서는 문해를 '다양한 내용에 대한 글과 출판물을 사용하여 정의, 이해, 해석, 창작, 의사소통, 계산 등을 할 수 있는 능력'이라 정의합니다. 이것은 사전에서 내린 정의처럼 단순히 글이나 문자를 읽고 이해하는 능력을 넘어선 '리터러시'를 표현하는 겁니다.

리터러시(Literacy)는 본래 문자를 쓰고 읽는 문해력의 영어표현이지만 최근엔 매체의 발달에 따라 미디어, 뉴스 등의 정보에 접근하고, 분석, 평가, 창조 능력으로 확장된 개념입니다. 이러한 리터러시의 출현 배경은 크게 두 가지 측면에서 봐야 합니다. 첫 번째는 기초 독해력의 부족으로 인한 문해력에 대한 관심이 증가한 것입니다. 부모와 교육자들이 교육 현장에서 기초 독해력 저하를 심각하게 경험하고, 강조하기 위해 새로운 용어로 '문해력'을 사용하기 시작한 경우입니다.

영상 위주의 콘텐츠가 활성화되면서 글을 읽는데 필요한 능력이 현저히 떨어지고, 긴 글을 읽고 이해하는 힘이 확실히 부족해졌습니다. 교과서도 이해 못하는 다수의 아이들과 문단의 길이가 길고 어려운 어휘가 많은 수능 지문 또한 문해력에 대한 관심을 더하는 것에 한몫하고 있습니다.

두 번째는 '리터러시'에 대한 관심의 증가입니다. 이것은 AI 시대

등 더 복잡하고 고도화된 사회로의 빠른 변화에 필요한 기존 독해력과 같은 의미로 쓰이는 문해력, 그 이상의 역량이 필요한데 의미를 담을 수 있는 적절한 용어가 없어 '문해력'으로 번역한 결과입니다. 특히 미디어의 발달로 급증하는 정보를 처리하는 능력과 새로운 매체를 통해 전달되는 다양한 지식을 독해하고 활용하는 역량이 더욱 중요해지고 있습니다. 수동적인 독해 이상의 새로운 생산과 사용 능력이 필요해졌습니다.

따라서 문해력과 리터러시의 구분 없는 사용으로 혼란을 야기할 수 있어, 설명을 위해 아래와 같이 의미 구분을 명확히 하고자 합니다.

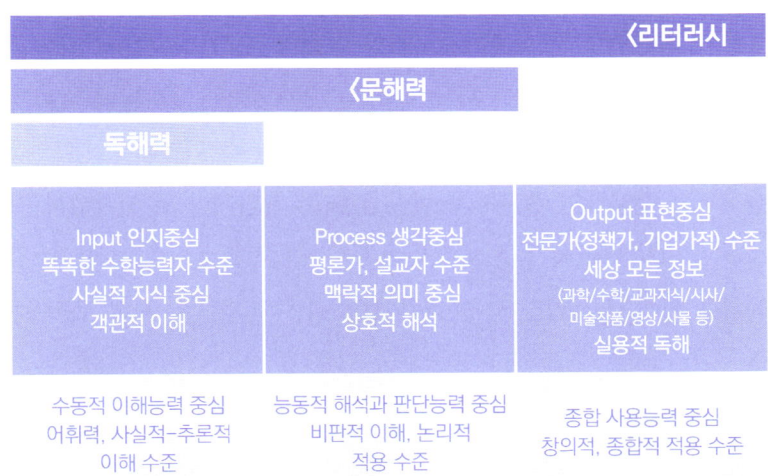

여기서 독해력은 '이해력으로서의 문해력'으로서 수능의 국어 영역에서 필요한 어휘력, 사실적 이해, 추론적 이해 정도의 독해력으로 보다 객관적으로 쓰이는 의미와 내용을 이해하고 글쓴이의 의도

를 파악하는 수준으로 공감하고 동감하는 정도의 수동적 이해라고 한정합니다.

'해석력으로서의 문해력'은 이해보다는 해석에 더 비중을 두고 비판적 이해 수준의 읽기로, 객관적인 의미는 물론 보다 주관적으로 스스로 자신의 관점으로 의미를 해석하고 생성할 수 있는 정도의 이해력으로 봅니다. 이것은 특히 기존의 다양한 관점과 맥락에서 비교하며 연관 지어 해석하고 판단하는 특성이 강한 이해입니다.

독해력과 다른 진짜 문해력의 특징은 해석력입니다. 다른 사람이 해석해 주는 것만을 받아먹는 게 아니라 스스로 해석할 수 있게 되는 겁니다. 진정한 독서 독립의 조건이죠.

반면 리터러시는 '사용력으로써의 문해력'으로서 중요한 것은 글뿐만 아니라 그림, 영상, 현상 등 모든 것에서 스스로 눈에 보이지 않는 의미, 규칙, 원칙, 패턴 등을 찾고 해석할 수 있으며, 그것을 생산적이고 창의적인 활용까지 이끌어 내는 것입니다. 독해력에서 진정한 창의적 독해와 능동적 표현까지를 포함하는 용어입니다. 즉 독해력은 학습자의 인지 학습 능력, 문해력은 비평가의 사고 해석 능력, 리터러시는 기획자와 실천가의 인출 활용 능력에 초점을 두는 것으로 구분하면 좋을 것 같습니다.

예를 들어 뉴스 기사를 보면서 사용되는 어휘나 사실적 정보를 이해하는 것이 독해력. 앞뒤 정황을 추론하고 역사와 문화적인 배경을 통해 문맥을 파악하고, 기사 작성자의 의도와 성격까지 읽어내는 것이 문해력. 한 걸음 더 나아가 미래에서 활용될 다양한 영역과 자신에게 미칠 영향을 예측하여 향후 자신의 삶의 방향과 선택에 적용하여 변화를 줄 경우를 리터러시라고 말할 수 있습니다.

독해력을 위해서는 다양하고 많은 읽기를 통해 어휘력, 논리적으로 상상하고 추론하는 문장 이해력을 길러야 합니다. 이를 위해 다양한 이야기책은 물론 특히 교과서나 비문학 지식 도서의 구조 상상 읽기를 추천합니다.

강한 문해력을 위해서는 소설 등 이야기책과 사실 지식만 읽어서는 한계가 있습니다. 해석의 바탕이 되는 평론이나 역사, 심리, 문화적 배경지식 도서 읽기를 통해 밑에 깔려 있는 여러 관점과 숨겨진 심리 사회적 배경과 원리를 복합적인 맥락으로 볼 수 있는 눈을 확보하는 것이 중요합니다. 문해력의 적용은 경전이나 사상 등의 인문학 도서를 읽고 사색하는 훈련을 통해 발전시킬 수 있습니다.

리터러시를 위해서는 영역별 지식과 정보가 생성되는 프로세스와 상황 전체를 보고 복합적으로 사고하는 것이 필요합니다. 즉 리터러시는 읽는 능력에 생각의 힘을 더해 새로운 것을 생산해 내는 능력입니다. 리터러시는 인문, 과학 등의 전문 서적과 실용 도서를 읽고 사고하는 방법을 통해 생활에서 지식을 활용하고 적용하며 기를 수 있을 겁니다.

## (2) 공부에 강한 독서와 공부를 뛰어넘는 독서를 하라!

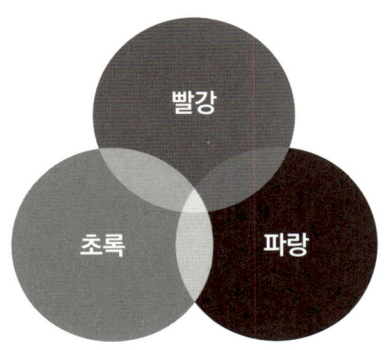

 뉴턴은 백색 광선이 프리즘을 통과하면서 무지개색으로 분해되는 원리를 밝혀냅니다. 모든 종류의 색을 만들 수 있는 근원적이며 서로 독립적인 빛의 삼원색은 빨강, 초록, 파랑입니다. 흰빛은 아무 색이 없어 보이지만 모든 색을 품고 있습니다.
 TV나 빛 쇼의 모든 색깔은 이 세 가지 색으로 만들어집니다. 수십 또는 수백 가지 색깔 사이에 있는 근원 삼색과 그 관계를 인지해야 그것을 이용해 다양하고 아름다운 컬러풀한 영상이나 다채로운 디자인을 표현할 수 있습니다.
 독서와 공부 또는 다양한 독서들은 하나로 보일 수도 있고 다양한 색깔을 지닌 것으로도 볼 수 있지만, 중요한 건 각자 근원적인 색을 지니고 있다는 것입니다. 무조건 뭉뚱그려 획일적으로 다루면 안 됩니다. 그 안에 있는 근원적인 색깔과 요소들을 구분해야 합니다. 즉 차이를 더 선명하게 인식해야 합니다. 이때 주의해야 할 것은 필요 최소한으로 구분해야 한다는 것입니다. 너무 많은 독서와 생각의 방법들이 나열된 경우 고수는 상황에 따라 자신이 골라 사용 가능하지만 초보자에겐 오히려 너무 복잡해 사용하기 힘들어할 수 있습니다. 그래서 2~7개 정도로 적절히 구분하고 각각의 고유성을 살리면서도 그것들을 잘 혼합하여 사용할 때 다양한 색깔의 독서와 생각 글쓰기를 제대로 할 수 있을 것입니다.

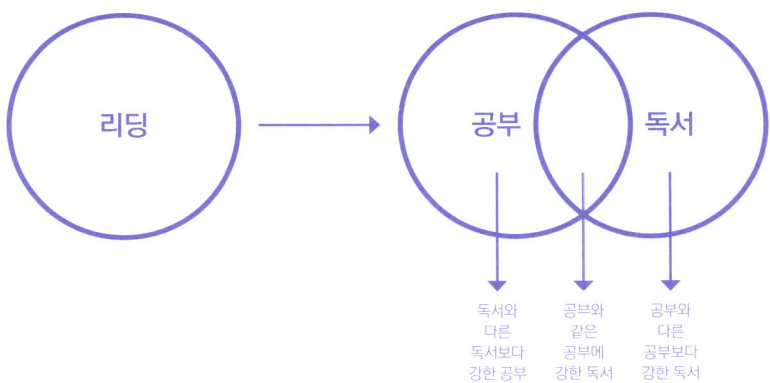

읽는 행위를 학습과 독서 각각의 영역으로 나누면 고유한 특성과 교차하는 부분을 확실하게 알아볼 수 있습니다. 교차하는 지점에서는 서로 다른 영역의 소통이 이루어집니다. 근래 들어 자주 회자되는 공부 그릇, 공부 머리와 관련된 역량 개발에 대한 이야기가 바로 이 부분을 다루는 것입니다.

교차하지 않는 고유한 특성은 서로 대신할 수 없습니다. 각 영역이 제대로 발달해야만 각자의 역할을 지킬 수 있는 영역입니다. 독서가 대신할 수 없는 공부, 공부가 대신할 수 없는 독서가 있는 것입니다. 학습을 통해 얻을 수 있는 인지 활동이 있고, 독서를 통해 얻을 수 있는 지혜와 성찰이 있기 때문에 한쪽에 치우쳐도 괜찮다는 주장은 편협한 생각일 가능성이 높습니다.

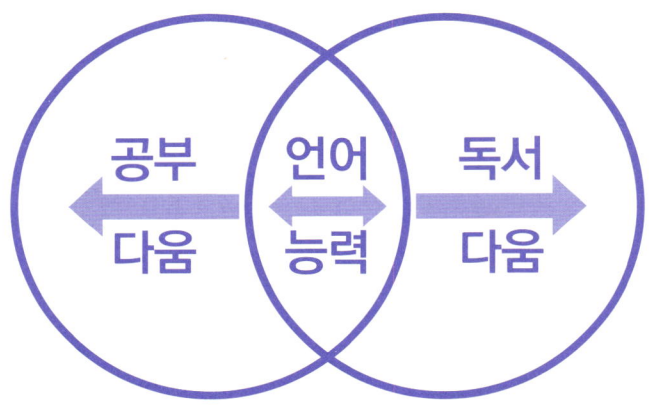

 독서는 언어 능력이 아닌 독서 본래의 목적을 되찾아 교과가 줄 수 없는 그리고 미래 인재에게 꼭 필요로 하는 다양한 감성과 인식, 정체성과 의식, 창의성과 통찰 등 폭넓은 역량과 차별성을 만들어야 합니다. 어떤 친구들은 학창 시절 공부는 성공하는데 사회에서는 높은 성취를 얻지 못하고 어려움을 겪는 경우를 종종 봅니다. 교과서는 이러한 문제들에 대해 충분한 답을 주지 못합니다. 교과서는 필요 최소한으로 모두가 합의한 정형화된 내용만 있고 압축된 정보로 되어 있어 사고력 훈련에는 좋지만 보다 풍부한 관점과 인사이트, 다양한 요구를 만족시켜 주지는 못합니다. 깊이 고민하고 성공한 사람들의 책과 현장에서 얻어야 할 것들입니다. 따라서 독서를 지식 습득에서 한 걸음 더 나아가 성찰 독서, 감성 독서, 지혜 독서, 궁리 독서 등 그 목적에 맞는 충분한 체험을 함으로써 그 맛과 영양을 충분히 습득해야 합니다.

처음과 나중은 각각의 고유한 부분을 더 발전시키는 읽기가 되는 것을 추천합니다. 결국 계속 각자의 고유성을 살리기도 하고 접점을 강화하는 읽기를 교차하면서 반복하면 됩니다.

| 독서와 공부<br>고유성 강화 | 독서와 공부<br>접점과 교점 강화 | 독서와 공부<br>고유성 강화 | 독서와 공부<br>접점과 교점 강화 |
|---|---|---|---|
| 초등저 | 초등고 | 중고등 | 대학 |

이 모두를 함축하는 말이 '따로 또 같이'입니다. 따로 각자의 고유한 길을 가면서도 때에 따라서는 서로 교차해서 만나거나 길을 바꿔야 합니다. 그리고 이것이 투 트랙 교차의 의미이자 원리입니다. 서로 종속되거나 방해하는 것이 아니라 각자의 고유한 길을 존중하면서도 공통 영역에서 서로 협력하며 시너지를 내는 것입니다. 이것이 지속 가능하면서도 발전 가능한 상생 관계이자 가장 효율성을 높이는 최적의 방법입니다.

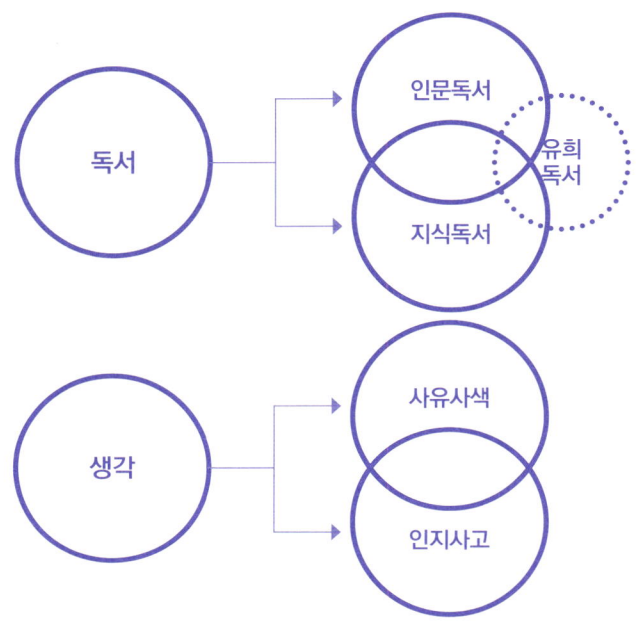

### (3) 지속 가능한 발전을 가져오는 최적의 독서를 하라!

투 트랙 교차 독서는 인간의 DNA와 교차하는 기찻길의 모습을 형상화해 이해하면 좋습니다. 아래 사진처럼 인간의 정보를 담고 있는 유전자, 그리고 그것을 품은 DNA의 구조는 참으로 미묘합니다. 나선형을 이루는 두 가닥 사이의 염기 사슬은 마치 기차의 트랙과 같이 서로 당기며 연결되어 있습니다. DNA 속 유전자는 많은 정보와 암호를 담고 있는데, 이것은 책과 비슷합니다. 책 속에도 많은 정보와 숨겨진 암호와 같은 아이디어들이 들어 있고 이는 서로 연결되어 있기 때문입니다.

이중의 나선 구조로 이루어져 있는 DNA 구조는 두 축이 공존하며 서로 연결되어 있습니다. 일방적인 하나로는 무엇인가 부족하고 제대로 온전하게 기능을 하지 못합니다. 인류가 지속되는 동안 계속 분열되고 융합합니다.

좌와 우, 안과 밖, 가로와 세로, 음과 양 등 두 축이 잘 공존하고 제 역할을 잘해 주어야 조화롭고 안정되게 완전한 기능을 수행합니다. 인간의 뇌와 손과 발도 좌우가 잘 연합할 때 더 효율적으로 기능합니다.

기차의 경우도 목적지를 가기 위해 필요한 때 트랙을 바꿉니다. 한 트랙만 있는데 앞이 막히면 전진할 수 없고, 다른 길로도 이동할 수 없을 것입니다. 또한 한쪽 방향으로만 갈 수 있어 오고 가는 교류가 어렵게 됩니다. 반면 두 개 이상의 트랙이 있고 교차로가 있다면 다양하게 운용이 가능해 원하는 목적지로 이동할 수 있고 가고 오는 교통도 원활해질 것입니다.

독서도 우리는 한쪽 방향으로만 독서를 하고 있지는 않은지 반성해 봅니다. 목적에 맞게 더 효율적으로 다양한 길을 이용하지 못하고 있는 것은 아닌지 말이죠. 조금 복잡할 수도 있지만 독서와 생각 그리고 글쓰기를 인문 성찰의 길과 지식 학문의 길로 구분하고 상황과 목적에 따라 교차하며 최적의 길로 가는 방법을 제안하고자 합니다. 이는 기존에 뭉뚱그려 섞어서 하거나 한 방향의 독서만을 강조해서 생기는 문제를 보완해 줄 것입니다. 그래서 인문학적 독서와 지식 학문적 독서 고유의 특성을 강화하고 서로 보완하는 방법을 제공해 줄 것입니다.

투 트랙 교차 독서는 음과 양의 대립과 화합을 통해 조화와 균형을 추구합니다. 먹고사는 문제를 해결해 줄 수 있는 현실적인 지식 공부 즉 생존 독서를 양(陽)의 독서로 본다면 인간적인 의미의 이해와 만족을 추구하고 보완해 주는 인문학 독서는 음(陰)의 독서로 볼 수 있습니다. 지식 독서에 치우치다 보면 인문 독서를 소홀히 할 수도 있지만, 지식 독서를 통해 현실적 문제가 어느 정도 해결돼야 어느 정도 인문 독서에 관심을 가질 수 있습니다. 인문 독서와 지식 독서, 사유 사색과 인지 사고는 서로 반대되면서 상호 보완적인 관계입니다. 결국 상호 교차를 바탕으로 조화와 균형이 이루어져야 합니다.

# 독서 코끼리의 눈과 귀
## – 딥코어리딩

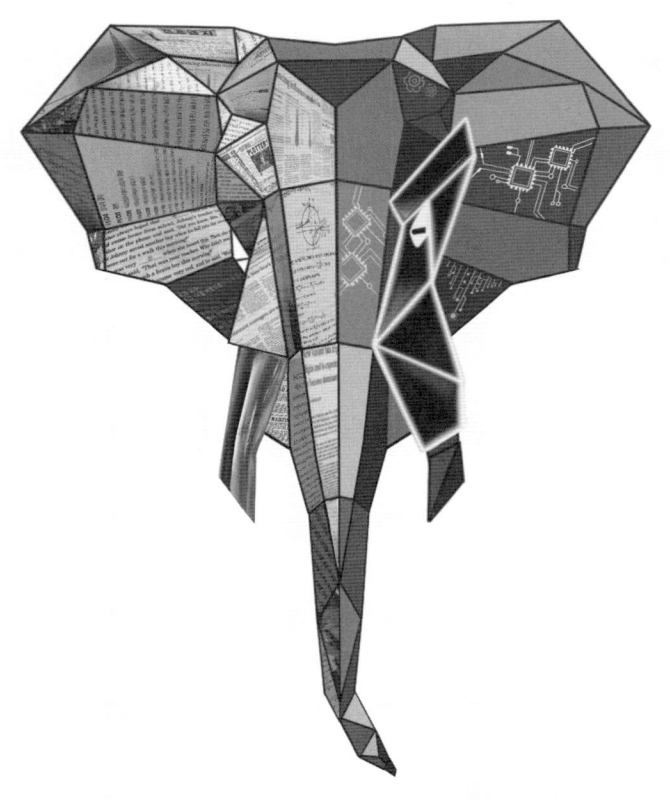

## 코끼리 눈과 귀

코끼리 귀는 대단히 크다. 그 이유는 덩치가 워낙 커서 신진대사로 인한 열이 많아 그 열을 넓은 면적의 귀로 빨리 방출하기 위해서이다. 땀샘이 없는 코끼리는 코로 귀에 물을 뿌리고 두 귀를 펄럭거리면서 시원한 바람을 만들어 내기도 한다.

코끼리는 성대가 커서 사람이 들을 수 없는 초저주파로 의사소통을 한다. 코끼리가 내는 주파수를 다른 코끼리들은 몇 킬로미터 밖에서도 잘 듣는다. 또한 몇 백 킬로미터 밖에서 비가 오는 소리를 듣고 물을 찾아 행군을 시작한다. 코끼리 귀는 눈의 역할도 하는 것이다.

코끼리는 코가 손이라면 발바닥은 귀의 역할도 한다. 즉 코끼리는 귀가 두 종류이다. 코끼리의 발바닥은 젤리성 물질이 깔려 있어 체중을 쉽게 분산시키고, 엄청 예민한 것으로 알려져 있는 발바닥으로 진동을 감지한다.

## Reading

눈과 귀는 보고 듣는 것입니다. 보고 듣는 것이 바로 읽기입니다. 읽기는 일상의 대화처럼 잘 들리는 언어가 아닌 잘 들리지 않는 저주파 텍스트를 우리가 알아들을 수 있는 주파수로 바꾸어 읽어 내거나 영상으로 전환해 이해하는 것과 같습니다.

우리는 읽기를 통해 시공간을 초월한 소통을 할 수 있습니다. 이를 통해 세상을 변화를 읽어내기도 합니다.

또한 코끼리가 귀로 열을 식히듯 독서로 우리의 마음을 정화하고 위로받기도 합니다.

# 1.
# 독서형 융합 인재의 핵심 코드

 많은 연구자들이 DNA 속에 담긴 유전자에 담긴 암호를 풀고 싶어 합니다. 그것을 풀면 질병을 진단하고 치료하는 새로운 방법을 찾아낼 수 있기 때문입니다. 최근 포스텍의 한 연구팀이 컴퓨터 시뮬레이션을 통해 DNA의 복합 구조를 재현하는 데 성공했습니다. 이는 차세대 DNA의 복합 구조를 설계하고 예측하고 응용하는 데 필요한 핵심 정보를 준다고 합니다. 이 책에서 밝혀진 독서와 생각 그리고 글쓰기의 핵심 코드들을 소개하고자 합니다. 이를 통해 목적에 따라 최적의 독서 방법을 설계하고 실천하는 데 도움이 되기 바랍니다.

## (1) 아레테 인문 독서와 로고스 지식 독서를 하자!

 스케이트로 예를 들자면 아마추어의 경우는 발에만 맞는 스케이트를 신으면 됩니다. 하지만 프로 선수는 전문적인 경기를 위해서는 스케이트 신발을 세밀하게 구분하여 목적에 따라 다른 신발을 신어야 합니다. 독서도 마찬가지입니다. 가벼운 독서인 경우는 굳이 방법을 고민하지 말고 가볍게 읽으면 되지만 고도의 생산적인 목적을 갖는 경우는 각각에 맞는 독서법 신발을 신어야 제대로 된 결과를 얻을 수 있습니다.

딥코어리딩은 인문 독서와 지식 독서를 구분해서 다룹니다. 인문 독서는 사람의 감정과 관점, 생각 등 주관적인 해석에 대한 글을 읽는 것이고, 지식 독서는 어떤 대상에 대한 구성요소와 구조 그리고 작동 원리와 움직임 등의 객관적 체계와 원리를 파악하는 독서입니다. 하지만 저는 한 걸음 더 나아가고자 합니다. 이들의 더 궁극적이고 본질적인 차이를 알면 더 강한 독서의 힘을 이해할 수 있기 때문입니다.

우선 핵심 키워드로 인문 독서는 '아레테(Arete)'를, 지식 독서는 '로고스(logos)'를 제안합니다.

**아레테 욕망→인문 독서→완전함**
**로고스 욕망→지식 독서→온전함**

사람은 의식주 등의 먹고사는 욕구의 문제가 해결되면 더 잘 먹고 잘 살기 위한 욕망이 시작됩니다. 이때 인문 독서는 최상의 상태인 아레테에 대한 욕망을 충족시켜 자신을 단련시키고 완전함과 충만함에 다가가도록 돕습니다. 지식 독서는 대상에 대한 논리적 이해인 로고스 욕망을 충족시켜 세상을 온전히 이해하고 다스릴 수 있는 힘과 자유를 줍니다.

아레테는 동양의 '덕'으로 해석되기도 합니다. 그리스어로 일반적으로 사람이나 사물이 가지고 있는 탁월성, 유능성, 기량, 뛰어남 등을 의미하는 말로 최대한도의 능력 혹은 최상의 행위로, 최선의 상태에 있는 것을 말합니다.

인문 독서는 인간과 자신에 대한 이해력과 안목을 높이는 내적 읽기로 아레테에 도달하여 자신을 최상의 상태로 끌어올리는 독서로 지속적인 성장을 통한 행복을 지향한다고 할 수 있습니다.

'아레테' 즉 최상의 상태에 이르기 위해서는 끊임없이 차이와 본질을 찾으려 노력해야 합니다. 즉 아레테 본능을 일으켜야 합니다. 이를 위한 가장 좋은 모토는 "Think different & essence!"일 것입니다. 계속 새롭고 더 완벽한 본질 즉 정수와 진수를 찾아내려고 노력해야 합니다. 무엇인가 일으켜 세우고 완성하는 지식 독서와는 달리 인문 독서는 기존의 통념, 고정 관념, 편견, 아집 등을 해체하고 허물고 깨는 읽기입니다. 끊임없이 의문을 제기하고 따져 보는 겁니다. 나이든 독수리가 자신의 털을 뽑듯이 계속 쇄신하는 겁니다. 이는 철학자, 예술가, 신학자들의 읽기입니다. 단순히 고전 또는 인문학 책을 읽거나 가벼운 사색 또는 필사 기술 따라 하는 것이 아닌 아레테를 진심으로 추구하는 마음이 최상의 인간의 능력을 높일 수 있습니다. 아레테를 추구하는 마음이 있다면 계속 성찰하고 궁리해서 더 좋은 것을 찾으려 자신을 갈고닦을 것이기 때문입니다. 이것이 아레테를 인문 독서의 핵심 가치로 두는 이유입니다.

로고스는 감성적 의미를 지닌 파토스와 대비되는 것으로 본 뜻은 사물을 인식하고 파악하는 인간의 분별이나 이성 또는 말이나 논리를 의미합니다. 철학 용어로는 만물을 지배하고 구성하는 질서와 원리 또는 각각의 사물을 고유하고 일정한 것이 되게 하는 형식이란 의미를 지닙니다.

지식 독서는 유용한 지식을 습득하여 상황과 필요에 따라 사용하기 위한 목적 읽기로써 로고스를 충분히 얻어 세상을 다스리는 힘을 얻는 읽기입니다. 로고스는 나 이외의 것에 대한 힘과 영향력을 얻는 도구인 것입니다. 이는 '정복하고 성취하는 행복'을 지향한다고 할 수 있죠. 순수한 지적 호기심으로 읽는 독서는 오히려 인문 독서에 가깝다고 볼 수 있습니다.

이상에서 살펴본 로고스를 찾는 가장 좋은 모토는 "Make Sense & Scheme!"일 수 있습니다. 지식 독서는 정보의 핵심을 이해하고 지식의 구조를 만들어 내는 게 핵심이기 때문입니다. 계속해서 의문을 제기하며 기존의 것을 허물고 깨는 인문 독서와는 달리 지식 독서는 어떤 체계를 세우고 조직하여 생각의 구조를 완성하는 읽기입니다.

강한 인문 독서와 지식 독서는 도달하고자 하는 수준도 다릅니다. 여러분은 혹시 온전하다(Optimum)와 완전하다(Complete)의 의미의 차이를 아시나요? 두 단어 모두 부족함 없이 제대로 갖춰져 있다는 뜻에서는 비슷한 말이지만 미묘하게 다른 부분이 있습니다.

완전하다는 말 안에는 미래를 향해 완벽한 상태로 완성해 나아가고 있는 이미지를 내포합니다. 반면 온전하다는 말 안에는 기능할 수 있는 최적의 올바른 상태가 이미 정해져 있다는 것을 의미합니다. 완전하다가 "이상적인 모든 것을 최대한 빠짐없이 갖추었다."라는 것에 주안점을 두고 있다면, 온전하다는 "정상적인 상태로 작동할 수 있는 필요 최소한을 갖추었다."라는 것에 한정하고 초점을 맞추는 것입니다. 예를 들어 스마트폰의 경우 통화하는 데 필요한 핵심 요소만 다 갖추면, 더 좋은 스펙으로 더 완전하지는 않아도 온전히 작동은 되어 그 기능을 다하는 것과 같습니다.

지식은 무한하기에 그 모두를 알 수는 없습니다. 상황과 필요에 따라 (시험 통과, 업무 수행) 적절한 양과 수준의 지식 즉 온전한 지식을 빨리 습득하면 됩니다.

반면 인문 독서는 다릅니다. 완전함을 위해 끊임없는 개선과 발전을 시도하는 것입니다. 인문 독서는 과거와 현재보다 더 나은 미래의 나를 만들어 가는 성장 독서이자 과정 독서입니다. 더 새롭고 완전한 것을 찾아 계속 시도하는 것입니다. 완전은 도달할 수 없지만 계속 추구하는 것입니다. 끊임없이 정진하여 성장하는 것이죠. 그렇기에 계속 자신을 성찰해야 하며 항상 새로운 의미와 자신을 만들 수 있고 발견할 수 있는 것입니다.

이상 단순히 읽는 책의 종류의 차이로 독서를 구분하지 않고 진짜 각각의 독서를 통해 궁극적으로 이루고자 하는 목표와 핵심 가치들을 확인해 보았습니다. 이것은 최적의 독서와 생각의 방향을 가르쳐 주는 나침반이 되어 줄 겁니다. 이를 바탕으로 진짜 효과적인 인문 독서와 생각 그리고 지식 독서와 생각을 이해해서 그 참 기쁨을 느껴보시길 바랍니다.

## (2) 참을 수 없이 가벼운 독서를 뛰어넘다.

 책을 읽는 목적에 따라 독서 방법이 달라집니다. 그리고 필요에 따라 적절한 독서 방법을 찾는 것은 독서 과정을 더욱 빛나게 할 것입니다. 내면을 성찰하기 위한 목적을 지닌 독서는 한 권의 책을 깊이 있게 반복적으로 읽는 것이 좋습니다. 반면 실용적인 정보를 얻기 위한 독서는 핵심을 빠르게 파악하고, 다양한 분야의 책을 골고루 섭렵하는 것이 좋습니다. 목적에 따라서 정독, 재독과 속독, 다독으로 방식이 나누어지는 것입니다.

 딥코어리딩은 딥앤와이드(Deep & Wide) 읽기와 코어플러스알파(Core + Alpha) 읽기를 합친 합성어입니다. 딥앤와이드 읽기는 인문 독서 읽기 방법으로 더 깊게 눈에 보이지 않는 것을 보는 읽기를 하는 동시에 넓고 다르게 보는 눈을 키우는 읽기를 해야 한다는 의미입니다. (이후 줄여 딥와이드리딩이라 합니다.) 한 주제에 대해 점점 더 세분화되고 전문화된 글을 찾아 읽어가며 깊은 사색을 더해 더 깊은 이해로 발전시키며(딥리딩), 동시에 다양한 입장이나 관점을 제시하는 글들을 찾아 읽거나 다른 다양한 주제들과 연결 지어 읽으며 더 넓은 입체적 이해를 시도하는 읽기입니다(와이드리딩). 더불어 코어플러스알파 읽기는 지식 독서 읽기 방법으로 보통 책 내용의 20% 정도 이하의 핵심 내용인 코어 지식과 80% 정도의 나머지 주변 내용으로 구분하여, 우선 핵심과 뼈대를 파악하고(코어리딩) 그것을 중심으로 살을 붙여 가며 확장해 가는 읽기(알파리딩)를 해야 한다는 취지입니다. (이하 줄여 코어알파리딩이라 합니다.)

## (3) 딥코어리딩의 지향점

**딥코어리딩은 강한 독서를 지향합니다.**

누구는 목적을 위한 수단이 아닌 독서 그 자체를 찬양하며 취미와 교양으로서의 가벼운 독서 그 자체의 유희를 강조하기도 합니다. 긍정합니다. 다양한 목적과 수준의 독서가 있으니까요. 하지만 그런 의미만 있다면 더 재미있는 게 주변에 너무나 많기에 굳이 힘들여 독서할 이유는 사라집니다. 또한 항상 해야 할 일이 있는 평범한 사람들은 여유가 없어 독서에 빠져들기 어렵습니다. 독서 인구와 독서 문화는 계속 제자리거나 후퇴할 겁니다. 하지만 독서가 현실적인 문제를 혁신적으로 더 빠르게 잘 해결해 줄 수 있다면, 독서를 통해 느끼는 기쁨과 성취감이 단순한 재미보다 훨씬 강하고 황홀할 정도라면 아마도 대부분은 막아도 독서를 할 겁니다.

그런데 그런 능력과 기쁨을 느낄 수 있는 독서는 조금은 힘든 상급 독서에 있다는 게 문제입니다. 쉬운 독서가 아닌 강한 독서여야 도달할 수 있습니다. 마치 힘든 경기에서 이겼을 때의 환희, 굳이 오르지 않아도 되는 높은 산을 힘들어도 이겨 내어 정상에 도달했을 때의 시원함과 뿌듯함과 같은 겁니다. 소설 갈매기의 꿈에 나오는 주인공 조나단의 경험들과 같은 겁니다. 정신도 육체도 건강해지고 단단해져 흔들림 없는 평온과 기쁨을 느끼고 새로운 도전에 대한 설렘으로 가슴이 뜁니다. 딥코어리딩은 강한 독서를 지향하며 그러한 계기를 만들어 주기를 기대합니다.

**딥코어리딩은 융합 독서를 지향합니다.**

읽기는 결국 연결입니다. 의미 있는 혼합 연결이 융합입니다. 딥코어리딩은 인문 독서와 지식 독서 각각의 최적의 독서법을 제시하지만 동시에 상호 보완적 융합 독서를 지향합니다. 인문 독서와 지식 독서의 각자 고유한 읽기를 살리면서 상황에 따라 교차하고 융합해서 발전해가는 읽기입니다. 인문 독서와 지식 독서는 완전히 분리된 게 아니라 서로 상대방을 발판으로 도약해야 하기 때문입니다. 이는 정반합 변증법적 발전과 같은 모형입니다. 한쪽으로만 더 높은 경지로 넘어갈 수는 있지만 벽과 한계를 깨고 올라가야 합니다. 양쪽 벽을 이용하면 더 쉽게 도약할 수 있습니다. 리딩과 씽킹, 의지와 실천도 이 모형을 응용하여 잘 블렌딩해야 더 빨리 더 좋은 결과를 기대할 수 있습니다.

**딥코어리딩은 공감 독서를 지향합니다.**

기계적으로 수술만 하는 의사, 의무적으로 가르치는 교사, 매너리즘에 빠져 맥없이 일을 수행하는 수많은 사람들은 진짜 행복할까요? 의미와 가치, 사랑과 철학을 가지고 멋과 낭만을 포기하지 않으면서도 프로의 전문성으로 여러 문제를 해결하는 유능한 사람이 된다면 얼마나 좋을까요? 이를 위해선 진정 자신을 사랑하고 다른 사람들의 행복을 바라는 따뜻한 낭만 즉 공감(共感) 능력이 필요합니다. 또한 자신과 더 많은 사람의 현실적인 문제를 해결하는 능력과 전문성을 가져야 하고 이를 위해선 탁월하게 배우고 적용할 수 있는 공부 감각으로서의 공감(工感)이 필요합니다. 딥코어리딩은 인문 독서와 지식 독서에 최적화한 각각의 솔루션을 제공하고자 합니다. 즉 마음 공감의 공감과 공부 감각의 공감 모두를 일깨우는 독서를 지향합니다.

### 딥코어리딩은 인재 독서를 지향합니다.

'브릴리언트(Brilliant)'는 한글 사전에 가장 찬란한 빛이 나도록 여러 각으로 연마한 다이아몬드라고 정의되어 있습니다. 영어로는 '빛나는', '찬란한', '눈부신', '훌륭한', '멋진', '우수한'을 의미합니다. 이 의미를 발전시키면 여러 각도로 연마하고 다듬어질 때 가장 빛날 수 있다고 할 수도 있습니다. 거창하지만 딥코어리딩은 인문 예술 독서를 통해 높은 미적 감각과 의식 수준, 깊은 인사이트를 가진 구루의 능력과 함께 지식 기술 독서를 통한 전문성과 탁월성을 가진 창재(창의적 융합 인재)를 기대합니다.

### 딥코어리딩은 생산적 독서를 지향합니다.

독서다운 독서의 목표가 독해력을 기르는 것을 목적으로 할 수는 없습니다. 독해력 훈련은 국어와 교과 훈련으로 족합니다. 딥코어리딩은 독서다운 독서 또는 그 이상의 문해력과 리터러시를 기르는 독서를 지향합니다. 앞서 문해력과 리터러시를 소개하면서 말씀드렸듯이 이젠 단순히 텍스트 이외에도 영상 정보와 시사, 경제, 음악, 미술, 과학 기술 등 세상의 모든 것을 깊은 의미와 시스템 그리고 메커니즘을 읽어내고 가장 지혜롭게 대처해 가는 세상 읽기를 지향해야 합니다. 그래서 단순 글자 읽기를 뛰어넘는 '리딩'의 용어를 사용합니다. 또한 딥코어리딩은 단순히 글을 이해하는 수준을 넘어, 스스로 해석하고 자신의 삶에 실질적으로 이용하고 활용할 수 있는 생명력 있는 생산적 독서를 지향합니다. 공부에도 일의 현장에도 삶에도 진짜 도움이 되는 독서를 지향합니다. 그래서 리터러시 읽기입니다. 읽고 생각하고 쓰고 창조하는 통합적 읽기로 보다 자유롭고 주체적인 리딩을 실천하기 바랍니다.

처음은 더 다양한 사람들의 관점과 생각을 읽어야 하지만 점차 자신의 관심 주제와 화두를 가지고 생각의 비중을 더 높여가야 합니다. 자신의 문제와 필요를 해결하기 위해 책을 읽을 때, 글을 쓰기 위해 책을 읽을 때가 가장 많이 읽게 됩니다.

### 딥코어리딩은 기본과 근본을 중요시합니다.

"기본은 쉬운 것이 아니라 가장 중요한 것이다"라는 생각으로 쉬운 것을 추구하는 것이 아니라 가장 중요한 것, 근본적인 것을 추구하고 기본에 충실합니다. 이 책에 제시되는 것들은 새로운 것들만 있는 것이 아닙니다. 이미 알고 있더라도 가장 중요한 것들을 그 순서와 역할에 맞게 제시합니다. 우리는 알고 있는 것은 많은데 '진짜' 알고 있는 것은 많지 않습니다. 진짜 앎은 강력한 생산력이 있습니다. 여러분도 진짜 앎에 새로 눈뜨시고 욕심을 갖기 바랍니다.

# 2.
# 리딩 트랙 ONE – 딥와이드 마음공감 리딩
### – 공부를 뛰어넘는 인문 독서법

## (1) 인문독서의 열쇠 – 딥와이드 공감(共感)리딩

**What 인문 독서?** – 인문학적 상상력을 일깨워 주는 놀라운 책의 비밀

생텍쥐페리의 《어린 왕자》는 너무나 많이 인용되고 친숙한 만큼 흔하고 뻔한 책이라는 인상을 가질 수 있습니다. 하지만 본질을 알

게 되면 역시 그 유명세만큼 놀랍고 귀한 책이라는 것을 다시금 느끼게 됩니다. 세계에서 성경 다음으로 가장 많이 팔리고 읽히는 책 중 하나라고도 하고, 멋지고 아름다운 표현들도 많지만 특별하게 귀한 이유는 진정한 인문학 독서로 들어가는 문이자 새로운 세계로 들어가는 열쇠를 쥐어 주기 때문입니다. 더불어 인문학 독서의 기쁨과 놀라움을 직접 느끼게 해줍니다. 인문학적으로 생각하는 조건과 방법 그리고 목표 이 모두를 알려줍니다. 누구 말대로 그 어려운 걸 다 해내는 책입니다. 지식과 생각 그리고 기술만 가득 찬 머리 중심의 깡통 로봇 같은 우리에게 인문학과 세상의 새로운 의미와 가치를 느끼고 볼 수 있게 하는 마음의 심장과 눈을 선물해 줄 것입니다.

  우선 《어린 왕자》는 인문학 독서의 시작 조건을 가르쳐 줍니다. 그것은 충만한 삶의 우선 조건으로 '가장 중요한 것은 눈에 보이지 않는다'는 것과 '중요한 것은 눈이 아닌 마음으로 의미와 가치를 발견할 수 있어야 한다'는 깨달음을 책 전체에 걸쳐 보여줍니다. '사막이 아름다운 이유는 그것이 어딘가에 우물을 감추고 있기 때문이라는 것'의 의미를 알 수 있는 마음의 눈이 있다면, 작품 속에서는 물론 이 세상 만물에서도 감동과 신비로움 그리고 아름다움을 찾아 보다 의미 있고 행복한 삶의 진실을 찾을 수 있다는 겁니다. 이 방법을 알면 대부분의 글은 물론 동물이든 사물이든 심지어 상상의 세계와 신의 세계와도 소통할 수 있는 번역기를 얻는 것과 같습니다. 그래서 그 무엇과도 대화를 나눌 수 있고 의미를 찾을 수 있게 됩니다. 어린 왕자가 사막과 같은 곳에서조차 희망의 우물을 찾을 수 있는 것처럼 말이죠.

보통 반지는 손가락 크기의 동그란 금속 조각입니다. 이것은 사실일 뿐이고 크게 마음이 기쁘지는 않을 겁니다. 그 물질이 비싼 다이아몬드가 아니라면 말이죠. 하지만 반지가 영원한 사랑을 의미하고 너와 영원히 함께하고 싶다, 결혼하고 싶다는 의미를 마음의 눈으로 볼 수 있다면 설령 값이 저렴한 구리 반지일지라도 너무나 행복할 것입니다. 이처럼 마음의 눈으로 그 의미와 가치를 볼 줄 알 때 더 행복해질 수 있습니다. 《어린 왕자》는 또한 어느 한 존재가 길들이는 과정을 통해 의미가 생기면 그 주변의 것들도 의미가 생기고 더 나아가 우주 전체가 의미가 생기게 된다고 합니다. 그럼 우주가 의미로 가득한 세계로 변하게 됩니다. 《어린 왕자》의 여우는 들판의 밀은 자신에게 아무 의미가 없지만 어린 왕자가 자신을 길들이면 특별한 존재가 되어 금빛으로 익어가는 밀밭을 보고 황금빛 머릿결을 가진 어린 왕자를 떠올리고 밀을 쓸어 올리는 바람에도 설렐 거라고 합니다. 이 세상을 충만하게 살 수 있게 하는 의미는 주어질 수도 있지만 만들 수도 있다는 깨달음을 줍니다.

또한 이 책은 인문학적으로 생각하는 구체적인 과정과 방법도 알려줍니다. 어린아이처럼 작품 속의 어린 왕자는 계속 끊임없는 호기심과 애정 어린 관심을 갖고 질문을 통하여 알고 싶은 것을 알아내는 것입니다.

어린 왕자는 세 번째 별의 술꾼과 네 번째 별의 사업가에게서 질문을 통해 그들의 논리적 오류를 찾아냅니다. 또한 궁금한 것들을 끊임없는 질문을 통해 알아내다가 결국은 세상을 신비롭고 아름답게 하는 비밀까지 알게 됩니다. 어린 왕자는 이 별 저 별 여행하며 항상 모르는 것의 의미를 묻고 행위의 이유와 목적 그리고 그를 통해 얻는 효용을 묻습니다. 그리고 판단도 합니다.

　마지막으로 《어린 왕자》는 인문학의 최종 목적과 기준까지 제시합니다. 그것은 실천입니다. 어린 왕자는 장미에 대한 사랑과 책임을 다하기 위해 죽음까지 불사하는 행동하는 용기를 보여줍니다. 인문학은 결국 삶과 연결될 때 완성됩니다. 왜냐면 인문학의 본질이 자신은 누구이며 어떻게 살아야 하는가에 대한 답을 구하는 것이기 때문입니다. 책에서 깨달은 삶의 원리와 원칙 그리고 가치들을 자신의 삶에 적용할 때 그 경험은 자신의 생각을 일깨우고 그 생각은 행동으로 우리 삶을 채워 갈 겁니다. 책 속에서 허영심을 가진 이는 명예와 인기를 좇는 사람들이고, 술꾼은 쾌락주의자나 중독자들을, 그리고 전등 켜는 사람은 직장인이나 공무원을 의미할 수 있습니다. 그들이 무엇을 놓치고 사는지를 파악한다면 우리가 무엇을 추구해야 하고 어떤 삶에 구속되어 살지 말아야 할지를 알게 됩니다.

　《어린 왕자》를 처음 한두 번 읽을 때는 재미도 없고 적당히 좋은 책일 수 있겠다 정도로 인식했습니다. 시간이 흘러 다시 읽으며 그 책의 가치와 깊이를 읽어낼 수 있었습니다. 이를 통해 《어린 왕자》는 올바른 인문학 독서의 방법과 계속 의식 수준을 높여 시차를 두고 반복해 읽는 것의 중요성을 깨닫게 했습니다. 적당히 책을 읽고 '좋은 책이다.'라는 인식이나 감정적인 감동 경험에만 멈추어선 안 됩니다. 보다 소중한 가치와 경험을 놓칠 수 있기 때문입니다. 적당히 안다고 착각하는 것이 오히려 새로운 경험과 깊은 깨달음의 기회를 막는 것 같습니다. 삶이 변화하는 황홀한 독서의 깨달음을 얻고 싶다면 계속 새롭게 읽어 보려는 시도가 필요합니다.

**Why 인문 독서!** - 지속적 성장과 행복을 가져다주는 고귀한 선물

유시민 작가는 자신의 저서 《공감필법》에서 공부란 인간과 사회, 생명, 우주를 이해함으로써 삶의 의미를 찾는 작업이라고 정의합니다. 즉 단순히 지식을 얻는 작업이 아니라 오감으로 직접 체험하거나 미디어를 통해 간접 체험하는 모든 것에서 정보, 지식, 생각, 감정을 읽어 내어 교감하고 공감하고 비판하고 대립함으로써 인간과 세계를 이해하고 더 나은 자신의 삶을 만들어 가는 것이 넓은 의미의 진짜 공부라는 생각입니다. 이 공부가 인문학 독서의 과정과 목적이라고 할 수 있습니다. 글쓴이가 말하는 인간과 세계의 본질을 파악하고, 그것의 의미를 알아내고 관련 감정들을 느껴보며 자신만의 의미를 찾아가는 것입니다.

**How 인문 독서** - 우선 문해력의 해석 기준을 세우고 사유와 사색하라!

이야기나 소설과 같은 문학 작품은 구체적인 삶의 모습을 보여주며 깊은 울림을 줍니다. 역사나 철학, 심리학은 추상적인 개념을 통해 보이지 않는 이유의 세계를 보여 줍니다. 문학 작품은 직접적으로 말하지 않습니다. 보여줄 뿐입니다. 그래서 문학 작품은 독자가 의미와 가치 그리고 삶의 교훈 등 메시지를 찾아내어 나는 누구인가, 의미 있는 삶을 어떻게 만들어 가야 할 것인가를 찾아내야 합니

다. 아는 만큼 보이기에 심리학, 예술, 철학, 사상 서적 등의 배경 독서를 통해 우선 다양한 해석이나 관점, 사상들에 대한 지식을 가지면 더 빨리 이해와 해석 능력이 발전할 것입니다.

인문 독서의 전체적인 목표와 방향은 앞서 살펴본 어린 왕자의 접근법으로 하되 구체적인 인문 독서 순서는 다음과 같이 하면 좋습니다. 당연히 먼저 어린 왕자를 읽고 감상한 후 이루어지는 과정입니다.

첫 번째는 판단 기준 세우기입니다. 소설이나 이야기책을 읽고 그냥 해석하려면 막연합니다. 심리학이나 사회학적 메커니즘이나 개념들을 알면 이야기 속에서 그 개념들의 구체적 예를 발견할 수 있습니다. 인문학적 독서는 배우는 사람이든 가르치는 사람이든 우선 기초적인 판단의 기준을 세우는 것이 중요합니다. 그래야 해석할 수 있는 틀이 마련되기 때문입니다. 모방은 창조의 어머니라고 하듯, 처음엔 다양한 인문학적 개념과 관점들을 알아 두고 실제 적용하면서 찾으면 스스로 새로운 관점과 개념으로 해석하는 힘을 키울 수 있습니다. 그래서 다양한 가치와 관점들의 이해를 위해 철학, 문학, 과학 역사 등에서 다양한 사상의 종류와 흐름을 파악하고 심리학과 사회학적 기초 개념과 관점들을 정리해 두길 추천합니다. 유튜브를 필두로 온·오프라인의 인문학 강의를 활용해도 좋습니다.

두 번째는 적용하기입니다. 문학 작품을 읽으며 간접 체험하고 공감하며 다양한 질문을 통해 스스로 작품을 해석하고 생각을 발전시켜야 합니다. 앞서 살펴본 여러 관점 아래 자신의 삶과 문학 작품 속의 삶들을 비교하고, 자신의 삶을 반추하고 예측하면서 나만의 가치관을 세우고, 더 깊은 깨달음과 의미를 만들고 의식 수준을 높여가며 의지를 만들어가야 합니다. 소설이나 이야기책 속에서 몰입, 유혹, 중독, 사랑, 우정 등의 다양한 소재나 플롯들을 자신만의 눈으로 프로세스와 메커니즘을 발견하고 해석할 수 있어야 합니다. 그래서 자신의 삶을 어떻게 살아야 하고 왜 그래야 하는지 그리고 어떤 의미와 가치 그리고 원칙과 기준 그리고 목적과 의지를 가지고 살아가야 하는지 자기 자신과 세상을 설득할 수 있어야 합니다. 이때 우리는 자신의 삶에 책임지는 인생의 주인공이자 나만의 색깔을 가진 더 가치 있고, 의미 있는 자신을 만들어 갈 수 있습니다.

 소설과 비문학은 닭과 알의 관계입니다. 무엇을 먼저 할지는 중요하지 않습니다. 단지 서로의 단계가 모두 필요하다는 것입니다. 결론은 스스로 해석하는 힘을 기르기 위해 먼저 철학과 심리학 사상 관련 책들을 많이 읽은 후 소설 작품을 읽으며 자신의 삶을 성찰하고 해석할 수도 있고, 먼저 소설책을 읽은 후 다양한 평론서 등을 읽거나 관련 해설 유튜브 영상 등을 활용할 수도 있습니다.

## (2) 딥와이드 · 공감 리딩 설계 원칙

인문 독서는 결국 눈에 보이지 않는 것, 본질과 원리, 이면과 너머를 보는 깊고 넓은(DEEP & WIDE) 눈을 장착해야 합니다. 이는 빠르게 정보를 흡수하는 것이 아니라 행간에서 저자의 생각을 읽어 내고 나의 생각을 더하며 대화하듯 읽어야 합니다. 그리고 좋은 생각과 명문장들은 여러 번 되새기며 읽고 새로운 의미를 찾아내야 합니다. 책을 읽을 때 꾸역꾸역 읽는 정도에 만족하면 안 됩니다. 이렇게 읽은 것들은 대부분 쉽게 사라지고 남는 것이 없어집니다. 이런 약한 독서로는 실질적인 실력의 성장과 발전에 도움을 받기 어렵습니다.

다음은 성공적인 인문독서를 위한 공식입니다.

[딥&와이드 리딩]
=슬로리딩 X 테크리딩 X 심플리딩
심층 읽기   공학 읽기   선택 집중
소통 읽기   주도/자발성   응축 선명

성공적인 인문 독서를 위해 딥와이드리딩이 제안해온 핵심 원칙은 1. 천천히 읽고 음미하며 문장 사이에 질문을 던지고, (슬로리딩) 2. 상황별로 적합한 구체적인 사유와 사색의 질문 도구와 기술 중 (테크리딩) 3. 가장 중요한 것을 선택하여 방법이 숙달되거나 생각이 자명하게 정립되어 설명할 수 있을 때까지 계속 한 권을 반복해 읽는 것(심플리딩)입니다.

인문 독서의 핵심 키워드인 슬로, 테크, 심플을 외국어로 그대로 차용하는 이유는 각각이 다양한 의미를 함축하기 때문입니다. 이제 그 의미를 풀어 보겠습니다.

**CODE 01 슬로리딩:** 천천히 읽어 깊이 이해하라!

'더 빨리 더 많이 더 쉽게.'

현대 사회에서 공부는 물론 생활 대부분에서 지배하면서도 지향하는 가치가 되어 있습니다. 세상의 급격한 변화 속도와 복잡성에 따른 결과입니다. 이러한 흐름에 독서도 너무 깊게 생각하고 오랜 시간에 걸쳐 읽는 것은 피하는 경향이 있습니다. 극히 소수만이 보통 자기 전문 분야에 한해서 깊은 독서를 하는 경향이 있습니다. 이렇다 보니 독서는 대충 가볍게, 학습은 더 깊고 진지하게 해야 한다고 생각하는 경우가 많습니다.

수박 겉핥기식으론 제대로 된 수박의 맛을 볼 수도 없고 영양도 얻을 수 없습니다. 겉도는 독서로는 독서의 참된 맛과 힘을 경험할 수 없습니다. 제자리를 공회전만 하며 변화와 발전이 없습니다.

이런 상황에서 일본의 하시모토에 의해 유명해진 슬로리딩은 많은 시사점을 줍니다. 그의 놀라운 결과가 EBS방송은 물론 책으로 우리나라에 소개되면서 많은 관심을 받고 있습니다. 하시모토 다케시 선생님은 교과서나 문제집이 아닌 《은수저》라는 소설책으로 중학교 과정 3년 동안 수업을 하면서 후기 학교에 지나지 않았던 나다 학교를 명실상부한 일본 최고의 명문학교로 이끌었습니다. 이 수업을 들은 학생들은 연속으로 최다 교토대 합격자 수를 배출하고, 이후 졸업생들이 최고 재판소 사무총장, 도쿄 대학 총장, 유명한 소설가, 가나가와현 지사 등 일본 최고의 오피니언 리더가 됩니다.

최근 이를 참고해 한 학기 책 읽기 등 전문가들 사이에도 변화의 움직임이 많이 보입니다. 하지만 더 깊은 슬로리딩의 이해 없이 천천히 읽기라는 형식만 모방만 하면 그 본질이 가려집니다. 기적 같은 결과를 가져온 하시모토의 슬로리딩의 비밀이자 본질은 진지함과 정성을 가지고 '하나라도 제대로 완벽히 읽어 내려는 마음가짐과 의지'입니다. 바로 아레테의 정신입니다.

하시모토의 읽기 교육의 핵심은 '천천히 읽는 것'이 아닙니다. 슬로리딩은 반대말은 패스트리딩 즉 '속독'이 아니라 영혼 없는 독서, 마음과 정성이 없이 대충 건성으로 읽는 형식적인 '겉핥기 독서'입니다. 천천히 읽는다고 특별한 일이 발생하지는 않습니다. 빠르게 읽어도 제대로 읽는다면 효과적인 것입니다. 디테일이 있고 신중하게 계획된 심층 독서가 탁월함의 용광로를 불타오르게 한 것입니다. 어떤 일이든 대충 하는 것으로는 실력을 키울 수 없습니다. 사실 슬로리딩은 현대 교육 이전의 근대 교육까지 동서양을 막론하고 대부분이 하던 방식입니다. 글자 또는 문장을 하나씩 암송도 하고 곱씹어 생각하며 읽던 방식이니까요. 지금처럼 보고 듣기 중심의 교육이 아닌 스스로 이해하고 상상해야 했던 독서법입니다. 진짜 목적과 이면에 있는 원리들을 이해하고 적용해야 효과가 있습니다.

### 슬로리딩의 첫 번째 포인트 - 심층적이고 다각적인 과정으로 읽기

지식 독서는 결과로서의 지식 체계를 알아내어 자신의 것으로 만드는 것이라면, 인문 독서는 눈에 보이지 않는 것을 읽어 내는 과정 중심의 생각 읽기입니다. 진짜 강한 인문 독서는 글자 간 또는 행간 사이 또는 그 속, 또는 그 너머와 이면 그리고 전후 맥락 등에서 보이지 않는 것, 말하지 않는 것을 보고 듣는 것입니다. 숨겨져 있는 것들을 드러내기 위해 더 집중하고 많이 생각하는 읽기가 인문 독서이기 때문에 천천히 읽을 수밖에 없습니다. '제대로 읽겠다.', '숨겨진 것들을 다 알아내겠다.'는 의지가 있는 능동적 읽기입니다. 인문 독서는 점차 자신의 생각 비중을 높여가야 합니다. 마음속 깊은 눈으로 본질적 의미와 가치, 의도와 맥락, 시사점과 원칙 등을 뽑아내는 읽기를 시도해야 합니다. 더불어 넓은 눈으로 또 다른 관점과 생각들을 찾고 다양한 것과의 연관성을 찾아봐야 합니다.

### 슬로리딩의 두 번째 포인트 – 서로 소통하며 읽기

음악 경연에서 심판관이 참여자에게 "소리 반, 공기 반"으로 노래를 불렀다며 극찬한 경우가 있습니다. 이를 인문학 독서에 적용하면 좋은 인문학 독서는 독서 반, 생각 반으로 저자와 자신이 동등하게 대화를 나누며 읽어야 한다는 것입니다. 일반적인 지식 독서처럼 일방적으로 강의를 듣고 흡수해야 하는 독서가 아닙니다. 대화는 기본적으로 상대방을 존중하고 귀 기울여 듣는 열린 자세가 있어야 합니다. 최대한 저자의 의견을 이해하려고 노력하는 것입니다. 하지만 일방적으로 듣기만 하면 노예적 읽기가 될 수 있습니다. 저자의 의견에 동의도 해야 하지만 자신만의 생각도 있어야 합니다. 하지만 자신만의 생각을 고집하는 이기적이고 독선적인 읽기가 되어서도 안 됩니다. 이것을 발전시켜 강한 인문학 독서에서는 역지사지로 여러 입장에 서서 생각하는 습관을 들여야 합니다.

이처럼 슬로리딩의 두 가지 포인트는 인문학 독서는 빠르게 많이 읽는 것이 아니라 느리더라도 꼼꼼하게 읽으며 많은 정보를 끄집어내는 적극적인 독서라는 것을 알 수 있습니다. 슬로리딩은 최대한 생각거리를 찾고 생각을 하는 읽기입니다.

## Tip 더욱 효과적인 슬로리딩을 위해

  우선 아래처럼 읽는 속도에 따라 구분합니다. 탐독은 학문적인 수준까지 깊게 연구하고 성찰하며 본질적인 것과 새로운 것을 발견하는 강한 슬로리딩입니다. 정독은 차분히 책과 대화하듯이 읽으면서 필사와 의문을 품고 생각하며 여유를 갖고 즐기며 읽는 약한 슬로리딩입니다. 미독은 순전히 글의 생각과 감정을 따라가며 공감하는 읽는 감상 읽기입니다. 통독은 조금을 빠르게 전체를 읽어가며 중요한 것을 찾아가는 읽기입니다.

  내용을 정확히 읽어 가되 속도를 높여가는 읽기는 약한 정속독이라고 할 수 있습니다. 강한 속독은 소위 눈동자 훈련과 이미지 훈련 등을 통해 최대한 빨리 읽는 것입니다. 강한 속독은 절대 추천하지 않습니다. 약한 속독은 자연 속독 내지 의미 단위 사선 치며 읽기를 통한 시야의 폭을 확대하는 훈련은 인정합니다. 하시모토 선생님의 슬로리딩은 약한 슬로리딩과 강한 슬로리딩의 중간으로 보면 됩니다. 참고로 인문학 독서는 물론 고전 독서법이 바로 슬로리딩입니다. 동서양은 과거 독서 및 공부법은 천천히 읽으며 한 글자, 한 문장에 담긴 깊은 뜻과 여러 의미 다양한 의도를 되짚어 보는 것 아시죠?! 어쩜 슬로리딩은 천년의 독서법일 수도 있습니다.

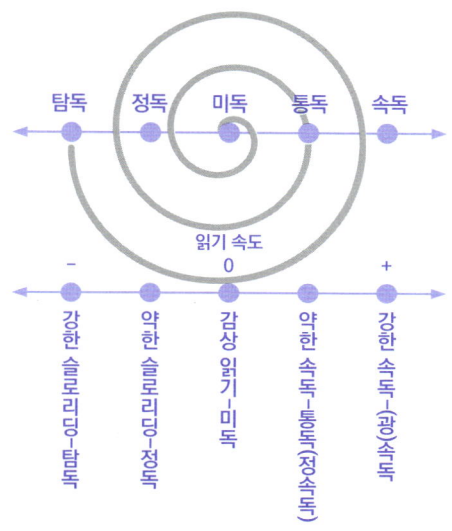

처음부터 슬로리딩을 하기보다는 우선적으로 다양하고 많은 책을 즐기며 감상하는 미독을 통해 많은 책을 경험해 보는 것 즉 다독이 필요합니다. 그래야 슬로리딩을 하면서 스스로 묻고 답하는 질문 및 생각의 수준이 올라갈 수 있습니다. 위 그림에서처럼 점점 더 슬로리딩과 통독을 병행하거나 서로 번갈아 가면서 점차 더 확장해 가야 합니다. 계속 강조하지만 스스로 해석하고 생각하는 힘을 기르기 위해서는 이야기책과 더불어 그 책의 소개 글이나 서평 글 등을 많이 읽으면 좋습니다.

**CODE 02 테크리딩:** 기술적 읽기로 누구나 성공하는 읽기를 하라!

테크리딩은 방법을 찾아내고 기술 습득을 중요시하는 공학적 접근의 필요성과 독자 스스로 읽어나갈 수 있는 힘을 기르기 위해 독립성과 자발성을 전제로 하는 주도성을 강조합니다.

보통 독서나 국어 수업에서 교사들은 "이 글의 주제는 뭘까?"라고 막연히 묻거나 "이 글의 주제는 뭐야!"라고 먼저 설명해 줍니다. 막연히 묻기만 한다면 시간을 줘도 아이는 그냥 막연한 자신의 느낌만을 말하게 됩니다. 문제는 교사가 아이의 다양한 생각을 존중한다는 차원에서 칭찬해 주고 넘어가는 것입니다. 물론 느낌을 말하는 것도 의미는 있지만 주제란 무엇이고 어떻게 찾는 것인지 명확히 전달해 주지 않으면 느낌적인 느낌으로 이미 감각과 능력이 있는 아이는 그래도 정확히 말하겠지만, 대부분의 아이들은 정체된 채로 시간만 보내게 될 겁니다. 물론 교사가 "이 글의 주제는 뭐야!"라고 말하고 아이는 받아 적거나 듣기만 하고 외우는 것은 더 최악이 될 것입니다. 왜냐면 생각의 기회조차 주지 않는 거니까요.

> *"잘하는 아이만 계속 잘하고,*
> *못하는 아이는 계속 못하는 것,*
> *그것은 잘못이다."*

### 테크리딩의 첫 번째 포인트 – 공학적 읽기

공학적 읽기는 도구와 기술을 통하여 누구나 원하는 것을 스스로 할 수 있도록 해야 한다는 것입니다. 오랜 기간 독서나 글쓰기를 공부하고도 발전이 없는 경우가 많습니다. 글의 요약이든 주제 찾기나 글쓰기든 잘하는 아이는 잘하고 못하는 아이는 계속 못하는 경우가 대부분입니다. 이는 아이들이 스스로 생각하고 수행할 수 있는 기술과 그 사용 역량 개발을 소홀히 했거나 막연하게 가르쳤기 때문입니다. 구체적 기술과 역량 교육 없이 내용 중심으로 결과만 전달하고 정교하고 구체적으로 단계적인 방법과 절차 없이 뭉뚱그려 지시하거나 지도하기 때문입니다. 무의식적으로 자신은 주제 파악이나 내용 이해 및 글쓰기를 잘해도, 구체적으로 아이들에게 전달하지 않으면, 할 수 있는 친구는 알아서 하겠지만 모르는 친구는 계속 못하게 됩니다.

공학적 접근을 통하여 구체적 도구와 기술을 이용하면 못하는 사람도 대부분 잘 할 수 있게 됩니다. 인간도 본래 새처럼 날지 못하지만 비행기와 비행 기술을 통하여 새보다 높이 날 수 있는 것처럼 말이죠.

인간이 우주에 가기 위해선 우주선이 있어야 하고, 바다 깊은 곳을 들어가기 위해선 잠수함이 필요합니다. 얕은 바다를 들어갈 때는 맨몸으로 수영과 다이빙만 할 수 있으면 도구가 없어도 또는 물안경 정도의 간단한 도구만 있어도 가능합니다. 하지만 바다 깊숙하게는 들어갈 수 없죠. 즉 인간의 한계를 극복하기 위해선 적합한 도구와 기술이 필요합니다. 인문 독서도 자신이 설정한 인문학적 깨달음과 생각의 기대 수준에 따라 적합한 도구가 있어야 하는 것입니다.

당위로서 무엇을 해야 한다고만 말하거나 그냥 '해라'라고 지시만

하면 아이들은 억울해집니다. 아이들이 할 수 있게 환경과 도구 그리고 프로세스 등의 총체적인 시스템을 만드는 것이 공학적 접근의 리딩입니다.

　속도를 구체적으로 구하기 위해서는 시간과 거리를 알아내야 합니다. 글의 메시지도 마찬가지입니다. 메시지는 의도이자 교훈입니다. 그냥 메시지를 뽑으라고 해서는 막연한 겁니다. 구체적으로 이야기 속에서 좋은 일이나 나쁜 일을 찾고 그 원인을 찾아 좋은 결과를 가져오는 원인 행동이나 선택은 배워야 하고, 나쁜 결과를 가져오는 원인 행동이나 선택은 피해야 한다는 메시지를 뽑을 수 있다고 말해 주어야 합니다.

　사실 '공학'은 인문과 거리가 멀어 보이는 용어입니다. 공학이란 본질적으로 문제를 발견하고 이에 대한 기술적인 해결책을 제시하는 학문을 말합니다. 따라서 공학자는 어떤 문제를 발견하고, 그 문제를 해결하기 위해 지금 없는 것을 만드는 사람입니다. 단순히 이미 아는 것을 이용하여 기계적으로 적용하는 일을 하는 기술자와 구분됩니다. 공학이 인문학과 같은 점은 스스로 불편함을 주는 문제를 찾아내는 것이라는 점과 지금 없는 것을 어떻게 만들어 낼 것인가를 고민하는 것이라는 점입니다. 즉 주어진 정답을 찾는 것이 아니라, 스스로 문제를 발견하고 그 문제에 대해 자기 나름의 답을 찾고 해결해 가는 과정입니다. 또한 지속적인 성장을 추구하는 인문 독서는 지속적인 개선을 지향하는 공학과 궁합이 잘 맞는다고 봐야 합니다. 또한 지성의 단련 그 자체로서 인문 독서 및 생각 그리고 표현의 역량 단련이 인문 독서의 중요한 목표일 수도 있습니다.

차이가 있다면 순수 공학은 수학과 과학 지식을 활용하여 눈에 보이는 물질적인 것을 만들어 내는 거지만, 인문은 중요한 가치 개념과 눈에 보이지 않는 생각 도구들을 이용하여 정신적인 솔루션을 찾거나 만들어 낸다는 것입니다. 위대한 공학자와 인문학자는 모두 자신들의 호기심과 열정으로 자신은 물론 타인에 대한 사랑과 배려에서 새로운 세상으로 안내한다는 것입니다.

### 테크리딩의 두 번째 포인트 - 주도성

인문 독서는 궁극적으로 자신과의 내면과 적극적인 대화를 통해 성장을 지향하기에 주도성을 핵심으로 할 수밖에 없습니다. 인문 독서는 수동적으로 받아들이고 따라만 하는 인문학이 아닌 독자 자신만의 의미와 가치 등을 찾아내야 하고, 스스로 적극적인 사색과 사유를 통해 자유롭게 생각을 발전시켜 나가야 하기 때문입니다.

이러한 주도적 읽기를 위해서는 '독립성'과 '자발성'을 필요로 합니다.

독립성은 자신의 힘으로 읽을 수 있어야 한다는 것입니다. 물론 처음엔 도움을 받아야 하겠지만 결국 인문 독서는 점차 자신의 읽는 힘을 키워가는 것이고 자신만의 관점을 만들어가는 것입니다. 이렇게 주도성을 가지고 책을 독파해 나가면 더 빨리 강해질 수 있습니다. 누군가로부터 쉽게 들어서 아는 것이 아니라 스스로 여러 책을 읽고 분석하고 비교하며 알아내고 깨닫는 독서는 당연히 강한 독서가 됩니다.

여기서 자신의 힘으로 읽는다는 것은 단순히 혼자 스스로 읽는 독서 독립이 아닙니다. 스스로 해석하고 활용하는 수준의 독서 독립은

혼자 알아서 독서하는 것을 뛰어넘어 깊이 해석하고 사용할 수 있는 문해력과 리터러시 수준으로 발전시켜야 한다는 말입니다. 이를 위해 적극적으로 아이들에게 높은 수준의 이해와 해석을 스스로 할 수 있는 독서 기술, 생각 기술을 가르쳐 주고 그것을 잘 표현할 수 있는 글쓰기 기술을 가르쳐 주어야 한다고 봅니다. 이때 추천하는 방법이 같은 주제 또는 소제에 대한 다양한 관점과 영역의 책을 읽는 것입니다.

독서 독립을 위해서는 무조건 스스로 책을 많이 읽기에 앞서 공학적 접근으로 최적의 도구와 방법을 갖는 것이 전제되어야 한다는 것을 잊지 말아야 합니다.

### 테크리딩의 세 번째 포인트 - 자발성

독립성과 더불어 주도성의 중요한 요소는 '자발성'입니다. 끌려가는 소가 근육이 발달할 일은 없습니다. 주도적이기 위해서는 자발적이어야 하고, 변화 지향적이고, 미래의 가치와 예상되는 문제를 적극적으로 예측해야 합니다. 여기에 자기 조절 능력과 메타 인지력 같은 역량이 더해지면 더할 나위 없을 겁니다. 언제 어떤 상황에서 어떤 도구로 어느 수준까지 해야 적합한지 판단하고 결정해야 할 필요가 있기 때문입니다.

테크리딩의 이면에 있는 전제는 인문 독서는 자신의 지성을 단련하는 것으로 스스로 하는 훈련이 중요하며 방법적 능력 그 자체도 중요한 목표라는 것입니다. 어떤 책을 읽는지도 중요하지만, 읽어낼 수 있는 힘을 단련하는 것이 더 중요합니다. 최소한 인문학 도서는 지식 도서와는 달리 내용을 기억하는 것보다 스스로 판단하고 해석할 수 있는 안목, 식견, 지혜의 눈을 갖는 것이 핵심입니다. 본질을 보는 눈 호루스의 눈으로 바꿔야 합니다.

**CODE 03 심플리딩:** 중요한 것에 집중하여 강한 읽기를 하라!

심플의 핵심은 단순한 것이 더 힘이 세다는 것입니다. 선택과 집중을 통해 목표와 대상을 단순화하고 힘을 모아 어느 수준에 오르기까지 연쇄적으로 계속 반복하는 것입니다. 심플의 원리는 다양한 곳에서 볼 수 있습니다. 잘 보면 유명한 맛집들은 한두 가지 메뉴에 집중합니다. 이것저것 잡다하게 하지 않죠. 개인적으로 심플의 원리는 애플의 창시자인 스티브 잡스에게 영감을 얻었습니다. 스마트 시대를 연 최초의 스마트폰인 아이폰을 디자인할 때 그의 제1원칙이었다고 합니다.

많은 분들이 아이들을 사랑하는 만큼 다양하게 좋은 경험을 많이 갖거나 주고 싶어 합니다. 그래서 더 많은 책, 더 다양한 활동이 포함된 독서나 독서 프로그램을 선호합니다. 당연히 아이들이나 우리는 했던 것을 다시 하는 것보다는 계속 새로운 것을 가볍게 즐기는 것을 좋아합니다. 독서 교육자도 이러한 요구에 맞춰 새롭고 다양한 활동을 하는 독서 프로그램을 만들고 홍보합니다. 이것이 과연 옳은 것일까요?

### 심플리딩의 첫 번째 포인트 - 중요성

심플리딩의 첫 번째 포인트는 '중요성'입니다. 이는 가장 중요한 교재와 방법을 선택해 집중하라는 것입니다. 이것저것 다양한 경험이 아닌 가장 중요한 활동을 골라 집중적으로 반복하라는 것입니다. 최소한 처음에는 가장 중요한 기본을 세울 수 있도록 '핵심 활동'을 계속 반복적으로 수행해야 합니다.

여기서 핵심은 가장 임팩트가 강한 중요한 것입니다. 20:80의 법칙인 파레토 법칙에서 말하는 가장 영향력 있는 20%에 집중해야 합니다. 우리는 십수 년 많은 것을 배운 것 같은데 대부분은 평범하고 소수만 탁월해지는 교육 시스템 속에 있는 것 같습니다. 그 이유 중 하나는 소수의 것을 선택해 집중적으로 하지 않고 너무 여러 과목을 골고루 조금씩 적당히 배우고 있기 때문은 아닌지 고민해 봐야 합니다.

실제 하시모토 다케시 선생님의 '슬로리딩'의 핵심은 천천히 읽기가 아니라 심플리딩입니다. 은수저라는 책 한 권으로 3년간 읽으면서 장면 별로 계속 제목을 달고 모르는 단어를 찾아 정확히 의미를 파악하고 글 속에 숨겨진 의미와 의도를 파악해 가며 노트를 하는 그 과정을 정확하게 반복한 것입니다. 즉 책은 한 권이었지만 계속 새로운 장면마다 매시간 단순하지만 가장 중요한 활동을 연속적으로 수행한 것입니다. 그것도 정교하게 말이죠.

> "다양한 경험은 추억을 남기고
> 반복된 경험은 재능을 남긴다."

다양한 경험들은 아름다운 '추억'(?)은 될 수는 있지만 무엇인가를 해내는 힘 즉 '역량'이 되기는 어렵습니다. 특히 재능이 뛰어난 사람이 아닌 보통의 사람들은 더욱 그렇습니다. 여러 번에 걸쳐 익숙해지고 채화되어 근육으로 발달되어야 합니다. 한두 번 경험한 것은 느낌(Feeling)과 추억만 남습니다. 지금 특히 독서 교육과 공부에서 놓치는 것이 바로 이것입니다. 강남 엄마들도 아이들에게 나름 욕심껏 많은 것을 경험하게 하고 교육을 시켜보지만 독서 또는 공부하는 힘이 의외로 대부분 약합니다. 너무 많은 경험이 역으로 아무것도 남지 않게 만드는 것은 아닌지 고민해 보시길 바랍니다. 숙달과 완성이 중요합니다. 중요한 것에 집중하며 그것을 얻었을 때 다음 것, 새로운 것을 더해 주길 바랍니다.

  선택과 집중은 보다 '많은' 아이들의 성공을 가져옵니다. 앞서 말했듯이 하시모토 선생님의 교육 방법으로 백몇십 명이 도쿄대에 합격합니다. 일본 열도 최고의 실적이었죠. 이것의 핵심은 아이의 수준에 따라 책 내용이나 기술을 깨닫고 자신의 것으로 만드는 시간이 다르다는 당연한 비밀입니다. 즉 중요한 것을 반복하다 보니 빨리 배운 아이는 더 강화되고, 늦은 아이는 늦게라도 깨우치게 되어 더 많은 아이들이 성공하게 됩니다. 1~2회에 걸쳐 경험만 하고 계속 새로운 것을 경험하면 이미 충분한 역량이 쌓여있는 소수의 머리 좋은 아이만 의도하는 바를 얻고 나머지 아이들은 그냥 흘려보내게 됩니다.

  심플하다는 것은 비우는 것입니다. 비움으로써 잡다한 생각과 활동을 하지 않고 선택과 집중을 한다는 것입니다.

더불어 심플하다는 것은 통찰했다는 겁니다. 전체를 꿰뚫는 핵심 원리와 이치를 알아낸 겁니다. 그래서 딥리딩은 심플리딩에 의해서 완성됩니다. 강한 독서의 핵심입니다.

## 심플리딩의 두 번째 포인트 - 선명성

'선명성'은 목표이자 최종 결과로서의 키워드입니다. 한마디로 정리해서 말할 수 있는가?! 이것은 자신이 이해를 완성했는가를 검증하는 질문입니다. 복잡함은 생각을 모호하게 만듭니다. 미술 활동에서 조각은 필요 없는 돌덩이를 계속 떼어냄으로써 아름다운 조각상을 만들 듯이 매끄럽고 선명한 모습을 끄집어내야 합니다. 이로써 완벽한 전체의 이해 즉 통찰이라는 아름다운 결과물을 얻을 수 있습니다. 그래서 어떤 개념이나 대상에 대한 생각이 정립되면 이는 한 단어나 한 문장 또는 한 장의 그림이나 요약으로 압축 정리될 수 있어야 합니다. 실제 복잡한 나열은 쉽지만 단순화는 어려운 일입니다. 중복되는 것은 버리고, 새로운 내용은 통합하고, 중요한 것과 안 중요한 것을 구분하는 일은 꽤 고통스러운 일입니다.

선명성은 심플한 이해의 결과로서 스마트한 이해입니다. '스마트'의 의미는 스마트폰의 특성을 추상화해 이해할 수 있습니다. 스마트폰은 전화 기능은 물론, 사진기, 컴퓨터, 시계, 은행 등 복잡하고 정교한 기능을 수행하면서도 버튼이 최소화되어 더 단조로운 형태를 띤 전화기입니다. 선명한 이해도 이와 마찬가지로 수많은 의미와 내용을 내포하지만 더 정제되고 함축된 개념으로 표현되는 겁니다. 스마트폰도 기능과 앱이 계속 업그레이드되듯이 선명한 이해는 계속 다듬어져야 하고 쇄신되어야 합니다.

  또한 선명한 이해는 모형 조각처럼 입체적이어야 할 것입니다. 그림이 평면이라면 조각은 입체적입니다. 핵심은 하나이지만 그것을 바라보는 다양한 상황과 각도를 고려해야 합니다. 즉 고정된 것이 아닙니다. 변화 속의 일정한 패턴과 핵심을 파악하면 보다 완전한 이해에 가까워질 것입니다.

### 주의해야 할 점 - 첫 번째

  심플리딩에서 주의해야 할 점이 두 가지 있습니다.

  하나는 심플리딩 역시 타이밍이 있다는 겁니다. 현실적으로 고등학교에서의 강한 독서는 어렵고, 너무 어린 친구들에게는 고통이 될 수도 있습니다. 유년 아이나 초등 저학년 아이에게 가장 중요한 건 자연스런 독서, 습관화된 독서입니다! 따라서 대학생 이후는 언제든 괜찮지만 학창 시절의 경우는 현실적으로 초등 고학년에서 중등이 적합합니다.

### 주의해야 할 점 - 두 번째

  다른 하나는 지나치게 단순한 반복이 되어 창의성과 흥미가 떨어질 수 있다는 겁니다. 적절한 변화와 집중적인 반복이 조화되도록 해야 합니다. 그래서 실제 진행될 때는 중요한 활동은 반복하되 새로운 활동은 가볍게 하나씩 추가하면 좋을 듯합니다. 책도 하나는 아주 깊게 읽어 가되 다른 한쪽으로는 쉽고 가볍게 그리고 다양하게 변화를 주는 투 트랙 독서를 추천합니다. 하시모토 선생님도 슬로리딩을 할 때 중학교 3년간은 책 한 권으로만 수업을 했지만, 고등학교에서는 다양한 책은 물론 교과 공부도 했듯이, 가장 중요하면서도 기본이 되는 핵심 역량과 기술을 습득하게 한 다음에는 굳이 심플리딩으로 제한할 필요는 없습니다. 앞서도 말했듯 심플리딩은 좋은 책에 한정해서 하는 강한 독서법입니다. 심플리딩은 당연히 다양한 책 읽기와 병행해야 합니다. 심플리딩만 고집하면 단순하기에 지루해질 수도 있으니까요.

## (3) 딥와이드 공감 리딩 핵심 기술 - 인문 문해력의 필살기

### 💡 SKILL 01 기본 기술 - ERA 리딩 [감이행 리딩]

우선 가장 기본적인 인문 독서의 기술을 소개합니다. E(감성 읽기), R(이성 읽기), A(행동 읽기) 3단계 독서법으로 세 번에 걸쳐 읽으며 각 단계의 목적에 집중하는 것입니다.

#### Emotion 감성 읽기

E는 Emotion 감성 읽기로 순수하게 대상과 하나 되어 오감으로 느끼며 읽는 것입니다. 저자의 생각과 이야기 자체에 빠져들어 적극적으로 이해하려 노력합니다. 즉 글 속 주인공의 마음과 정서를 느끼려 노력하고 글을 음미하듯 읽습니다. 적극적인 열린 공감의 자세를 갖는 것입니다. 전체적인 구조와 줄거리도 파악합니다.

### Reseon 이성 읽기

R은 Reseon 이성 읽기로 구조와 의미 의도 등을 파악하며 대화하듯이 의문과 생각을 주고받으며 분석적으로 생각하며 읽는 것입니다. 장면이나 챕터별로 읽으며 맥락을 파악하고 의문이 생기는 단어나 내용의 관련 자료를 찾아 이해하고(C개념 맥락 읽기), 전체를 구조적으로 파악해서 정리하고(S구조 읽기), 이어 다시 작품을 읽으면서 여러 물음과 답을 하며 생각을 발전시켜 자신만의 의미나 핵심 삶의 원리 원칙을 발견하는 겁니다. (I추론 읽기)

### Action 행동 읽기

마지막으로 A는 ACTION 행동 읽기로 자신의 삶에 적용할 점들을 찾아 적용하거나 관련된 주제의 책을 더 읽어 보는 겁니다.

기존 인문학 강의나 책들은 인문학적으로 생각하는 방법 즉 메시지를 뽑아내는 방법은 설명하지 않고 자신들이 뽑아 체계를 세운 생각과 메시지를 주려고만 하는 아쉬움이 있습니다. 즉 스스로 고민하고 찾아낼 수 있는 방법도 알려줘야 합니다. 이를 위해서는 우선 심리학, 철학, 사상서, 사회학 등 비문학 인문 독서를 통해 인간의 심리와 사회적 문제 및 법칙에 대한 이해, 스스로 생각하는 방법 등을 알게 해야 합니다. 그리고 그것을 바탕으로 역사적 사건이나 이야기 속의 내용과 의미, 의의, 가치, 원칙, 법칙, 규칙 등을 해독하며 찾아낼 수 있도록 하면 좋습니다. 과학이나 기술서 등의 비문학 지식 도서도 세상을 간접적으로 이해하는 데 도움이 되기에 역시 균형 있게 읽을 수 있도록 해야 합니다.

  일례로 앞서 언급했던 소설 《어린 왕자》 이야기를 해석해 보고자 합니다. 그냥 《어린 왕자》를 이야기로만 보면 그저 그런 이상한 이야기에 불과합니다. 하지만 그 안에 있는 삶의 진실을 비유와 상징적 의미로 해석해 낸다면 하나에서 열을 알아내는 힘을 갖게 되고 새로운 의미를 창조해 내는 힘을 기를 수 있습니다. 다음은 《어린 왕자》에서 발견할 수 있는 눈에 보이지 않는 깨달음들의 예입니다.

## 《어린 왕자》 이야기 속 의미 찾기

* 눈에 보이지 않는 것의 중요성: 보아 뱀 그림과 모자 그림, 장미의 말과 장미의 행동, 양 그림과 상자 그림, 사막과 우물, 별과 장미, 지구의 여러 장미와 자신의 별의 장미, 어른과 아이 등의 대립을 통해 보이지 않는 것의 중요성이 전체 이야기를 관통하고 있다. 이는 이 소설의 대전제인 것이다. 여우는 가장 중요한 것은 눈에 보이지 않고 그것은 마음으로 보아야 잘 보인다는 비밀을 어린 왕자에게 말한다. 어린 왕자는 작가에게 그리고 작가는 독자인 우리에게 이 비밀과 진리를 말하고 싶어 한다. 결국 여우는 작가인 생텍쥐페리인 것이다. 어린이의 순수한 눈을 가져야 한다는 것을 말하기 위해 제목도 왕자가 아닌 '어린' 왕자인 것이다.

* 길들이기: 길들이기는 이 글에서 중요한 메시지로 자리매김하고 있다. 길들이기는 관계를 만드는 것을 의미한다. 그 결과로 길들여진 서로는 이 세상에서 유일하고 특별한 관계를 맺게 되고 생존과 단조로운 삶에 기대와 설렘을 준다. 또한 하나라도 소중한 관계를 형성하면 그것을 담고 있는 모든 시간과 공간은 특별한 날과 장소로 새로운 의미가 생겨 이 모든 세상이 의미를 지니게 된다. 서로를 진정으로 이해할 수 있게 되고 소중한 관계를 형성하기 위해서는 시간과 인내심이 필요함을 역설한다. 이때 천천히 그리고 말보다는 행동으로 상대방을 위해 무엇인가 작은 것들을 해주는 시간을 기저야 한다는 섬세한 조언을 한다. 마지막으로 길들여진 서로는 책임감과 성실성이 필요하다고 말한다.

* 바오밥 나무: 바오밥 나무는 '의심'이다. 처음엔 아주 작은 씨앗에 불구하지만 그냥 두면 마음의 별에 다른 것이 자랄 수 없게 하고 결국 그 별을 파괴할 수 있는 것이다. 어린 왕자도 장미꽃을 의심하게 되고 처음엔 기분 나빠하다가 결국은 그 별을 떠나게 된다. 나쁜 것 특히 의심의 성질을 잘 보여 주는 예다.

* 오아시스와 우물: 어린 왕자와 조종사는 사막에서 오아시스가 아닌 우물을 찾아 물을 마신다. 오아시스는 자연적으로 만들어진 것이나 우물은 자연적인 것이 아니다. 사람이 인위적으로 땅을 파서 만들어야 하는 것이다. 관계와 의미는 자연스럽게 만들어지는 것이 아니라 시간과

정성을 투여해야 한다는 것을 의미한다. 그리고 그 우물 속의 물은 생명이다. 즉 길들여진 관계는 우리에게 기쁨을 주고 의미와 아름다움을 주는 것이다. 사막과 같은 마음에 생명을 주는 것이다. 그리고 그 길들여지는 관계는 자연스럽게 생겨나는 것이 아니라 노력해야 하는 것이다.

* 어른들의 자화상: 이야기 속에 등장하는 어른들은 외롭게 헛된 것에 집착하는 불쌍한 사람들이다. 각 별에 사는 왕, 허영심 가득한 남자, 술꾼, 사업가, 가로등 켜는 사람, 지리학자 등 자신에 집착하고 항상 바쁘고 진짜 소중한 것을 못 보고 겉도는 모습들이다. 장미 하나 물 한 모금의 기쁨과 감사함을 모른다. 잊고 산다. 또한 모든 행복을 더하는 것은 소유나 지배가 아니라 관계이며 존재라는 것이다. 서로가 의미가 되어 준다는 것을 잊고 헛되이 바쁘게 살아가는 모습을 비판한다.

* 되돌아감: 사막에서 집으로, 지구에서 자신의 별로 어린 왕자와 조종사는 각자 돌아간다. 밖에서 찾고 있는 답은 어떤 일이 아니라 가까이 있는 가족과 친구들과 갖는 시간의 필요성과 소중함을 말한다. 그리고 소설《파랑새》에서처럼 가까이 있는 그들과 함께하는 작은 것들의 의미와 기쁨을 느끼길 작가는 원하고 있다.

* 가장 여린 그리고 가장 강한 어린 왕자: 어리기에 여리고 바람에 꺼질 것 같은 램프의 불빛처럼 작고 순수한 모습이면서 동시에 어리기에 무모할 정도로 질문하고 행동하고 실천하는 강한 모습을 보여 준다. 죽음을 통해 다시 자신의 별로 돌아가는 모습이 그 예이다. 순수는 가장 약하며 가장 강한 힘을 갖고 있다.

비어 있는 냄비에 아무리 불을 지펴도 요리가 만들어질 수 없는 것처럼 글 해석에 대한 다양한 어휘와 배경지식이 없이는 작품에 대해 해석하고 판단하고 생각하여 말하는 것은 어렵습니다. 이야기책을 읽은 후 그 책에 관한 다양한 평론 글을 찾아 읽고 플롯 등 이야기나 소설을 분석하는 방법에 관한 책을 찾아 읽는 것을 추천합니다.

예를 들어 생텍쥐페리의《어린 왕자》, 작품을 읽고는《그림으로 보는 생텍쥐페리의 심리 이해》,《나의 어린 왕자: 내 안의 찬란한 빛, 내면아이를 만나다》,《어린 왕자: 내 안의 구도자》,《어린 왕자와 깊이 만나는 즐거움》,《어린 왕자, 진짜 중요한 건 눈에 보이지 않아》 등 관련 에세이나 해설서들을 읽어 보는 겁니다. 《그리스 로마 신화》도 그렇고 《삼국지》도 같은 방법을 사용할 수 있습니다.

소설책만 읽는다고 자연스럽게 해석 능력이 느는 것은 아닙니다. 이야기책을 읽고 그 책에 대한 다양한 해설서들을 읽고 책들 간 비교 분석해야 글 해독력이 빠르게 높아집니다. 여기서 한 걸음 더 나아가 스스로 자신만의 해석을 더하면서 모방을 통해 창조하는 방법을 배우는 게 현실적으로 빠른 방법입니다. 모방은 창조의 어머니입니다.

물론 더 근본적으로는 철학, 역사, 심리학, 사회학 등 인문학 관련 비문학 서적들을 많이 읽고 다양한 관점들을 먼저 아는 게 중요하다는 것 다시 한 번 강조합니다.

## 💡 SKILL 02 발전 기술 - 4차원 인문 독서 기술

보다 발전된 인문 독서의 순서는 감상 읽기, 이해 읽기, 생각 읽기, 삶터 읽기입니다. 앞서 살펴 본 기본 기술의 이성 읽기를 이해 읽기와 생각 읽기를 세분화 한 것입니다. 각 단계에서 중요한 것은 목적의식과 질문의 유형이라는 걸 의식하면서 읽으시길 바랍니다.

### 감상 읽기

감상 읽기는 가벼운 발걸음으로 글을 따라가며 읽는 것입니다. 감상 읽기는 준비 읽기와 공감 읽기 두 가지 활동으로 이루어집니다. 준비 읽기는 책의 제목이나 부제 그리고 서문이나 차례를 보면서 가볍게 전반적인 내용을 예측해 보는 것입니다. 공감 읽기는 마음으로 공감하며 읽는 방법입니다. 문학 작품의 경우 중요한 것은 등장인물과 하나가 되어 설정 장소와 상황에서 느낄 수 있는 오감과 그의 생각과 감정 등을 함께 공감하며 읽는 것입니다. 마치 영화관에서 몰입되어 영화 속의 등장인물이 되는 것과 같습니다. 그래서 읽는 중이나 읽은 후에는 각 등장인물의 입장에서 가졌을 느낌과 감정 그리고 그 이유에 대해 생각해 보면 될 것입니다. 또한 관련된 다른 작품, 시, 영화, 이야기 등을 찾아보는 것도 좋습니다. 더불어 독자의 입장에서 멋진 표현이나 행동 등을 뽑아 보고, 자신이라면 어떻게 했을지 생각해 보는 것도 좋습니다. 미래 사회에서 중요한 역량이 상대방의 입장이 되어 느끼고 생각해 볼 수 있는 능력입니다. 공감 능력이죠. 감동을 주고 변화를 일으키기 위해서는 마음을 이해하고 움직일 수 있는 섬세함이 필요합니다. 인문 독서의 중요한 역할입니다.

### 이해 읽기

이해 읽기는 동감 읽기입니다. 이는 글 속 사이사이 숨어 있는 저자의 의도와 주어진 말과 행동 그리고 배경과 소재의 의미를 파악하며 읽는 것입니다. 이를 위해 등장인물의 특성을 파악하고 행위의 이유와 태도 그리고 반응을 잘 살펴야 합니다. 혹시 상징과 비유가 있다면 그것이 말하는 진짜 의미를 추론해 보고, 배경이나 소재의 의도와 의미를 파악해 봅니다. 새로운 어휘와 개념은 꼭 의미를 확인해 보면 좋습니다. 또한 의견과 사실을 구분해 보는 것도 좋습니다. 상대방의 생각과 논리를 읽어 내는 역량은 문제 상황을 이해하고 문제를 해결해 나가는 데 중요합니다.

### 생각 읽기

생각 읽기는 다양한 의문과 질문을 던지고 그에 대한 답을 찾으며 대화하듯이 소통하며 읽는 것을 말합니다. 비판적으로 글에서 보이는 생각이나 행동에 대해 부족한 점이나 다른 생각 등을 제시하기도 하고, 깨달음이나 새로운 생각들을 찾아보는 적극적인 생각을 할 수도 있습니다. 이때 중요한 구체적 방법 중 하나가 다차원 질문 읽기입니다. 하나의 장면에 대해 문학적, 역사적, 윤리적, 철학적, 심리학적, 사회학적, 예술적 상상력을 바탕으로 한 핵심 질문을 해 보는 것입니다.

### 생각 읽기의 예시

**- 문학적 상상력 발휘**
 * 작품 안에서 어떤 갈등과 문제가 발생했는가?
 * 어떤 것을 선택했고 그에 따라 어떤 결과가 발생했는가?

**- 사회 경제적 상상력 발휘**
 * 결과는 주변 사람들에게 어떤 영향을 끼쳤는가?
 * 어떤 사회적 가치(개인의 부, 명예, 권력과 더 많은 사람들의 부와 편리)가 있을까?
 * 정치, 경제, 사회, 문화, 기술 측면에서 어떤 배경과 영향이 있었을까?
 * 더 효과적인 방법은 없을까?

**- 역사적 상상력**
 * 왜 그런 갈등이 생겼을까? 가능한 선택지는 무엇이 있었지?
 * 비슷한 사례는 역사적으로 없었나? 그것들은 어떤 결과가 있었지?

* 그래서 얻을 수 있는 공통점과 교훈은 뭐지?

- **심리학적 상상력**
  * 그때 등장인물들은 어떤 감정을 느꼈을까?
  * 그 감정들을 어떻게 처리했어야 했을까?
  * 그들의 성격 유형은 어떻지?

- **예술적 상상력**
  * 더 아름다운 모습은 없었을까? 더 좋은 선택지들은 없었을까?
  * 그것들을 표현할 수 있는 음악이나 미술 작품 또는 작가는 누가 있을까?

- **철학적 상상력**
  * 양심과 윤리적으로 어떻게 했어야 했을까?
  * 어떤 절대적 가치(인간의 존엄, 자유, 평등, 정의 등)와 어떻게 연관되어 있을까?
  * 본질은 무엇이지? 그것은 목적이 무엇이지? 왜 존재해야 하지?

다차원 영역별 질문 외에도 다양한 생각 질문을 던지며 더 다양하면서도 빠짐없는 생각을 발전시킬 수 있습니다. 안과 밖, 단기와 장기, 상대적 기준과 절대적 기준 등 이항 대립적 관점과 다양한 입장별 생각을 더할 수 있습니다. (더 상세한 것은 뒤에 나오는 씽킹 파트를 참고하시기 바랍니다.)

### 삶터 읽기

삶터 읽기는 적용 읽기이며 생산 읽기입니다. 이는 글 속에서 실천할 것들을 찾아내고 계획하고 이를 실천해 보는 읽기입니다. 삶터 읽기의 궁극적인 목적은 보다 의미 있고 멋진 삶을 살기 위한 탐색입니다.

  삶터 읽기에서는 주인공의 실패와 성공 이면의 원칙과 배경에 가지고 있는 생각도 읽어 내야 합니다. 이를 통해 살아 있는 읽기가 되는 겁니다. 또한 편지 쓰기, 보고서 쓰기, 기사 쓰기 등 다양한 표현 방식으로 적용해 봅니다. 실행력과 표현력도 중요한 미래 역량입니다. 단순히 감상하고 즐기는 것을 넘어 자신의 삶에 변화와 성장을 가져오는 읽기가 되어야 합니다.

  공학은 몸 읽기, 사회 과학이나 자연 과학은 머리 읽기라면 인문학은 가슴으로 느끼고 행동으로 옮겨질 때 진정한 인문 독서가 완성되는 가슴 읽기입니다. 인문학 독서가 개인적이고 자신만의 생각과 좋고 나쁨만을 판단의 기준으로 삼는 주체적 읽기를 뛰어넘어 우리 공동체와 인간의 인류, 우주의 생명과 물질들을 사랑하고 가슴에 품는 위대한 목적과 가치까지 가슴에 품어 힘들어도 목적이 이끄는 행복한 삶을 살기 바랍니다.

  인문학은 참으로 중요합니다. 근본적이면서도 지속하는 힘을 줍니다. 하지만 그것이 전부인 양 과장해선 안 됩니다. 마음만 있고 의식 수준만 있지 삶과 세상의 문제를 해결할 수 있는 실질적인 힘은 과학과 사회에 대한 지식과 실천도 있어야 합니다. 또한 그림과 음악 등 예술적 감각과 기술 공학 등 실용적 능력이 융합될 때 더 풍요롭게 강력한 영향력을 지니게 된다는 것을 유념해야 합니다.

## (4) 최상급 인문독서 기술 – 마음 공감 독서법

　여러분은 인문학 독서를 어떻게 구분하시나요? 저는 크게는 사유 독서와 사색 독서로 나누고, 더 세부적으로는 감상, 성찰, 지혜, 궁리 독서로 구분합니다. 이 네 가지는 인문 독서의 목적이 될 수도 있습니다. 각 목적은 뒤에 제시되는 사유와 사색의 생각 기술과 융합하여 최상의 독서를 하게 될 것입니다. 독서다운 독서, 공부를 뛰어넘는 변화 독서, 독서 이상의 인생 독서가 대부분 여기서 이루어집니다. 독서의 참맛과 힘을 얻기 바랍니다. 처음 독서의 시작을 계획한다면 감상 독서나 성찰 독서를 추천합니다. 자신의 편견과 생각의 오류를 버리고 올바른 정체성을 만드는 계기가 될 것입니다.

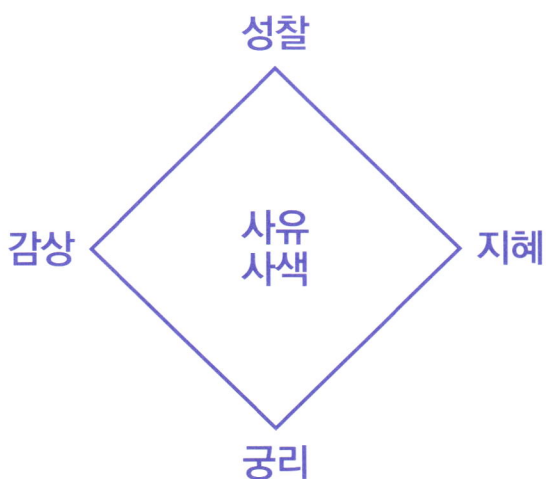

## 💡 감상 인문 독서 - 시인의 인문학적 상상력을 일깨워라!

감상 인문 독서는 문학적 감수성과 인문학적 상상력을 일깨우는 책을 읽는 것입니다. 좋은 시와 소설, 그리고 에세이가 많은 도움을 줍니다.

시의 경우 다양하고 섬세한 감정과 의지, 높은 수준의 의식을 여러 표현 방식과 신선한 해석으로 경험할 수 있습니다. 소리 내어 암송하거나 낭송하는 기쁨도 경험할 수도 있습니다.

소설도 이야기 자체의 재미와 감동도 중요하지만 저자의 정신세계를 이해하고 자신만의 의미와 깨달음도 얻을 수 있습니다. 앞서 어린 왕자 이야기 속 의미 찾기처럼 스스로 해석하는 힘이 있다면 어떤 책을 읽든 자신만의 의미와 기쁨을 발견할 수 있습니다. ERA 감이행 리딩 기술에서 말했든 처음엔 작품에 대한 다양한 해석이나 평론을 읽는 것을 추천합니다.

감성적인 에세이도 좋습니다. 에세이는 경험에 대한 자신만의 섬세한 의미 발견과 느낌 그리고 생각이 들어 있는 만큼 공감을 느낄 여지가 많습니다.

미술, 음악, 문학 작품의 감상과 비평 방법에 관한 책들을 읽어 보는 것도 추천합니다.

중요한 것은 스스로 작품에서 느낌과 의미를 끄집어내고 대화를 하며 인문학적 상상력을 마음껏 발휘한다면 더할 나위 없는 감성 인문 독서의 기쁨을 느낄 수 있을 것입니다.

## 💡 성찰 인문 독서 - 내 삶의 CEO가 되어 자신을 혁신하라!

성찰과 통찰을 통한 높은 수준의 인문학적 이해는 소중한 삶의 지혜이며 보물입니다. 우리 삶을 더 의미 있게 만들고 보다 가치 있게 만듭니다. 가짜가 아닌 진짜 더 소중한 가치를 찾아가는 것을 도와줍니다.

자아 성찰은 자신의 일과 마음을 반성하며 깊이 살피는 것입니다. 이는 자신의 마음과 생각을 돌이켜 보거나 더 깊이 살펴 부족한 부분을 채우고 잘못된 오류와 편견으로부터 벗어나는 것입니다. 이를 통해 보다 온전하고 완전한 길을 찾아가는 것입니다. 세상의 바른 원리와 원칙을 알아내어 자신을 잘 다스리는 겁니다.

고전 독서를 통한 성찰 독서는 대표적인 인문학 독서의 모습 중 하나입니다. 근대 이전의 동서양에서의 고전 독서 또는 공부는 성찰을 중요시했습니다. 근본적인 고민을 많이 했던 옛 성현의 생각을 읽고 높은 삶의 깨달음을 얻기도 합니다. 처음 고전 독서에 도전할 때는 특히 좋은 해석 또는 해설서를 같이 보는 것을 권합니다. 정약용의 《목민심서》나 《유배지에서 보낸 편지》를 읽으면서 조윤제의 《다산의 마지막 질문》이나 《다산의 마지막 공부》 등을 읽는 것입니다. 스스로 깊은 의미를 모두 발견하기 어렵기 때문입니다.

## 성찰을 위한 독서를 위한 추천 도서

**- 고전**

《이솝 우화》,《그리스 로마 신화》,《손자병법》,《관자》,《명심보감》,《격몽요결》,《성학십도》,《도덕경》, 사서삼경 중《논어》와《역경》,《소크라테스의 변론》,《성경》의《복음서》와《잠언》,《반야심경》,《차라투스트라는 이렇게 말했다》

최고 수준의 성찰 도서는 다양한 종교의 경전입니다. 수천 년 동안 해석되고 적용되어 온 만큼 끊임없는 영감과 지성의 원천이 될 것입니다. 그리스 로마 신화도 인간 이해는 물론 좋은 성찰 독서의 도구가 될 것입니다.

성찰 독서를 현대판으로 바꾸면 자기 계발 독서가 될 수 있습니다. 의식을 일깨우고, 삶의 지혜와 마인드 그리고 삶의 가치관을 일깨울 수 있는 자기 계발 책들은 많은 도움이 됩니다.

**- 자기 계발**

《미쳐야 미친다》,《회복 탄력성》,《인생의 태도》,《결단의 힘》,《선택과 결정은 타이밍이다》,《돌파력》,《끝까지 하는 힘》,《몰입》,《크리티컬 매스》,《무엇이 탁월한 삶인가》,《탤런트 코드》,《생각을 바꾸는 생각들》,《가장 단호한 행복》,《50번째 법칙》,《마스터리의 법칙》,《다크호스》,《1만 시간의 재발견》,《설득의 심리학》,《행복의 조건》,《역행자》 등

한 단계 더 깊이 들어가 인간 본성과 인간관계에 대한 이해를 위해서라면 다양한 신화와 삼국지 관련 책도 좋습니다. 이때 단순히 이야기만 읽는 것이 아니라 그 이야기를 다양한 측면에서 해석하고 풀어주는 책을 함께 읽는 것을 역시 추천합니다. 그 속에서 인간에 대한 이해와 자신에 대한 이해를 발전시켜 나갈 수 있을 것입니다.

좋은 문학 작품들은 다양한 삶에 대한 이해를 직접 보여줍니다. 좋은 에세이들은 성찰 독서와 궁합이 가장 잘 맞을 수 있습니다. 그 자체가 성찰이니까요. 이 외에도 세계 단편 소설이나 명작으로 시작해 다양한 고전들과 좋은 영화, 드라마들 속에 들어있는 플롯과 주제, 삶의 메시지 등을 함께 읽으면 좋을 듯합니다.

참고로 성찰의 시작이자 가장 좋은 화두는 '죽음'에 대한 인지와 그것을 통한 생명과 삶 그리고 자유의 소중함을 깨우치는 것이라고 봅니다. 메멘토 모리(죽음을 기억하라), 카르페 디엠(지금 살고 있는 현재 이 순간에 충실하라), 아모르파티(운명에 대한 사랑) 등 소중한 문구를 가슴에 새길 수 있을 것입니다. 그래서 관련 책들을 아래와 같이 추천합니다.

**– 한 번뿐인 소중한 나의 삶과 후회 없는 삶의 이해**

《모리와 함께한 화요일》, 《이어령의 마지막 수업》, 《미드나잇 라이브러리》, 《빅터 프랭클의 죽음의 수용소에서》, 《어떤 죽음이 삶에게 말했다》, 《무엇이 가치 있는 삶인가: 소크라테스의 마지막 질문》, 니체의 《마지막 질문: 죽음이 알려주는 품위 있는 삶을 위한 46가지 선물》, 《내가 죽으면 장례식에 누가 와줄까》

### 성찰 독서를 위한 단계별 안내

1단계 3회독을 하며 밑줄을 긋고, 밑줄 그은 문장에 대한 나의 생각과 궁금한 점을 적어 나간다.

(이때 다양한 자문자답 Q&A를 할 수 있습니다.)

2단계 밑줄 친 문장을 반복적으로 읽거나 필사하며 음미하고 의미를 되새겨 나 자신의 삶과 생각과 대비하며 성찰한다.

3단계 저자가 전하고자 하는 핵심 메시지를 뽑고 평가한다.

4단계 충분한 사색과 사유의 시간을 갖는다.

5단계 마지막으로 책을 읽고 나를 성장시킬 수 있는 실천 목록을 적어본다. 그리고 실행한다.

### 💡 지혜 인문 독서 - 유대인의 두뇌를 훔쳐라!

'지혜' 하면 탈무드, '유대인' 하면 노벨상이 떠오릅니다. 아이비리그 재학생 수와 노벨상 수상자의 25% 이상을 차지하는 유대인은 인류의 0.2%, 미국 인구의 2% 밖에 안 되지만 경제와 과학, 예술과 IT 등 고차적인 지능의 영역에서 세계적인 탁월성을 보이고 있습니다.

유대인의 문화와 교육을 보면 그들이 왜 세계의 정상인지를 알 수 있습니다. 하브루타라는 형식적인 교육 방법 이전에 그들의 역사와 문화 그리고 그들의 정신과 태도가 더 근본적인 이유임을 알아야 합니다. 당당하게 자신의 생각을 밀고 나가는 유대인의 정신인 '후츠파'와 기부의 정신 '쩨다카' 등을 바탕으로 한 유대인의 정체성이 그것입니다.

이것을 전제로 학교 교육, 가정 교육, 예시바 도서관 등 탁월해질 수밖에 없는 환경이 이를 뒷받침합니다.

그래도 가장 부러운 것은 탈무드 교육입니다. 아인슈타인도 다시 태어난다면 탈무드를 연구하고 싶다는 말이 이해가 됩니다.

우선 어려서 학교는 물론 토요일 저녁 예배당과 가정에서 아빠에게 일대일로 히브리어 교육과 토라 암송과 해석을 배우고 일정한 나이가 되면 친구나 어른과 함께 하브루타 대화를 하며 탈무드나 토라 텍스트의 의미를 현재 어떻게 적용할 것인지를 함께 논의하고 토론하여 이해하려고 노력합니다. 특히 대화하고 질문을 교환하며 각자의 관점을 주장하고 비판적으로 사고하며 그 진의에 도달하기 위해 노력합니다.

## 탈무드의 특별함

탈무드의 특별한 점은 세 가지입니다.

### 첫째 - 준비 단계

바로 토라와 미쉬바 등 암송과 히브리어 언어 공부 그리고 독해 훈련이 먼저 이루어진다는 겁니다. 글자 하나 문장을 하나씩 해석하고 암송을 통해 언어 훈련은 덤이고 그 진지함과 진정성 그리고 습관을 어려서부터 갖게 될 것입니다. 또한 어려서부터 먼저 마음의 토양을 준비해 두는 겁니다.

### 둘째 - 탈무드의 구성

탈무드는 히브리어로 '교훈'이라는 뜻으로 토라(유태인들의 성경)에 대한 해석을 담고 있습니다. 페이지의 가운데는 토라가 있고 그 주변에는 위대한 랍비들의 다양한 해석과 논증이 있습니다. 이는 질문과 답변의 구조이며 탁월한 사람들의 해석을 모방할 수 있도록 해주고, 다음 단계에서 하브루타를 할 때 좀 더 높은 수준에서 대화와 토론이 이루어지도록 돕습니다.

### 셋째 - 탈무드의 내용과 읽기 방법

도덕이나 윤리 교과서는 또는 일반적 고전은 도덕적 기준과 개념을 제시하고 우리는 그것을 이해하고 암기하는데 치우쳐 있습니다.

반면 탈무드는 다양한 이슈에 대해 문제 상황과 다양한 해석을 제시합니다. 즉 어떤 절대적인 답에 대한 요약서가 아닌 생각 문제집인 것입니다. 상황을 파악하고 모순과 문제를 해결하는 과정을 통해 문제 해결 훈련을 하거나 다양한 해석을 비판적으로 이해하고 자신의 생각을 세워 상대방을 설득하는 고도의 비판적 사고 훈련서인 것입니다. 이러한 탈무드는 정체성과 정신세계의 기준을 잡아 주고 삶의 지혜를 만들어 줍니다. 더불어 끊임없이 질문하고 의문을 품는 습관은 철저하게 파고드는 습관과 예리한 지성을 발전시킵니다. 이러한 탈무드의 특별함을 참고로 우리도 응용하고, 적용하면 좋겠습니다. 참고로 교훈적 예화집이 아닌 진짜 탈무드에 더 가까운 탈무드를 추천합니다.

동시에 유대인에 대한 다양한 영상과 그들의 정신을 분석한 책들도 추천해 봅니다. 참고로 탈무드 이전에 《이솝 우화》나 속담 및 고사성어로 같은 훈련을 대신할 수 있고, 탈무드와 함께 동양의 《채근담》을 함께 이용해도 좋습니다. 탈무드 다음으로 더 욕심이 생기면 《손자병법》 내지 《후흑학》 등도 읽으며 지혜의 다른 이름이자 구체적 실천인 처세에 대해 더 연구하면 좋습니다.

## 💡 궁리 인문 독서 - 철학자처럼 사유 사색을 사랑하라!

궁리는 일을 처리하거나 개선하기 위하여 또는 문제를 해결하기 위하여 마음속으로 이리저리 따져 깊이 생각하는 것을 말합니다. 궁리 인문 독서는 무엇인가에 대해 더 제대로 이해하고 더 나은 방안을 찾기 위해 고민하는 도구로서의 독서 정도로 이해하면 좋습니다. 그 무엇인가는 행위일 수도 있고 지식일 수도 있습니다. 행위는 정서적 행위와 인지적 행위로 나누어 각각에 대해 깊은 고찰을 위해 주제별로 책을 읽고 생각을 정리해 갑니다. 책만 읽지 말고 스스로 생각하기를 더해 언어, 사고, 감정 등의 메커니즘을 알아내려 노력하면 더 좋습니다.

### 궁리를 돕는 추천 도서

**- 정서적 행위**
* 사과와 용서, 정의, 우정(프렌즈), 열등감과 같은 주제의 에세이 (무경계)
* 《인간본성의 법칙》, 《인간 관계의 법칙》, 《인간욕망의 법칙》, 《마음의 법칙》, 《이기적 유전자》, 《욕망의 진화》, 《뇌 욕망의 비밀을 풀다》 등과 같은 심리학 도서

**- 인지적 행위**
* 《너머학교》 시리즈처럼 언어, 사고, 느낌, 읽기, 기록, 탐구, 생각

(생각연습)
* 《어떻게 공부할 것인가》
* 《당신의 뇌는 최적화를 원한다》, 박문호 박사의 《뇌과학 공부》, 《지능의 역설》

지식에 대한 궁리 독서의 시작은 각자의 호기심에 출발하면 됩니다. 다만 진정한 궁리와 지속적인 궁리를 원한다면 근원적인 경외와 호기심을 불러일으킬 수 있는 우주의 탄생에서 지금까지의 인류와 과학 문명 전체를 통찰할 수 있는 과학과 역사가 융합된 독서나 영상을 보길 권합니다.

### – 일반 교양 지식
* 《지적 대화를 위한 넓고 얕은 지식》 시리즈
* 《사물의 철학》, 《코끼리를 삼킨 사물들》, 《사피엔스》 같은 역사, 철학, 심리학 도서와
* 《코스모스》, 김상욱 교수의 《떨림과 울림》, 《이기적 유전자》, 정재승 교수의 《과학콘서트》, 《열두 발자국》 같은 과학 인문 도서

지성의 단련 차원에서 어려운 책과 고전 읽기 도전도 좋은 궁리 독서입니다. 특히 높은 수준의 궁리 독서로 추천할 만한 것은 물리학과 철학의 융합 도서입니다. 이런 어려운 책들은 한 번에 독파하려 하지 말고 일정 시간을 정하고 그 시간에만 슬로리딩 또는 초록을 통해 하나하나 알아가는 과정에 중점을 둡니다. 관련 영상이나

쉽게 쓰인 만화책을 먼저 참고하는 것도 좋습니다.

### - 과학 철학 도서
《파인만에게 길을 묻다》,《과학적 신념은 어디에서 오는가》, 베르너 하이젠베르크의 《물리와 철학》

고전 읽기에서 중요한 것은 이 책들이 왜 고전이 되었는지 이유를 찾는 마음으로 읽으면 좋습니다. 이번 생에도 고전과의 만남을 포기하지 말고 만남을 시도해 보길 바랍니다. 주의해야 할 것은 고전을 모두 읽는 게 중요하지 않습니다. 하나하나를 알아 가는 과정이 중요합니다. 특히 쉽게 해설된 책을 먼저 읽고 이어 본격적으로 원문을 읽어 보는 것도 좋은 방법입니다.

### -고전 도전 도서
《주역》,《중용》,《국부론》,《자유론》, 스피노자의 《에티카》,《자본론》,《종의 기원》,《인간의 조건》,《과학혁명의 구조》,《카오스》,《부분과 전체》,《감시와 처벌》 등

# 3.
# 리딩 트랙 TWO : 코어알파 공부감각 리딩
− 공부에 강한 지식 독서법

## (1) 지식 독서의 열쇠 - 코어알파 공감(工感)리딩

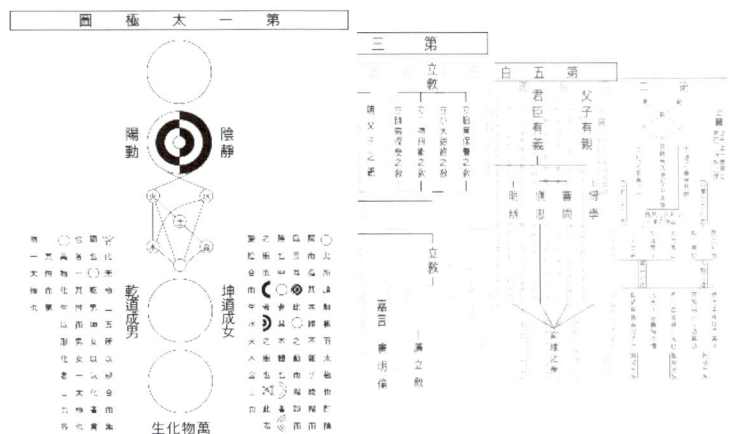

성학십도

**What 지식 독서?** - 지식 학문의 구조를 뇌에 그려 주는 책의 비밀

위 그림은 퇴계 이황의 성학십도의 일부입니다. 이는 성리학의 핵심 내용을 압축해 놓은 10장의 도형과 그 설명으로 69세를 눈앞에 둔 이황이 새로 등극한 어린 임금 선조에게 성인의 학문을 설명하기 위해 올린 것입니다.

제가 처음 이 그림을 봤을 때 상당히 놀랐습니다. 우리 조상도 하나의 학문을 꿰뚫은 분들은 이미 이런 방법들을 쓰고 있었구나 하는 감탄이 절로 나왔습니다. 정약용의 노트나 레오나르도 다빈치의 노트보다도 더 지식 독서의 끝판왕을 보여주는 듯합니다. 성학십도는 아주 효율적인 지식 독서의 핵심을 다 보여주는 열쇠라고 봅니다. 재미있는 건 학문의 체계가 세련된 때가 이황, 이이 및 세종대왕 그리고 다빈치, 데카르트 등이 존재했던 15세기를 전후로 하는 르네상스 시대라는 겁니다.

성학십도의 본 내용은 인문적이지만 그 내용 체계 및 표현 형식 측면에서는 지식 학문의 특성과 완성의 정수를 잘 보여줍니다. 바로 체계성과 압축 정리 그리고 그림 도식의 표현입니다. 각 그림에서 개념과 개념이 위치와 상호 역할 그리고 관계를 맺고 있고 각 그림은 순서에 따라 각 의도와 이유를 가집니다. 즉 요소와 요소를 연결하여 부분 간의 관계와 부분과 전체의 통합적인 관계가 질서와 패턴 체계를 가지고 있습니다. 이는 퇴계 이황이 수십 년간 수많은 독서와 사색을 통해 압축해 지식 시스템의 설계도를 정리한 모형입니다. 이는 글과 함께 그림을 추가하여 어린 왕이 쉽고 빠르게 이해하

며 활용할 수 있도록 최대한 배려한 것입니다. 위와 같이 정리했다는 것은 선명한 이해와 자기 정립이 되어 있어야 한다는 것도 누구나 인정할 수 있을 것입니다.

지식 독서는 독서를 통해 사실 위주의 지식 체계를 자신의 머릿속에 세우고 그것을 활용하는 것으로 연결하는 힘이 지식 독서의 핵심이라 할 수 있습니다. 즉 부분 부분을 연결하여 어떤 의미 있는 모양과 체계를 이루는 것입니다.

체계는 영어로 시스템입니다. '생태계', '인간의 소화, 호흡 체계' 등 시스템입니다. 이런 시스템 체계를 안다는 것은 구성 요소를 찾아내어 서로 간에 어떤 위치에 있어야 하며 어떤 관계를 맺고 어떤 작용을 하는지 그리고 그 이면에는 어떤 원리와 원칙이 있는지, 주변 환경과 조건의 변화에 따라 어떻게 변하는지가 자신의 머리에 그려진다는 것입니다.

지식 독서는 특정 대상 또는 분야의 전체 구조와 제대로 기능하는 조건과 환경의 온전한 이해를 추구하는 겁니다. 보통 지식의 대상은 초, 중, 고 학생의 공부를 위한 교과 지식, 전문가가 되기 위한 대학생의 전공 지식, 취업과 업무를 위해 필요한 실용 역량 지식 등과 관련 도서들입니다. 철학, 역사학, 언어학, 심리학 등의 인문학도 개념과 지식의 체계를 학습하는 것에 초점을 맞추면 지식 독서가 될 수 있습니다.

지식 독서는 이미 체계가 있는 지식을 배우고 익혀 자신의 것으로 만드는 독서와 자신이 모르는 것을 찾아 알아내고 새로운 체계를 세우는 독서 모두를 말합니다.

지식 도서가 다루는 세계의 모습은 아래와 같이 다양합니다. 신이 만들어 놓은 자연과학 세계인 물질세계, 인간이 만들어 놓은 질서인 정치, 경제 등의 인간 세계, 다양한 종교와 철학에서 다루는 현실을 초월한 정신세계인 이상 세계, 메타버스 등 인간이 만든 상상 속의 새로운 가상 세계 등 다양합니다. 우선 자신이 관심 있는 것부터 알아 가면 됩니다.

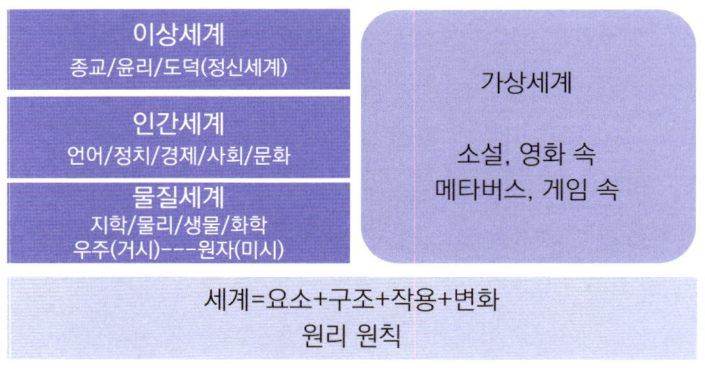

**Why 지식 독서!** - 빠른 성공을 가져오는 힘 센 무기

지식 독서는 학문의 전체상을 파악하고 부족한 부분을 채워 온전한 이해를 이루기 위한 머리 독서입니다. 인문 독서는 자신의 삶을 다스리는 독서이고, 지식 독서는 세상을 다스리는 힘을 키우는 독서입니다.

지식 독서를 좋아하는 친구는 극히 적은 편입니다. 그래서 일부의 사람을 제외하곤 피하고 싶어 하는 독서입니다. 누구는 이야기책을 통해 지식 독서력을 기를 수 있다고 하지만 지식 독서의 특수성을 고려한다면 지식 독서는 더 많은 배경 지식 독서로 접근하는 것이 가장 빠르고 효율적입니다.

지식 글에 대한 기초 이해력은 상상력이지만 난이도가 올라간 지식 독서는 개념과 개념을 연결하고 추론하는 힘이 필요합니다. 그래서 체계적인 지식 구성 능력이 있어야 합니다.

체계적인 시스템 사고를 할 수 있는 사람은 효율성을 만들어낼 수 있고, 목표에 맞는 것을 만들어 낼 수 있습니다. 또한 지속적으로 상황과 대상을 관리할 수 있는 과제 수행 능력이 있습니다. 지식 독서는 힘이 셉니다. "아는 것은 힘이다"라는 말이 있듯이 아는 것이 많으면 힘이 됩니다.

지식 독서는 과정 자체가 가장 기본이 되는 독해력(두뇌 인지 역량)을 키우고, 다른 지식을 담고 다스릴 수 있는 배경지식(스키마)을 우리에게 주기 때문입니다. 요즘은 지식보다 사고력을 중요시하는 경향이 있지만 사실은 지식이 사고력의 핵심입니다. 다양한 지식의 틀과 패턴이 사고력의 틀이 됩니다. 또한 하나의 지식은 다른 지식을 담는 그릇이 되거나 연결 고리가 되기 때문입니다.

배경지식과 이해력은 닭과 알의 관계입니다. "닭이 먼저냐 알이 먼저냐?"와 상관없이 배경지식은 독해력과 공부 속도에 절대적인 영향을 미칩니다. 오랜 시간 공부 방법을 연구했는데 놀랍게도 마지막 결과는 먼저 배경지식을 많이 확보해 주는 게 가장 효과적입니다.

결국 지식 독서야말로 시작이 중요한 독서라 볼 수 있습니다. 회피하지 말고 우선 한 챕터씩만이라도 도전적으로 성취해 가야 합니다. 지식 독서는 지식 독서를 해야 계속 새로운 지식 독서를 찾게 되고 좋아하게 됩니다. 알면 알수록 재미있어지고 더 알고 싶어지기 때문입니다.

**How 지식 독서** - 체계적 지식을 반복해서 인지 사고하라!

지식 독서는 교과 학습을 위해 독서하는 것과는 개념이 다릅니다. 따라서 성공적인 지식 독서를 위해서는 인간의 두뇌 속성에 대한 이해를 기반으로 방향성을 잡아 가야 합니다.

가장 좋은 지식은 시스템 지식입니다. 시스템 지식은 체계성 외에도 응집성과 완결성이 있어야 합니다. 뒤집어 생각하면 낱개의 분리된 지식은 피하고, 중심이 없고 서로 약하게 연결되어 있는 옅은 지식과 불완전하고 오류가 있는 지식을 피해야 하는 겁니다. 이를 위해 가장 좋은 지식 독서의 방향은 자신의 머리로 새로 융합 정리하고 설명해 보거나 적용해 보는 등의 아웃풋 활동을 많이 하는 것입니다.

지식 독서는 내용 그 자체도 중요하지만 지식의 틀이 특히 중요합니다. 그래서 구조와 핵심 요소, 원리 파악, 융합을 바탕으로 한 설계가 본질이 되어야 합니다. 핵심 재료를 파악하고, 부분과 전체가 잘 조화되도록 해야 하며, 전체가 체계적이어야 합니다. 이러한 지식의 특성에 근거해 지식 독서는 구조 파악 능력, 구성 능력, 반복 강화 능력을 길러야 합니다. 이는 '융합' 능력이라고 포괄할 수 있습니다.

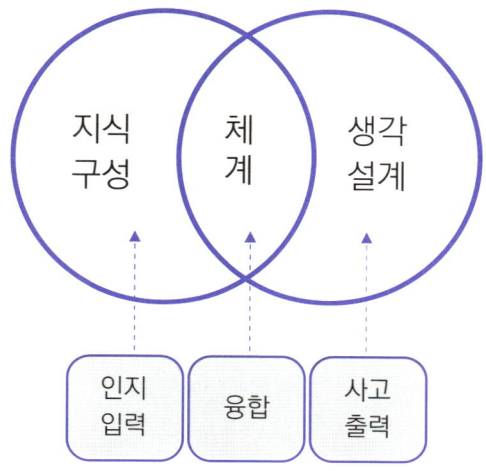

이해 읽기(인지 입력)에서 구조 파악은 책을 읽으면서 글이 설명하는 내용의 지식 구조와 관계를 그리고 조합해서 정신 모델을 구성하는 읽기입니다. 특히 새로운 정보의 글을 읽을 때 중요합니다. 입력된 지식을 새롭게 연결(사고 출력)하는 연결 구성은 목적에 따라 자신이 가지고 있는 지식과 새로운 정보를 가져다 쓰는 것으로, 구상에 따라 새롭게 내용이나 생각을 배열하고 연결하는 생각 설계 능력입니다. 이 능력은 특히 글쓰기를 할 때 중요합니다.

우리 인간은 신경망으로 이루어진 유기체로서 인간의 두뇌는 새로운 내용을 한번 읽었다고 기억되지 않습니다. 충격과 반복을 통해 뇌에 새겨지고 뉴런에 강하게 연결됩니다. 이해든 기억이든 창의든 모두 뉴런의 연결과 강화를 통해서만 가능하기에 반복은 필수입니다. 지식이 자동화될 정도로 숙달되면 인지 부담이 줄어 두뇌에 여유 공간이 생깁니다. 우리는 그 여유 공간을 더 복합적인 생각을 하는데 사용하거나 더 많은 정보의 연결에 사용할 수도 있습니다. 이미 많은 지식을 가진 천재가 아니라면 일회용 독서는 힘이 약할 수밖에 없습니다. 그래서 지식 독서를 할 때는 반복하면서 기본에서 더 높이 단계적으로 쌓아 올라가도록 설계해야 합니다.

더불어 파편 된 지식들은 금방 사라지기에 중요한 것은 꼭 정리하고 분류해 두어야 합니다. 최소한의 결정적 지식, 즉 핵심 지식을 중심으로 전체 지식을 잘 정리 및 분류해 두어야 합니다.

## (2) 코어알파 공감 리딩 핵심 원칙

성공적인 지식 독서를 위해서 가장 중요한 것은 지식 독서의 특성에 최적화된 성공 원칙입니다. 다양한 읽기 기술이나 전략이 있지만 큰 틀에서의 원칙 속에서 그러한 기술들이 사용되어야 제대로 효과를 경험할 수 있습니다. 최신의 두뇌 연구 결과와 탁월한 사고 학습 전략, 그리고 수많은 독서형 인재들의 공통 원칙을 뽑아 다음 세 가지 핵심 코드로 정리했습니다.

[코어알파 리딩]
= 융합 설계 리딩 + 몰입 가속 리딩 + 동적 균형 리딩
스키마 준비읽기  반복 압축 읽기  임계치 완독
시스템 정리읽기  알파 확장 읽기  정반합 편독

### - 융합 설계 리딩

우선 가벼운 배경지식과 흥미를 얻을 수 있는 준비 독서를 한 후 소수의 핵심 책에서 중요한 뼈대를 찾아내어 살을 붙여가며 정리한다.

### - 몰입 가속 리딩

핵심 도서는 계속 반복하면서 읽으며 강화하고 관련 영역 또는 주제의 새로운 책들을 추가해가며 확장해 가며 읽는다.

### - 동적 균형 리딩

어느 수준의 완결성이 갖추어지면 반대 성향의 독서를 찾아 기간별로 집중적으로 읽는다.

지식 학문 독서 계획을 잡을 때 스스로 독서를 설계하든 자녀들 독서 계획을 설계하든 위 세 가지 원칙 또는 코드를 근거로 해서 진행하기 바랍니다.

참고로 이 원칙에 지나치게 얽매일 필요는 없습니다. 독서가 스트레스가 아닌 기쁨이 되는 게 가장 중요합니다. 지식 독서는 항상 호기심과 재미 또는 목표 의식 등이 부담감을 이길 수 있는 선에서 진행되도록 해야 합니다. 책은 가볍게 느껴져야 지속성이 생긴다는 것을 잊지 맙시다.

지식 독서 코어알파 리딩의 첫 핵심 코드는 '융합 설계'입니다. 지식 독서의 핵심 코드 전체를 아우르면서도 바탕이 되는 코드입니다. 두 번째 코드인 몰입 가속은 확산형 융합이고, 세 번째 코드인 역동적 균형은 다른 영역과의 창의적 융합 독서이기 때문입니다.

### CODE 01 융합 설계 리딩 - 지식의 그물을 정교하게 짜서 많은 정보를 잡아라!

앞서 잠깐 언급했듯이 결국 지식 독서는 책을 읽고 자신의 머릿속에서 그 내용들을 융합하는 활동입니다. 글을 읽고 이해하여 정신 모델을 구축하거나 분류하는 이해 인지 융합을 할 수도 있고, 필요에 따라 주제별로 사고를 구성하고 설계하는 사고 융합을 할 수도 있습니다. 인지 융합은 기존의 지식 바탕 위에서 읽은 정보를 조합해서 하나의 지식 체계를 만들고 분류하여 책꽂이나 파일 또는 두뇌에 보관하는 것입니다. 사고 융합은 상황과 목적에 따라 주제 중심으로 여러 영역과 출처의 자료들을 새롭게 조합하여 설계하여 조립 구성하는 것입니다.

구체적인 융합 설계 리딩 적용 방법은 스키마 준비 독서와 시스템 정리 독서의 필요성으로 요약할 수 있습니다.

## 융합 설계 리딩의 첫 번째 포인트-스키마 준비 독서

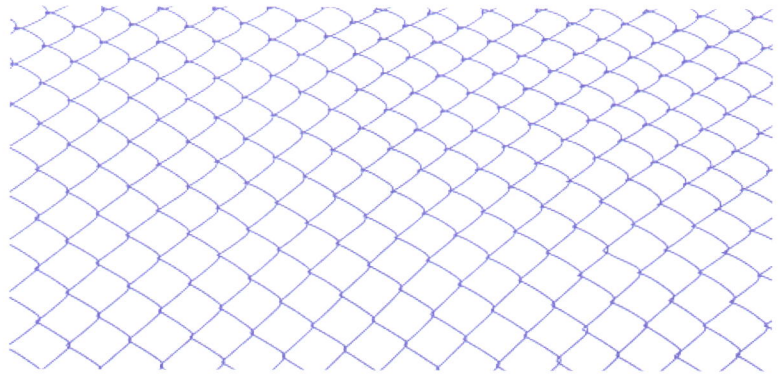

흔히 "고기를 잡아주지 말고 고기 낚는 법을 가르쳐주라."라고 말합니다. 그리고 우리는 이 말이 아이에게 낱개의 지식을 의존적으로 주려 하지 말고 아이 스스로 능동적으로 사고하는 학습하는 기술이나 방법을 가르쳐 줘야 한다고 이해합니다. 그런데 문제는 이 말에 두 가지 아쉬운 점이 있습니다. 하나는 지식은 중요하지 않다는 잘못된 메시지를 암묵적으로 받아들이게 하는 것이고, 다른 하나는 기술 이전에 도구가 준비되어야 하는데 지식 습득에 있어 그 도구는 낚싯대가 아닌 그물이어야 한다는 것을 생략한 것입니다.

몇 십 마리의 물고기가 작은 저수지에 있다면 낚시로 해결되지만, 흐르는 물이나 바다와 같은 거대한 물속에 있는 몇 백, 몇 천 마리의 물고기를 낚시로 잡을 경우 대부분은 놓치거나 너무 시간이 많이 걸릴 것입니다. 하지만 그물을 사용할 경우는 대부분 빠르게 흐르는 물속일지라도, 아무리 많은 양의 물고기일지라도 금방 잡을 수 있습니다.

  최근 지식 정보량의 급증으로 그 속도도 양도 상상을 초월합니다. 이를 따라잡으려면 우선 우리의 머리에 지식의 그물을 머리에 장착해야 합니다. 지식의 그물인 '스키마'가 필요하다는 겁니다. 새로운 유익한 정보들인 수많은 지식 물고기를 담는 '스키마'는 두 가지의 의미의 배경지식을 말합니다. 새로운 것을 배울 수 있는 사전 필수 개념과 지식인 '내용적인 측면'과 지식과 생각의 틀, 프레임, 관점, 맥락의 틀이라는 '구조적인 측면'이 그것입니다.

  자신이 좀 아는 게 있어야 뭘 모르는지, 무엇이 필요한지도 알 수 있고, 아는 게 있어야 새로운 것을 이미 아는 것과 연결 지어 자신의 것으로 만들 수 있게 되는 겁니다. 따라서 아는 게 많을수록 더 쉽게 더 많이 알 수 있는 것이죠. 아는 게 없으면 무엇을 모르는지 모르고, 새로운 지식도 흡수하는 속도가 급격히 떨어지는 것입니다. 이런 스키마의 필요성이 지식 독서에 주는 메시지는 바로 사전 '준비 독서'의 필요성입니다. 여기서 준비 독서는 새롭게 읽을 지식의 분야와 관련하여 우선 필요한 최소한의 핵심 지식과 생각과 개념의 틀을 가질 수 있도록 가벼운 배경 독서를 해야 한다는 것과 새로운 책을 읽을 때 머리말과 목차를 우선 분석적으로 보면서 전체 상을 머리에 가져야 한다는 겁니다.

  새로 시작하는 분야는 좋은 학습 만화나 영상이 많은 도움이 됩니다. 학습력, 독해력이 떨어지는 친구들의 특징은 상상할 수 있는 바탕 지식이 없다는 겁니다. 그렇다 보니 글을 읽으면서 글자나 낱말 하나하나가 그 의미가 떠오르지 않고 기호로만 보인다는 겁니다.

그래서 학습 만화와 뜻풀이를 해서 이해할 수 있는 한자 어휘 학습은 적극 추천합니다. 물론 학습 만화를 가장한 이야기 만화에 어쩌다 지식을 덧입힌 가짜 학습 만화책은 피해야 합니다. 좋은 학습 만화는 대상에 대한 구조와 원리 그리고 그 사이 과정이 잘 그려지고 설명이 잘된 책입니다. 학습 만화는 기초 배경지식과 흥미를 확보하는 계기로 이용하고 이어 관련 내용의 줄글 책을 연결해 주어야 합니다. 이해력은 그 상황과 맥락이 머리에 그려지는 것이고 독해력은 글자 기호를 통해 설명하는 내용을 이해하는 거라고 구분한다면 만화책은 글자를 통한 상상력을 강화하지는 못하지만 처음 이해를 위한 대상을 보여주기에 이해력을 높이지는 못해도 도와준다고 봐야 합니다.

자연적으로 독서 등 직간접 경험을 풍부하게 가지고 기억하고 있는 사람은 아는 게 많아 이해력이 빠릅니다. 하지만 현재 머리에 남아있는 지식이 없는 경우 빠르게 지식 독서력을 키우려면 핵심 지식들을 주입해 주는 것도 필요합니다.

### 융합 설계 리딩의 두 번째 포인트 - 시스템 정리

스키마 준비 독서와 더불어 시스템 정리를 핵심 요소로 합니다.

일반 그물에 모래를 부으면 대부분 떨어집니다. 하지만 모래를 찰흙이나 진흙으로 뭉쳐 그물의 간격보다 큰 덩어리를 만들어 그물 위에 부으면 떨어지지 않을 겁니다. 지식도 모래 덩어리처럼 관련 지식을 덩어리지어 묶어 정리해 두어야 기억에 잘 남습니다. 낱개의 아이디어, 지식들은 시간이 흐르면 사라집니다. 결국 정리가 중요합니다.

정리는 이해 요약정리와 설계 정리 그리고 분류 정리로 나누어 볼 수 있습니다. 특히 요약정리는 정교한 이해와 기억의 지속과 출력을 도와줍니다.

새로운 것을 배우는 학습 독서는 이해 요약정리가 중요하지만, 자신이 새로 개척하는 탐구 독서나 글쓰기는 설계 정리가 중요합니다. 즉 자신이 정한 주제를 중심으로 구상하고 구성하는 재구성이나 생각이나 글을 창조하는 글쓰기에서는 짜임새 있게 생각을 융합 정리해야 합니다. 특히 논리적이고 창의적인 말하기와 글쓰기 능력을 기르는 핵심은 생각의 설계와 정리에 있습니다.

한두 권의 책은 아무 데나 두어도 언제든 찾을 수 있겠지만 책이 많아지면 도서관처럼 분류하지 않으면 찾기가 어렵습니다. 책 한 권이라도 사전처럼 그 내용을 잘 분류하면 아무리 많은 내용이라고 찾기 쉬울 겁니다. 지식의 양을 늘릴 경우 잘 분류하지 않으면 다시 꺼내어 사용하기가 어려운 것입니다. 체계적인 분류 정리가 중요하다는 것입니다. 그래서 책꽂이를 분류하여 책을 배열하거나 독서 노트를 바인더나 파일에 잘 분류하여 정리하는 것이 중요합니다.

분류와 정리, 그리고 정리된 지식의 새로운 설계를 위해서는 체계적으로 생각하는 구조적 사고와 시스템 사고를 필요로 합니다.

**CODE 02 몰입 가속 리딩** – 지식의 눈덩이를 굴려 폭발력 있는 지식을 만들라!

지식 독서 코어알파리딩의 두 번째 핵심 코드는 '몰입과 가속'입니다. 몰입 가속 리딩은 소수의 핵심 기본 도서와 다수의 주변 도서로 나누어, 핵심 도서는 여러 번 반복해 읽으면서 핵심을 압축하고 주변 도서는 필요한 부분이나 관심 있는 부분만 골라 읽으며 다양한 책을 읽어가는 주제 중심 확장 읽기입니다.

앞서 융합 설계 리딩을 통해 유기적 이해를 하고 뼈대를 잡았다면, 이번엔 기본서 반복을 통한 기억 강화와 다른 관련 주제 도서를 일정 기간 연속적으로 읽으며 주제 중심 집중 반복을 통한 완벽한 이해를 강화하는 읽기입니다. 이는 한 분야의 전문성과 통찰력을 길러주는 강한 힘을 지닌 독서입니다. 빨리 똑똑해지는 독서라고 할 수 있습니다. 몰입 가속 리딩은 반복을 통해 지식의 응집력과 관성을 높이는 가속 읽기인 거죠. (어떤 분야든 10여 권의 핵심 도서를 읽으면 그 분야의 핵심을 알아낼 수 있습니다.)

눈사람을 만들어야 할 때 우선해야 할 일은 힘을 주어 적당한 크기의 눈덩이를 뭉쳐 만드는 겁니다. 그다음 계속 굴리기만 하면 눈덩이의 무게에 의해 단단히 뭉쳐지면서 동시에 달라붙는 눈의 양도

급격히 증가합니다. 이처럼 자동적으로 눈이 뭉쳐질 정도로 읽는 것이 반복 압축 리딩 단계이고 굴리기만 해도 눈이 달라붙듯이 책을 읽기만 해도 지식이 달라붙는 단계가 가속 확장 리딩입니다.

### 몰입 가속 리딩의 준비

몰입 가속 리딩은 우선 준비가 필요합니다. 핵심 기본 도서인 코어 도서와 관련 도서인 주변 도서를 구분하는 것에서 시작됩니다. 한 책 안에서도 핵심과 주변 내용이 있고, 뼈대와 살로 나누듯이 책들 간에도 똑같이 구분할 수 있습니다. 지식 독서는 모든 책과 내용을 같은 비중으로 읽는 것은 비효율적입니다. 사실 이 단계는 앞서 융합 읽기 단계에서 이미 정해져 있어야 합니다. 융합 읽기 단계에서 정리할 교재와 이번 단계에서 반복할 책은 핵심 도서인 코어 도서여야 하기 때문입니다.

보통은 특정 주제에 대해 가장 기본 개념과 전체 지식의 그림을 보여주는 원론서나 개론서 같은 지식 교재를 코어 도서로 선정합니다. 전체를 포괄하면서 체계적이어야 하겠죠. 당연히 코어 도서는 어느 정도 안목이 있는 그 분야의 전문가에게 조언을 구하는 게 가장 좋습니다. 시행착오를 줄일 수 있기 때문입니다. 그게 어려울 때는 목차를 살펴보면서 원론서나 개론서의 성격을 지니면서 자신이 잘 이해할 수 있는 책을 고르면 됩니다. 즉 지나치게 상세한 설명이 있는 것보다는 부담 없는 가벼운 교재를 선정하는 게 좋습니다. 시행착오도 발전을 가져옵니다. 지식 독서는 특히 시작이 중요하다는 것을 명심해 주세요.

참고로 다양한 해석이나 의미, 상세한 내용이 있는 도서들을 주변 도서로 선정합니다. 독서 프로그램을 운영할 때도 이 원칙을 응용한다면 기본서 한두 권은 함께 정독하고 반복하면서 읽으며 관련 다양한 책은 개인들이 원하는 책을 골라 읽을 수 있도록 하면 좋습니다.

### 몰입 가속 리딩의 첫 번째 포인트-반복 압축 리딩

반복 압축 리딩 단계는 핵심 도서를 반복해 읽으면서 핵심을 찾아 압축하는 읽기입니다. 인간은 컴퓨터와 같이 단 한 번의 입력만으로 기억되지 않습니다. 대부분 새로운 내용의 습득은 반복을 필요로 합니다. 같은 책 반복 읽기는 특히 인지력 강화에 도움 됩니다. 쇠를 반복해서 때리면 강해지듯이 읽은 내용 자체도 장기기억에 탄탄히 저장될 뿐만 아니라 단순한 쇠가 자석처럼 자성을 띠어 지식을 끌어당기는 힘을 갖는 듯합니다.

반복 읽기가 시사하는 중요한 점은 많은 책을 읽지 않아도 똑똑해질 수 있다는 것입니다. 무조건 지식 독서를 많이 한다고 이해력이 커지는 것은 아니라는 겁니다. 그보다는 하나라도 제대로 확실하게 아는 게 훨씬 더 중요합니다. 순수하게 공부에만 확실히 도움 되는 독서를 하고 싶다면 각 분야의 가장 기초가 되는 핵심 도서 몇 권으로 충분합니다. 그것을 제대로 정리하고 반복해서 읽으며 소화만 잘해도 학습 능력에 훨씬 더 도움이 됩니다. 읽어도 모르는 내용만 추가적으로 백과사전이나 관련 책에서 조금씩 더 보충하면 됩니다. 따라서 공부 머리를 만들기 위해서는 엄청난 양의 많은 책을 읽어야 한다는 부담감을 버리길 바랍니다. 다시 한 번 강조합니다. 공부를 잘하는 독서는 많이 하는 게 중요한 것이 아니라 확실하고 선명히 모르는 것을 명확히 알아내는 것, 그것도 핵심을, 몇 권만 읽어도 학습 독서, 인재 독서는 충분하다는 것을 명심합시다.

반복은 인지 과정에 따라 기억 입력 반복 읽기, 유지 강화 반복 읽기, 꺼내기 출력 반복 읽기로 나뉠 수 있습니다. 입력 반복 읽기는 새로운 정보와 표현을 머리에 새겨 넣는 읽기로 낭독하기, 필사하기 등이 사용될 수 있습니다. 이미 머리에 들어온 지식과 정보를 유지 강화하는 반복 읽기는 그냥 여러 번 반복 읽기만 해도 되지만 스스로 의문을 제기하고 답을 찾으며 대화하듯 읽으며 생각을 추가한다면 더 강한 독서가 될 것입니다. 이때 각 글 꼭지마다 해시태그처럼 제목 옆에 키워드를 뽑아 두거나 깨달음이나 핵심 주장이나 내용을 한 줄로 압축해 정리해 둔다면 더 효율성이 커질 겁니다. 꺼내기 출력 반복도 제목이나 키워드만 보고 내용을 설명해 보거나 재구성해 보는 읽기 등 다양한 반복 활동은 읽기 효과를 더 극대화할 수 있습니다.

특히 반복 읽기에서 병행되어야 하는 압축은 버리는 것이 아니라는 것에 주의합니다. 압축은 공부의 초고수들이 애용하는 방법입니다. 압축은 관련된 것은 모으고, 중복되는 것은 지우고, 중요한 것은 추려 논리적 관계로 연결하여 덩어리를 만들고, 그것을 포괄하는 개념 단어나 원리 원칙 등을 문장 또는 상징적인 그림 등으로 재구성해 전체 내용을 줄이는 겁니다. 융합 독서가 단편적 이해로 인한 무용한 독서의 문제를 해결한다면, 반복 읽기는 일회용 독서로 머리에 남지 않는 약한 독서의 문제를 해결해 줍니다.

이와 관련해서 독서 또는 공부에서 여러 번 반복해서 읽는 '회독법'이 있습니다. 대표적으로 도쿄대 법학과를 수석으로 졸업하고 사법 시험은 물론 1급 공무원 시험에도 연달아 합격한 야마구치 마유의 《7번 읽기 공부법》이 있습니다. 대략 1회~3회독은 빠르게 훑어보면서 전체적인 흐름과 구조 즉 맥락을 파악하고 4회~5회독은 내용을 파악하며 키워드와 요지를 뽑아내며 읽고, 6회~7회독은 더 세세한 읽기 및 요약 그리고 선명하지 못한 부분을 중점적 확인 읽기입니다. 저자는 이러한 반복 읽기는 입력 위주의 읽기입니다.

누구나 7번 읽는다고 그 두꺼운 여러 권의 책들이 통째로 머리에 기억되지 않을 겁니다. 이 과정에는 저자만의 여러 전제 조건과 설명되지 않은 인지 활동이 있을 수 있기 때문입니다. 여기서 의미 있는 것만 건진다면 크게 두 가지입니다.

하나는 어려운 책 또는 처음 접하는 영역의 책을 읽을 때 처음부터 한 번에 하나하나 다 이해하면서 읽으려 하지 말고 여러 번에 걸쳐서 읽으라는 겁니다. 특히 처음 3회독 때는 본격적인 입력 반복 읽기 전에 준비 반복 읽기를 하라는 겁니다. 즉 몰라도 대충 여러 번 훑어보는 겁니다. 공부든 독서든 읽을 내용에 대해 배경지식이 부족할 때 그 책 자체에서 배경지식을 만들어 내고 전반적인 내용의 틀을 파악하는 것은 상식이지만 놓치지 쉬운 효율적인 접근입니다. 조금 힘들다고 이해 안 된다고 읽기를 포기하지 말라는 겁니다. 이는 SQ3R 등 대부분의 읽기 전략이 제시하는 접근법과 같습니다.

두 번째는 마지막 7회독 때 머릿속에 선명하지 않은 부분을 중점적으로 읽는 겁니다. 즉 모르는 것을 줄여 가는 구분 반복 읽기를 하라는 겁니다. 그냥 반복이 아닌 아는 것과 모르는 것을 구분하고 모르는 부분을 더 자세히 읽어야 한다는 것입니다. 이는 앞서 강조했듯 회독 그 자체가 중요한 게 아니라 모르는 것을 줄여 가며 선명한 이해와 기억을 추구하는 읽기라는 겁니다. 뒤에서도 한 번 더 강조하겠지만 형식적인 독서량의 확대와 반복 횟수의 증가는 효율성과 효과가 떨어집니다. 새로운 생각을 낳을 수 있는 선명한 이해와 기억을 위해 유의미한 반복이 되도록 노력해야 합니다.

### 몰입 가속 리딩의 두 번째 포인트-가속 확장 리딩

가속 확장 리딩 단계는 같은 주제 중심으로 관련된 책들을 다양하게 읽어가면서 통합해가는 읽기입니다. 다양한 관련 책을 읽어갈 때는 두 가지 접근법이 있습니다. 하나는 부족한 부분을 다른 책에서 찾아 채우는 검색형 읽기고, 다른 하나는 호기심을 따라 다양하게 덧붙이는 읽기입니다. 채우는 읽기는 온전한 질적 이해를 위한 것이고, 덧붙이는 읽기는 양으로 질을 변화시키는 전체를 통찰하는 읽기입니다. 옅은 이해 읽기만으로 책을 늘려가는 것이 최근 대부분의 독자가 빨리 성장하는 못하는 이유입니다.

관련 책을 집중적으로 읽으면 읽기 속도에 수월성이 생겨 가속도가 붙어 자연 속독이 가능해집니다. 아는 내용이 점점 많아져 예측하며 읽고 아는 것은 빠르게 지나치게 되기 때문입니다. 이 방법은 같은 주제의 책을 몰아서 읽는 아들러의 신토피컬 독서법과 유사한 방법이며, 지식 교육이 보통 나선형으로 구성되는 것과 비슷한 모형을 따르는 읽기입니다. 같은 중요도를 가진 벽돌을 쌓아 가는 것이 아닌 핵심을 중심으로 반복하며 확장 발전해 가는 읽기인 것입니다. 새롭게 읽어 나가면서 기존에 아는 것에 살을 입혀 나가기에 단권화 읽기라고도 할 수 있습니다. 가장 빨리 강해지는 지식 독서 원칙입니다.

적게는 10여 권 많게는 50여 권 이상의 책이면 단시간에 그 분야의 전문가 수준으로 지식을 끌어올릴 수 있습니다. 이는 단순히 권수의 증가가 아닌 시너지를 통해 읽은 내용 이상의 통찰을 얻을 수 있습니다. 전체의 모습이 그려지고 반복되는 것을 통해 중요한 것이 무엇인지 알 수 있습니다. 뿐만 아니라 책끼리 비교가 되면서 빠진 부분, 부족한 부분도 보이기 때문입니다.

수학에서 $100 \times 1$, $10 \times 10$, $1 \times 100$은 모두 결과가 100이 나옵니다. 하지만 지식 독서에서는 다음과 같이 그 결과가 다릅니다.

*A) 100권 다른 주제 책 × 1번 책 반복=1/100*

*=0.01배 지식*

*B) 10권 다른 또는 같은 주제 책 × 10번 책 반복=10/10*

*=1배 지식*

*C) 1주제 × 관련 책 100권 주제 반복=100/1*

*=100배 지식*

A식의 독서는 그냥 다양한 독서를 하는 것으로 교양 독서, 취미 독서입니다. 이런 독서는 실질적으로 머리에 남는 것이 많지는 않습니다. 물론 폭넓은 이해를 통한 소통의 리더 역량을 기르는 데에는

많은 도움이 됩니다. B식의 독서는 몇 권을 정해 씹어 먹을 듯이 읽는 반복 독서로 학습 독서입니다. 이는 인지 능력을 강화하기에 인재 독서라고 명명할 수 있습니다. C식의 독서는 창조력을 키우는 주제 중심 통합 읽기로 창의적인 인재나 영재 독서 방법이라고 볼 수 있습니다. 반복 압축 읽기는 B와 가속 확장 읽기는 C와 그 속성을 같이한다고 볼 수 있습니다. 단순히 똑똑해지기 위해서는 B식 독서로 충분할 수 있지만, 복합적인 지식의 확장과 융합능력을 기르는 C식의 독서까지 도전하길 추천합니다.

또한 융합 읽기와 반복 압축 읽기는 상위 20%가 80% 가치를 창출한다는 파레토 법칙을 따르고, 가속 확장 읽기는 전체의 하위 80%가 상위 20%보다 더 뛰어난 가치를 창출한다는 롱테일 법칙을 따른다고 할 수 있습니다. 즉 융합 읽기와 반복 압축 읽기는 상위 20%의 핵심 지식에 집중해서 효율을 극대화하고, 가속 확장 읽기는 토네이도처럼 이런저런 지식을 휩쓸어 모아 강력한 흡입력과 상승력을 가진 강력한 지식의 회오리바람을 불러일으킬 수 있습니다.

여기까지 살펴본 몰입 가속 리딩은 결국 '다독'에 대한 강조입니다. 이때 많을 다(多)는 여러 번의 '다'와 여러 권의 많은 책의 '다'입니다.

### CODE 03 동적 균형 리딩 – 다른 페달을 밟아 계속 전진하라!

지식 독서 코어알파리딩의 세 번째 핵심 코드는 '동적 균형'입니다. 동적 균형 리딩은 일정 기간 연속적이고 집중적으로 반복 읽기를 통해 특정 영역 또는 주제에 대해 만족할 만한 일정 수준에 도달하면 가능하면 반대로 다른 주제 또는 다른 방식으로 바꾸어 읽기를 하며 균형을 맞추어가는 것입니다.

앞서 융합 설계 리딩의 준비 독서, 정리 독서, 몰입 가속 리딩의 반복 독서, 확장 독서를 통해 정교함과 속도를 높여왔다면 이번 단계에서는 계속 같은 주제를 읽어 가야 할지(go) 다른 영역이나 주제로 바꿀지(stop)를 정하고 실행하는 단계입니다. 그 결정의 기준은 핵심 내용에 대한 온전한 이해와 자신감입니다.

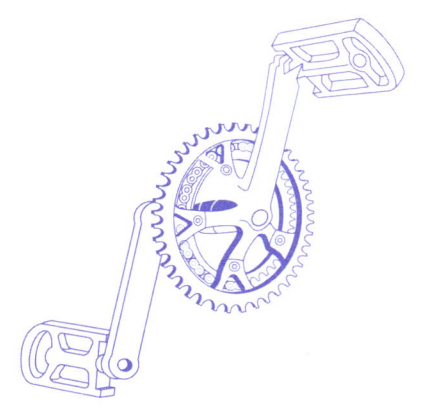

페달의 양쪽에 힘을 동시에 주면 움직이지 않습니다. 한쪽에만 힘을 주면 조금은 전진을 하다 멈춥니다. 하지만 번갈아 힘을 주면 자전거는 계속 전진합니다. 독서도 마찬가지입니다. 조금씩 골고루 읽어서는 큰 발전을 이루어내기 어렵습니다. 물론 한쪽으로만 치우진 독서도 어느 정도 발전할 수 있지만 한계가 있습니다. 이런 상황에 대한 해결책은 번갈아 가며 페달에 힘을 주듯 기간별로 주제를 정해 집중적으로 힘을 주어 읽는 역동적 균형 읽기입니다. 즉 작은 균형을 깨어 더 큰 균형을 이루는 것입니다. 이를 통해 지속 가능한 발전을 가져오는 강한 읽기를 할 수 있습니다.

이러한 원리를 이용한 동적 균형 리딩은 두 가지 초점을 지닌 읽기입니다. 특정 주제에 대해 일정 수준의 높은 이해와 통찰 수준에 이를 때까지 지속해야 한다는 임계치 읽기이며, 동시에 일정 기간 수준에 도달하면 고의로 다른 영역이나 방법으로 바꾸는 밸런스 읽기입니다. 이를 통해 지속적인 변화와 발전을 꾀하는 정반합 변증법적 읽기입니다.

### 동적 균형 리딩의 첫 번째 포인트-임계치 완독

레오나르도 다빈치는 다음과 같이 말하며 하나가 완성되지 않은 채 다음 단계로 나가는 것을 매우 경계합니다.

"만약 당신이 물체의 형태에 관한 지식을 가지고자 한다면 먼저 하나의 물체를 세세하게 연습하여 그것을 완전하게 기억하여 사용할 수 있기 전에는 다음 물체를 연습하지 말라. 그렇게 하지 않으면 당신은 아마 시간을 낭비하거나 틀림없이 공부 시간이 길어질 것이다. 진도보다는 근면함을 먼저 익혀라."

이는 임계치 읽기와 상통합니다. 임계치 읽기는 앞서 말했듯 주제에 대한 온전한 이해와 자신감이 생길 때까지 읽는다는 겁니다. 끝이 없는 완전한 이해가 아닌 최소한의 명확한 이해의 순간에 멈춘다는 겁니다. 온전한 이해는 대상과 상황의 구조와 작용 메커니즘을 이해하고 더 나아가 흐름과 맥락 배경까지 유기적으로 이해되는 단계입니다. 물론 욕심을 부려 전체의 그림이 명확히 머리에 그려지면서 자신만의 해석이 되는 경지까지 하면 좋습니다. 백지에 그 주제와 관련된 내용을 안 보고 써 보거나 설명해 보면 좋습니다. 특히 핵심 모형이나 정신 모델이 그려져야 합니다. 애매모호한 상태에서 멈추면 시간이 갈수록 더 힘들어지고 급격히 망각이 이루어집니다. 체계가 잡히지 않은 상태에서 한꺼번에 여러 책을 본다면 이는 막연한 읽기로서 머릿속이 더 혼란스럽고 오히려 지식 습득력이 떨어집니다. 양이 아닌 질적 이해가 필요합니다. 양을 늘리기보다는 일부분이라도 명확히 수준을 끌어올리는 읽기를 바랍니다. 즉 책 하나 전체가 아닌 한 챕터라도 명확히 하는 읽기가 필요합니다.

### 동적 균형 리딩의 두 번째 포인트-밸런스 읽기(정반합 편독)

밸런스 읽기는 역행하는 읽기입니다. 구체적으로 독서 영역이나 독서 방법을 고의로 반대로 해 보는 겁니다. 예를 들어 이야기나 소설책을 읽었으면 지식 책을, 문과 계열의 책을 읽었으면 이과 계열의 책을, 공학 기술 관련 책을 읽었다면 예술 문화 관련 책을 읽는 겁니다. 심리, 철학, 역사 등처럼 분야를 바꾸거나 주제 중심으로도 바꿀 수 있을 겁니다.

앞서 몰입 가속 리딩의 가속 확장 읽기에서 자신이 흥미 있고 읽고 싶은 책을 마음껏 읽었다면 이제는 자신의 선호를 역행해 피하고 싶었던 반대 영역에 의도적으로 도전하는 것입니다. 아이들 독서 지도의 경우도 자신이 읽고 싶은 것을 마음껏 읽게 하고 반대되는 것을 읽어야 다시 자신이 원하는 것을 읽도록 도와줄 수도 있습니다.

독서 방법 측면에서도 밸런스 읽기를 적용할 수 있습니다. 예를 들어 어떤 사람은 정독해야 한다 말하고 누구는 속독해야 한다고 말합니다. 또 누구는 성격이나 기질 유형에 따라 선호하는 스타일이 다르며 특정한 방향으로 독서하도록 조언합니다. 하지만 앞서 설명했듯이 독서도 누구나 선호하는 유형이 있다는 사실은 인정하지만 독서 방식이 학습자의 유형과 맞느냐 보다 독서하는 방법과 마음 자세가 독서 목적과 특성에 맞는지가 더 중요합니다. 최근의 인지심리학 실험들이 말해주고 있습니다. 다음의 다양한 유형을 구분했을 때 우선은 자신이 선호하는 유형의 접근법을 사용하고, 보완하는 차원에서 다른 접근법도 사용함으로써 지속 가능한 발전을 가져오는 독서를 하면 좋겠습니다.

### 부분 리딩/전체 리딩

부분 읽기를 통해 각 부분을 정리하고 나중에는 전체 읽기를 통해 통합적으로 정리하거나 반대로 전체의 체계를 먼저 잡고 세부적으로 내용을 정리해 갑니다.

### 우뇌형 리딩/좌뇌형 리딩

우뇌형 읽기는 내용의 구조와 상황을 그려 보게 하고, 좌뇌형 읽기는 원리 및 의도 질문을 만들어 가며 읽는 방법입니다.

### 표면 리딩/심층 리딩

표면 읽기는 있는 그대로 저자 중심의 객관적 읽기를 중심으로 핵심을 파악하는 방법이고, 심층 읽기는 독자 중심의 주관적 읽기로 글 속에 숨겨진 의미, 의도, 정서, 가치관 등을 파악하고 기준을 세워 비판, 해석하며 읽는 방법입니다.

### 지식 리딩/역량 리딩

지식 읽기는 결과로서의 핵심 지식을 뽑아 기억하는 것이고, 능력 읽기는 과정 중심의 읽기로 SQ3R 등 다양한 읽기 전략을 활용합니다.

### 입력 리딩/출력 리딩

입력 읽기는 책을 많이 읽어서 지식을 흡수하는 데 초점을 맞추는 것이고, 출력 읽기는 설명하거나 표현하는 활동에 초점을 맞추는 읽기입니다.

밸런스 리딩의 균형은 꾸준히 골고루 읽게 하는 정적 균형 독서가 아닌 기간별 주제별 영역별 집중하고 다른 것으로 갈아타는 동적 균형입니다. 일정 기간별 편독을 하라는 것입니다. 이것저것 조금씩 읽는 잡독이 아닙니다.

밸런스 리딩은 '도서관 책 읽기'로도 적용할 수 있습니다. 에디슨과 빌 게이츠 외 많은 탁월한 사람들이 초등학교 때 학교나 동네 도서관의 책을 많이 읽었다는 것입니다. 과거 영재 발굴단을 봐도 가정 형편이 어려워 동네 작은 책방에서 수많은 책을 읽으며 독해력과 영재성을 기른 친구들을 종종 보게 됩니다. 도서관 책 읽기는 같은 주제나 같은 영역의 책들이 함께 배열되어 있어, 역량을 극대화하면서도 균형을 잡아주는 독서의 좋은 방법이 될 수 있습니다.

임계치 읽기는 높은 수준의 독해력과 지식을 가져다주고, 밸런스 읽기는 지속적인 성장과 창의적 융합 사고 능력의 토대가 될 것입니다.

## (3) 코어알파 공감 리딩 핵심 기술

이번엔 조금 더 구체적인 기술을 간단히 살펴보겠습니다. 기본 읽기 기술인 CSI 리딩은 한두 페이지의 디테일한 읽기 기술이고, 발전 읽기 기술인 시스템 리딩은 한 챕터 정도의 책을 읽는 독서 기술입니다.

### 💡 SKILL 01 기본 기술: CSI 리딩 [의상연 리딩]

지식 독서의 가장 중요한 기술은 이해입니다. 일반적으로 학습의 과정은 이해, 정리, 기억, 적용, 응용하는 활동으로 이어집니다. 그러므로 이해는 공부의 시작이 됩니다. 문제는 이해를 대충하고 나머지 활동에 에너지를 쏟는다는 것입니다. 이것이 모든 공부 비극의 시작인 것 같습니다. 이해는 모든 학습의 시작으로 이것을 소홀히 하고 대충 넘기면 다음의 공부 과정은 물론 더 높은 수준의 공부는 모래 위의 성처럼 쉽게 무너질 수밖에 없습니다. 다음 글을 이해해 보세요.

### 파나마 운하

파나마 운하는 수에즈 운하와 더불어 대양을 연결하는 인공 수로이다. 남아메리카를 빙 돌아서 가지 말고, 북아메리카와 남아메리카 사이를 가로질러서 가면 된다.

바닷길을 통해서 무역을 하는 사람들은 남아메리카 남단에 있는 혼곶 주위로 가는 것을 몹시 싫어했다. 혼곶 주변의 바다는 강풍과 큰 파도, 빠른 해류와 유빙 때문에 극히 위험하며, 이러한 위험 때문에 선원의 무덤으로 알려지게 되었다. 이러한 이유로 남아메리카를 빙 돌아가는 것에 대해 늘 두려움을 느끼지 않을 수 없었던 것이다.

운하의 필요성을 절실하게 느낀 미국은 프랑스로부터 운하 굴착권을 사고, 1904년 파나마를 관통하는 운하를 건설하는 데 비용을 댔다. 대서양 연안의 콜론에서 태평양 연안의 발보아까지 총 길이는 약 80㎞, 너비는 152~304m이다.

파나마 안에서 유달리 좁은 지역은 폭이 50km 정도밖에 되지 않았다. 열대 지방의 뜨거운 열기와 열악한 환경은 이곳에 운하를 건설하는 데 수많은 노력을 필요로 했다.

11년간의 기나긴 공사 끝에 파나마 운하가 완성되자, 대서양에서 태평양까지 가는 데 4개월이나 걸리던 것이 47일로 줄어들게 되었다. 이 운하로 태평양과 대서양을 관통하여, 이전까지 남아메리카를 우회하던 운항 거리를 약 1만 5000㎞ 단축함으로써 해운업을 혁신하였다. 이후 2016년 6월 새로운 갑문을 건설한 확장 공사가 완공되었다.

참고: 《말랑하고 쫀득한 세계지리 이야기》 (케네스 C. 데이비스, 푸른숲주니어)

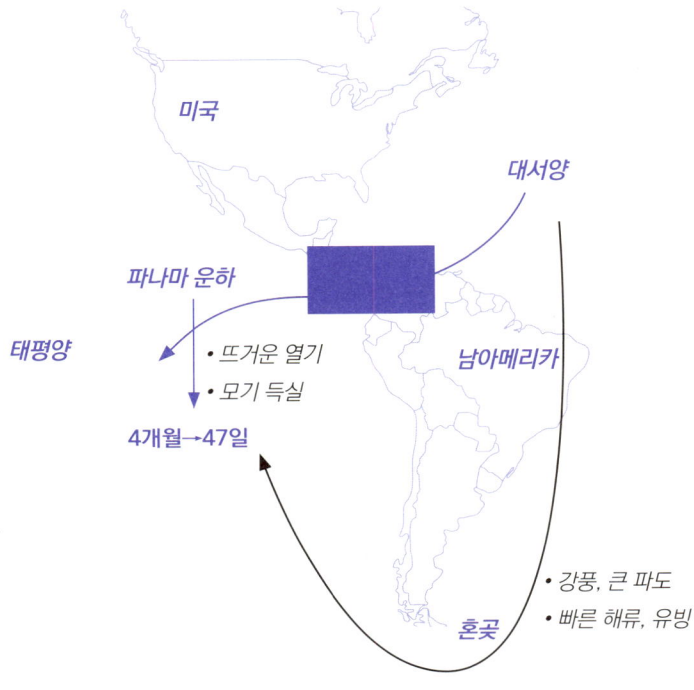

　읽는 과정에서 지도가 머릿속에 그려지고, 그것을 떠올리며, 보지 않고도 설명할 수 있는 수준이 되어야 온전하게 이해했다고 말할 수 있는 것입니다. 그저 줄거리를 읊으며 핵심 또는 주제를 찾는 게 이해라고 말하는 분도 계시지만, 제가 강조하고 싶은 이해는 글을 읽으며 머릿속에 의미를 상상(심상)할 수 있고, 관계를 파악하거나 연결 짓는 정신적 활동입니다.

　따라서 위의 글을 이해하기 위해서는 우선 각 지역의 위치와 의미를 알고, 머릿속에서 그림과 설명 내용을 조립하고, 연결해야 합니다. 그 후 빠진 내용이나 앞뒤 연결이 안 되는 문장들에 대한 이유를 파악하여 논리적으로 연결하고 채워야 합니다.

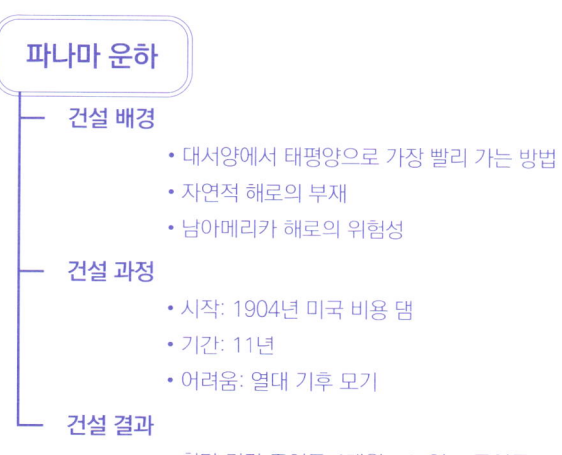

주의할 점은 마인드맵이 위와 같은 이해 지식 구조와는 다르다는 겁니다. 이해 지식 구조는 글을 읽으며 만들어가는 과정 중심의 활동 결과이며 최대한 그 지식만의 고유한 형태가 만들어져야 합니다. 하지만 정리 구조나 마인드맵은 기본 구조가 정해져 있습니다. 특히 마인드맵의 경우는 여러 이해한 내용들을 하나의 더 큰 덩어리로 묶어 체계화할 때나 발상한 것을 정리할 때는 좋으나 한두 페이지의 내용을 이해할 때는 최대한 내용 자체에 충실해야 합니다.

가장 기본이라고 할 수 있는 이해는 특히 체계와 구조를 조직하는 게 중요합니다. 단편적인 글의 이해와 서술이 아닌 여러 생각들이 체계적으로 어떤 모양을 만들어 내는 겁니다. 이게 본질적 이해입니다. 본질적 이해는 개념 맥락 이해력, 구조적 사고, 추론적 사고가 특히 중요합니다.

C 의미: Concept 개념적 사고력 & Context 맥락적 사고력
S 상상: Structure 구조적 사고력= 비주얼씽킹
I 연결: Infer 추론적 사고력= 로지컬씽킹

처음엔 정확한 이해를 요하는 글이나 어려운 글을 세 번 나누어 읽으면서 단어 의미 파악 및 맥락 파악, 내용 상상, 논리적 연결을 목표로 하면 됩니다.

1회독: 가볍게 읽으며 글의 맥락(구조와 방향)을 파악하고, 어려운 단어는 표시해 두었다가 의미를 확인한다.
2회독: 꼼꼼히 읽으면서 글의 내용을 머릿속 또는 종이에 그림을 그리거나 개념과 명제를 연결한다.
3회독: 빠진 부분이나 연결이 약한 부분을 찾아 채우며 이해를 정교화하고, 글의 패턴(흐름과 체계)을 파악한다. 필요하면 정리한다.
마무리: 그려진 내용이나 정리된 것을 보며 말과 글로 서술하여 설명해 본다.

## 💡 SKILL 02 발전 기술: 4스텝 지식 독서 기술

4스텝 인지 사고 독서 기술은 입력, 처리, 출력, 반복 강화와 개념 구조 사고, 변화 추론 사고, 맥락 관계 사고, 변형 창조 사고의 4차

원이 복합된 독서 전략입니다.

　지식 독서는 마치 음식 섭취 과정과 같습니다. 음식을 입에 넣듯이 지식을 이해하는 입력 과정, 몸속의 소화 기관에서 음식을 소화하듯이 지식을 정리하고 기억하는 처리 과정, 음식물을 통해 얻은 에너지를 이용해 어떤 작업을 하듯이 얻은 지식을 이용해 다양한 사고와 생산적인 일을 하는 출력 과정, 그리고 지속적인 반복을 통해 근육과 기술을 키워 가듯이 지식과 기술을 정교화하고 강화하는 동시에 확장해 가는 공고화 과정 4단계입니다.

### 입력 읽기

크게 두 단계로 이루어져 있습니다. 스키마 준비는 이해에 도움이 되는 자료를 먼저 읽는 겁니다. 저자의 특성과 주제의 큰 흐름과 맥락을 파악하기 위한 것이며 인터넷 자료도 좋습니다. 큰 틀 흐름 파악은 목차 분석 후 읽을 내용과 순서를 정합니다. 이는 빠르게 읽어

나가기 위한 전략이며 중요하다고 생각되거나 어려운 것은 표시해 둡니다.

### 처리 읽기

중요한 부분을 다시 정독하며 읽습니다. 동시에 읽기의 수준을 구별하여 개념 구조, 변화 추론, 맥락 관계, 변형 창조 등으로 나누어 읽기를 시도합니다. 메모와 표시 정리도 하며 읽어도 좋습니다.

각 단계별로 글의 구조 파악 후 중요한 개념을 뽑아, 일정한 규칙을 통해 변화하는 내용의 흐름을 따라, 각 지식 간의 관계 및 특징을 파악하고, 다음 단계의 상황을 예측하며 읽습니다. 더 자세한 처리 읽기는 뒤 딥코어 씽킹을 참고하면 됩니다.

### 출력 읽기

도서의 내용을 노트에 정리하여 독서를 통해 알게 된 내용을 적용할 영역과 방법을 고민합니다. 더 자세한 출력 읽기는 뒤의 딥코어 라이팅을 참고하면 됩니다.

### 반복 읽기

내용을 한 번에 이해하려고 애쓰지 않고 여러 차례 읽으며 지식을 확장해 나가는 것입니다. 앞서 말했듯 인간의 두뇌는 컴퓨터가 아니기 때문에 정보가 한 번에 입력되지 않습니다. 따라서 반복을 통해 단기 기억에서 장기 기억으로, 애매한 기억에서 정확한 기억으로 강화됩니다. 이때 반복해서 읽을 때마다 관련 주제의 다른 책을 한두 권 더 읽는 것으로 확장 할 수 있습니다.

19세기 영국의 철학자이자 경제학자인 존 스튜어트 밀의 독서법도 이와 유사합니다.

> 1단계 - 배경지식을 쌓는다. 저자에 관해 쉽게 설명한 책을 읽는다.
> 2단계 - 통독을 한다. 이해가 안 되더라도, 일단 전체적인 맥락을 파악하면서 훑는 것에 중점을 둔다.
> 3단계 - 정독을 한다. 이해가 안 되면 반복해서 읽는다. 소리를 내어 읽어도 좋고, 인상 깊은 구절은 밑줄을 친다.
> 4단계 - 심화 과정을 밟는다. 노트에 중요 구문 위주로 필사하면서 통독한다.

관련된 책 읽기, 토론과 설명하기, 글쓰기 등의 아웃풋 활동이 추가되기도 합니다. 반복 읽기의 경우 도쿄대 법학과를 수석으로 졸업하고 변호사로 활동 중인 야마구치 마유의 《7번 읽기 공부법》도 유명합니다. 간단히 정리해 보면 아래와 같습니다.

**7회독 구조 독서법**
첫 번째 각 장의 제목, 항목별 표제, 부제를 중점으로 가볍게 읽는다.
- 전체상을 대략적으로 감지.
두 번째 표제뿐만 아니라 더욱 세밀한 부분까지 읽는다.
- 어느 순서로 내용이 전개되는지 파악.

세 번째 두 번째와 동일한 방법으로 책 전체를 가볍게 한 번 더 읽는다.
- 전 단계에서 기억한 줄거리를 더욱 명확하게 만들기.
네 번째 문장 속의 키워드를 의식하면서 읽는다.
- 자주 나오는 단어, 자세하게 설명되는 용어를 기억.
다섯 번째 키워드와 키워드 사이의 설명을 의식해서 읽는다.
- 단락의 요지를 파악.
여섯 번째 디테일한 부분 및 구체적인 사례를 의식하여 읽는다.
- 흐름에 따라 이어질 내용의 예측을 스스로 실감하는 것이 중요.
일곱 번째 머릿속에 선명하지 못한 부분을 중점적으로 읽는다.

반복해 읽으며 머릿속 구조 세우기(1회~3회독), 내용 채우기(4회~5회독), 정교화 및 강화(6회~7회독)로 이해할 수 있습니다. 물론 단순히 회독수를 늘리는 것에 대한 거부감이 있겠지만, 분명한 건 반복을 많이 할수록 효과적인 독서를 실행할 수 있습니다.

## (4) 최상급 지식 독서 기술 - 지식 융합 독서법

지식 융합 독서법은 설명하는 지식의 구조나 이론의 논리를 인지하여 통합적으로 재구성하는 독서 방법입니다. 여기에 소개된 융합 독서와 뒤에 소개되는 융합설계 생각법을 기반으로 학교 공부를 뛰어넘는 강한 지식 독서의 힘을 경험하고 자신만의 새로운 독서 방식을 창조할 수 있길 기대합니다.

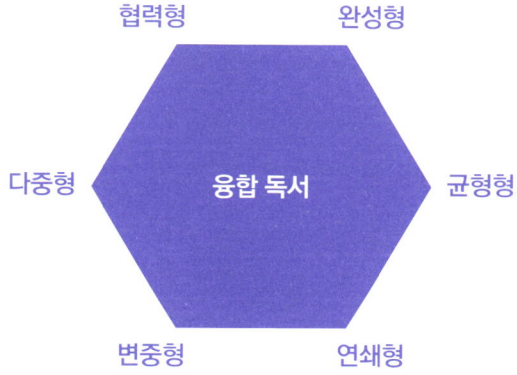

## 💡 완성 융합 독서: 설계하고 편집하라

완성 독서는 한 주제로 여러 영역을 넘나드는 융합이 아닌, 특정 주제에 대해 여러 권의 책을 함께 비교하며 읽는 것입니다. 주제 영역별 연계 독서라고도 할 수 있습니다. 교육학을 배울 때 교육 심리, 철학, 역사, 방법 등 교육에 대한 다양한 접근을 배우듯이 큰 코끼리와 같은 주제를 선정하고 머리, 다리, 꼬리 같은 관련된 여러 영역의 책을 읽어 통합적으로 이해하는 것입니다.

아이들의 경우 교과서에서 주제를 뽑아 관련된 분야를 세분화시킬 수 있습니다. 예를 들어 석유라는 주제가 선정되면, 석유와 연관된 문학 작품을 읽고, 석유가 생산되는 위치와 관련된 지리, 석유 발견의 역사와 쓰임 등에 대한 책을 읽고, 석유의 구성 요소 또는 대체 에너지, 원유의 분별 증류와 쓰임 등에 대해 백과사전을 찾아볼 수 있습니다.

융합은 생산성과 체계성에 더 초점을 두어야 합니다. 완성 독서는 여러 영역을 섞기 전에 '융합의 기초 체력'을 길러 주는 독서입니다. 완성 독서는 꼬리에 꼬리를 물고 관심사에 따라 읽는 연쇄 융합 독서에 비해, 보다 목적 지향적인 독서법입니다. 그래서 '전문가 독서'라고도 불립니다.

모티머 제이 아들러는 독서법의 고전인 《독서의 기술》에서 최상급 독서 방법으로 '신토피컬 독서' 즉 통합적 읽기를 제안합니다. 그는 통합적 읽기를 통해 다양한 관점과 쟁점을 찾아보길 권합니다. 마쓰오카 세이고의 《지의 편집공학》이나 김정운의 《에디톨로지》도 맥을 같이 합니다. 김정운은 창조는 이미 존재하는 것들의 자신만의 편집이라고 강조합니다. 특히 막연한 통섭, 융합, 크로스오버가 아닌 행동 가능성을 강조합니다.

효율적인 '완성 독서'를 위해 추천하는 방법은 주제를 아우르는 기본 도서를 선정하여, 중심이 되는 책을 정독하며 분석적으로 읽은 뒤 관련 책들의 필요한 부분만 빨리 읽으면서 기존에 지식에 추가합니다.

이때 중요한 역할을 하는 것이 도서관입니다. 도서관에는 책이 분야별로 분류가 되어있기 때문입니다. 다만 도서의 분야를 선정할 때는 물리학이 아닌 '양자물리학', 철학사보다는 '현대 철학사' 등 주제를 구체적으로 잡을수록 얻는 게 더 많습니다.

## 💡 균형 융합 독서: 역동적으로 발전하라

균형 융합 독서는 편식하지 않는 독서라고 할 수 있습니다. 종류, 영역, 방법이 한쪽으로 치우치지 않고, 논리적으로 대립하는 개념들을 함께 읽어 가는 것입니다.

실제로 레오나르도 다빈치는 균형형 융합 독서의 대표 인물입니다. 그는 과학과 예술, 논리와 상상 사이의 균형을 잘 이용합니다. 미술가의 시각으로 과학을 바라본 뒤, 정밀하고 분석적인 설계도를 그립니다. 반대로 해부학 지식을 이용해 인간 형상의 아름다움을 표현합니다. 그는 사람들에게 '예술의 과학', '과학의 예술'을 연구하라고 조언하기도 했습니다.

책을 포함한 여러 종류의 콘텐츠, 영역, 읽는 방식 등 서로 대립하는 것을 보완하며 읽는 방법이 균형 융합 독서입니다.

정형화된 틀이 있는 교과서와 달리 책은 누군가의 에세이부터 SF 소설 등 다양하고 흥미로운 내용들을 많이 포함하고 있습니다. 아이 스스로 판단하고 재구성하는 등 생각을 더할 수 있는 여지가 많다는 뜻입니다. 물론 전체 핵심 체계를 잡기에는 시간이 오래 걸리고, 뿌리 없는 편협한 지식을 얻을 수 있다는 단점도 있습니다. 따라서 교과서와 책을 혼합해 각각의 장점을 살리면서 읽으면 창의성은 물론 전문성과 효율성이 높아질 것입니다. 이 밖에도 쉬운 책과 어려운 책에 동시에 도전하고, 유튜브 등 영상 정보와 책 등 아날로그 정보의 장점을 살려 융합할 수도 있습니다. 융합에 대해 연구하면 할수록 '깊이'의 중요성을 느낍니다. 다빈치 천재성의 핵심은 역학, 과학,

해부학 등 과학적 정교함입니다.

## 💡 연쇄 융합 독서: 꼬리에 꼬리를 물고 연결하라

감자와 고구마는 하나의 줄기를 잡아당기면 여러 개 감자·고구마가 연달아 나옵니다. 시작은 단 하나의 줄기인데, 결국엔 새로운 여러 개 결과물을 만들어 내는 것입니다. 고구마 줄기와 같은 독서가 '꼬리에 꼬리를 무는' 방식의 융합 독서로 '연쇄 융합 독서'(이하 연쇄 독서)라고 합니다.

연쇄 독서의 기본은, 한 권을 시작으로 연관되는 책을 찾아 읽는 것입니다. 같은 작가의 다른 책이나, 관련된 주제, 소재, 배경을 통해 심화할 수 있는 책, 본문 속에서 언급한 도서 등 읽고 있는 책을 단서 삼아 계속 연결 지어 읽어 가는 것입니다.

일례로 알퐁스 도데의 《별》을 읽고, 이어 《별자리, 인류의 이야기 주머니》(교양), 《별을 삼킨 괴물》(소설), 《별 헤는 밤 천문 우주 실험실》(과학), 《날마다 천체 물리》(전문 서적) 등을 읽어 가는 것입니다. 일관성이 없어도 됩니다.

이것은 하시모토 다케시의 책 《슬로 리딩》에 나오는 '샛길 독서'와 같은 의미입니다. 샛길 독서란 샛길로 빠져 관심이 가는 방향으로, 자신의 속도에 맞춰 진행하는 독서를 말합니다. 이와 대립하는 것이 파편적으로 나열된 도서 목록을 읽어 나가는 것입니다.

연쇄 독서는 진로를 찾는 데도 도움이 됩니다. 한 학생이 우연히 《왜 세계의 절반은 굶주리는가?》를 읽고 불평등에 대한 문제의식을 갖게 됐습니다. 이후 관련 책을 계속 연쇄 독서해 보면서 불평등 문제는 경제와 정치, 문화·사회 구조와도 연결된 세계적 문제임을 지각했습니다. 독서 습관 덕분에 진로를 '국제기구 활동가'로 정했습니다. 연쇄 독서는 '마인드맵 그리기'를 통해 더욱 효과를 증대할 수 있습니다. 책을 읽은 뒤 관련 도서들을 마인드맵을 작성한다면 자신의 전체 독서 과정을 한눈에 볼 수 있습니다. 책 읽기에서 한 걸음 더 나아가 주제와 관련된 다큐멘터리, 시사 프로그램, 영화 등 영상 자료를 정리해 보면 '나만의 콘텐츠 포트폴리오'가 완성될 겁니다.

교과 연계 심층 독서법으로도 가장 좋은 방법입니다. 자신이 주도적으로 알고 싶은 것을 찾아 가는 독서입니다.

## 💡 변증 융합 독서: 퓨전으로 변형하라

부대찌개는 군부대에서 버려지는 다양한 재료들을 우리 입맛에 맞게 김치와 고추장 등을 넣어 혼합해 만든 인기 음식입니다. 이질적인 것들을 뒤섞어 새로운 스타일과 맛을 창조한 사례로, '퓨전(fusion)' 음식의 대표 주자라 볼 수 있습니다. 책 읽기도 퓨전이 가능하다는 것 아시나요? 변증 융합 독서란 서로 다른 것의 모순을 해결하여 새로운 합(合)을 만들어 내는 것입니다. 다른 결을 가진 것을 섞어 새로운 제3의 '합'을 만들어내는 독서를 말합니다.

네덜란드의 판화가 '에셔'는 미술에 수학적 원리를 적용하여 〈도마뱀〉과 〈조우〉 등 멋진 작품을 창작해 냈습니다. 비디오 아티스트 백남준은 비디오 등 미디어로 자신의 예술 세계를 표현함으로써 새로운 방식을 창조하고 현대 예술사에 이름을 남겼습니다. 에셔와 백남준 모두, '기초 영역'을 깊이 있게 이해하고 수학 원리와 미디어 재현법 등을 더해 새로운 '합'을 만들어 낸 것입니다.

한 영역에 대한 깊은 이해가 선행되었을 때 '퓨전'의 가치는 더 커집니다. 부대찌개가 기본적으로 '맛있는 김치찌개'라는 밑바탕에 다양한 재료를 얹어야 제대로 된 맛을 낼 수 있는 것과 같습니다. 변증 독서는 독서와 글쓰기의 표현법을 다양하게 해 보는 시도입니다. 대표적인 예로 다음과 같은 방법들이 있습니다.

### 교과의 본질적 행위를 빌려오는 독서

교과를 학습하며 하는 행위인 정보 처리, 문제 해결, 의사 결정 활동으로 요약, 분석, 그래프로 나타내기, 비교 정리, 문제 만들기 등의 일반적 교과 활동을 독서에 적용하는 것입니다.

### 글쓰기의 방식을 바꿔보는 독서

가정에서 가장 손쉽게 시도해 볼 수 있는 변증 독서법입니다. 아이들이 고른 책 한 권을 읽고 편지, 연설문, 신문 기사로 바꿔 써보기 등 다양하게 변주할 수 있는 독서법입니다.

### 새로운 이야기를 써보는 독서

역사적 사실을 바탕으로 작품을 창작하는 것이 대표적인 활동입니다. 가령 《난중일기》를 읽은 뒤 특히 흥미로운 시점과 사건을 뽑아, 자유롭게 이야기를 만드는 것입니다.

## 💡 다중 융합 독서: 멀티 플레이어로 활동하라

카멜레온은 중심은 한 군데에 있지만 360도로 눈동자가 회전하며 다양한 측면을 살필 수 있습니다. 다중 독서는 하나의 대상(책)을 여러 각도에서 생각해 보거나 같은 내용에 대해 다양한 활동을 하는 것을 말합니다.

일차적으로 다양한 각도에서 생각해 보기는 당사자 또는 직업적 입장별, 과목의 특성별, 여러 사상별, 상황별로 어떻게 다르게 생각할 수 있을지를 추론해 보거나, 한 작품에 대한 다양한 해석이나 평론 글들을 읽어 보거나 추론해 보는 것입니다.

여러 활동으로서의 다중 독서 예는 한 작품에 대해 관련 글쓰기, 그림 그려보기, 과학적 원리 찾아보기, 수학적 요소 뽑아보기 등 여러 중첩 활동을 하며 교과목을 통합해 배우는 것과 같습니다. 융합 인재 교육(STEAM)의 한 방법인 것입니다.

다중 독서는 책 한 권의 관점과 활동이 아닌 다차원적으로 세상을 보면서 다양한 활동을 하는 유연한 사고를 할 수 있는 능력을 길러줍니다.

## 💡 협력 융합 독서: 어벤져스처럼 협동하라

아이들이 무척 좋아하는 〈어벤져스〉, 〈저스티스 리그〉 같은 영화에는 여러 명의 영웅들이 등장합니다. 예전처럼 하나의 캐릭터만 주인공으로 내세우지 않습니다. 한 사람의 힘으로는 도저히 해결할 수 없는 큰 문제들이 매번 생기기 때문입니다. 이때 5명~6명이 모여 각자의 특별한 장점으로 문제를 해결합니다.

최근 필즈상을 한국 최초로 받은 허준이 교수의 인터뷰에서 몇 십 년을 연구에 매진하도록 만든 수학의 매력이 무엇이냐는 질문에 다른 수학자와 활발히 진행된 공동 연구 덕분이라고 답했습니다. 혼자 연구하는 것보다 다른 동료들과 함께 생각하는 것이 즐거울 뿐만 아니라 깊은 연구를 할 수 있어 훨씬 더 효율적이라는 것입니다.

우리가 사는 시대가 그렇습니다. 걸출한 개인이 모든 문제를 해결할 수 있는 시대가 아닙니다. 고도로 전문화된 지식과 정보들이 넘쳐날수록, 한 사람이 모두 처리하는 것은 현실적으로 매우 어렵습니다.

독서도 혼자 하는 독서가 아니라 함께 하면서 즐거움과 효율을 높일 수 있습니다. 방식은 토의식 협력 독서와 스터디식 협력 독서가 있습니다.

### 토의식 협력 독서

각자의 관점에서 그에 해당하는 자료와 책들을 집중적으로 읽은 뒤 논리를 정리해 서로 나누는 것입니다. 이것이 발전하여 심포지엄, 포럼 등이 개최되는 것입니다. 이는 유대인의 하부르타식을 차용해도 좋습니다. 하부르타는 유대인의 전통적인 토론 교육 방법으로 두 아이가 짝을 지어 서로 논쟁을 통해 진리를 찾는 것을 뜻합니다. 일반적 토의에 질문 주고받는 기술을 더한 것으로, 이기는 토론이 아닌 상대를 설득하는 토론을 말합니다. 서로 소통하는 능력을 기르는 좋은 방법입니다.

### 스터디식 협력 독서

각자 분량을 나누어 한 권의 책을 읽고 나누는 것입니다. 또는 같은 주제의 여러 책을 각자 나누어 읽고 발표할 수도 있을 것입니다. 이때 주의해야 할 것은 자신이 맡지 않은 부분도 미리 가볍게 읽고, 기초 정보를 획득해야 한다는 것입니다. 그래야 상대방의 설명을 이해할 수 있기 때문입니다.

# 독서 코끼리의 상아
# - 딥코어 씽킹

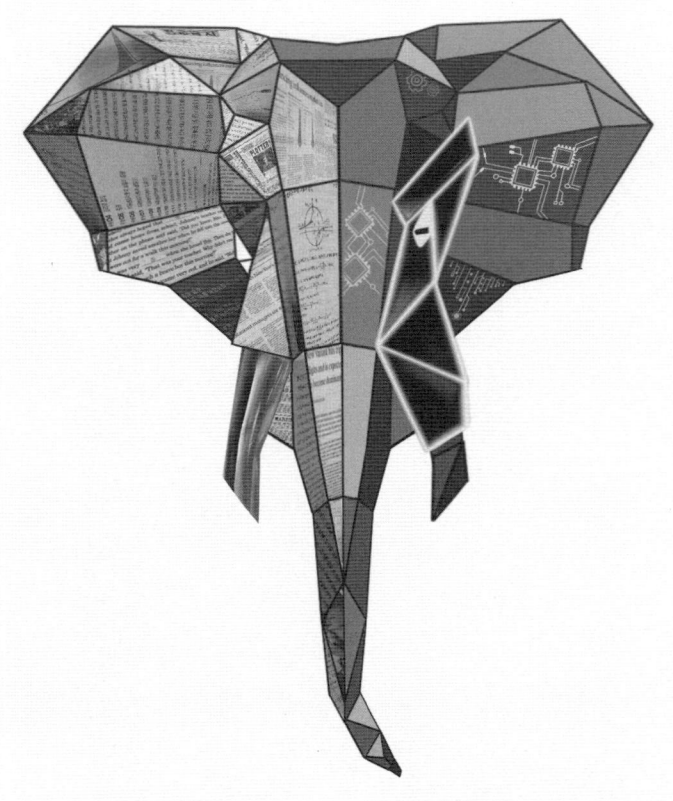

## 코끼리 상아

상아는 코끼리의 위턱에 있는 송곳니가 엄니 모양으로 길게 자란 것이다. 먹이를 파내거나 나뭇가지를 들어 올리는 데 쓰인다. 내구성이 강하고 불에 타지 않으며 썩지 않는다.

다른 어금니와 달라 뿌리가 없고 나기 시작하는 선단부는 에나멜질로 덮여 있으며, 나머지는 상아질로 되어 있다. 코끼리의 종에 따라 길이에 차이가 있으나 보통 나이와 더불어 크게 자란다.

아프리카코끼리는 암수 모두 길게 자라며 수컷의 상아는 훨씬 길어서 길이 3.5m, 무게 100kg이나 되는 것도 있다. 상아는 오래전부터 공예품의 재료로 사용되어 왔다.

## Thinking

생각은 코끼리의 상아와 같습니다. 코끼리가 장애물을 상아로 치우듯이 어려운 상황이 발생하거나 목표가 생기면 그것을 해결하기 위해 생각이라는 무기를 사용해야 합니다.

길고 뾰족한 상아처럼 생각도 의문을 제기하는 찌르는 활동입니다. 상아는 대상을 밀어 올리기도 합니다. 생각도 지식과 지혜를 끌어올리는 활동을 할 수 있습니다.

코끼리의 상아도 크기와 질이 다르듯, 생각의 크기와 질도 각자 다릅니다. 몸이 커지면서 상아도 커지듯이 독서의 양이 늘면서 생각의 상아도 더 커집니다.

특히 코끼리의 상아는 다른 동물들과는 달리 죽을 때까지 커집니다. 생각도 끝이 없이 발달하고 성장합니다.

# 1.
# 독서와 공부를 다스리는 최상의 생각 기술

　라흐마니노프, 비발디, 바흐의 음악을 수없이 감상한다고 천재성을 발휘하여 피아노를 치거나 작곡을 할 수는 없습니다. 여러 번 반복하여 듣거나, 박자를 늦춰 꼼꼼히 듣는다고 해도 극히 소수의 타고난 천재를 제외하고는 작곡을 해내긴 어려울 겁니다. 독서도 마찬가지입니다. 책을 반복해서 천천히 읽었다고 작가의 사고를 완벽히 흡수하여 고전에 버금가는 위대한 생각을 하고 새로운 작품을 쓸 수는 없습니다. 앞서도 말했지만 책만 많이 읽는다고 다 되는 것은 아닙니다. 자신의 생각을 더하고 생산적인 노력을 더해야 진정한 힘과 가치를 발휘하게 됩니다. 그렇기에 생각은 독서는 단짝입니다. 생각과 독서는 서로를 도와주고 교차하는 영역이 많습니다. 이제 생각 방법들을 본격적으로 살펴보겠지만 이것은 리딩과 분리된 것이 아니라 리딩의 심화 버전으로 이해해야 합니다. 서로 교차하면서 함께 발전하는 것입니다. 그렇기에 중복되는 내용들도 있지만 앞서 살펴본 리딩과 연계 지으며 더 발전하는 과정으로 이해하고 활용하시기 바랍니다.

독서를 더욱 발전시키기 위해 꼭 필요한 것을 중심으로 추려 봤습니다. 익숙한 것도 있고 생소한 것도 있을 것입니다. 특히 기존의 다양한 생각 방법들을 자의로 구분하고 네이밍했습니다. 다양한 이름 때문에 생소하고 복잡해 보일 수 있지만 각 명칭은 그 훈련의 핵심을 표현하려 노력했습니다.

여기에 소개된 것들을 하나하나 자신의 것으로 만들어 간다면 독서는 물론 공부에서도 탄탄한 실력을 얻을 수 있을 것입니다. 달을 가리키는 손이 아닌 달을 봐야 하듯이 여기에 소개된 방법들은 영역별 특징과 목적에 따른 분류 체계의 이유와 순서, 명칭의 의미와 의도를 더 중요시하며 각 기술을 발전시켜 나가길 바랍니다. 구체적 기술들은 응용해도 좋습니다.

종이책이 가진 매체의 한계로 도서에서는 큰 그림을 그려 소개하는 정도로 가볍게 정리할 수밖에 없었다는 점을 양해 부탁드립니다. 자세하고 구체적인 방법은 유튜브와 블로그, 현장 강의를 통해 보충하도록 하겠습니다.

# 2.
# 생각의 색깔과 모양은 다르다.

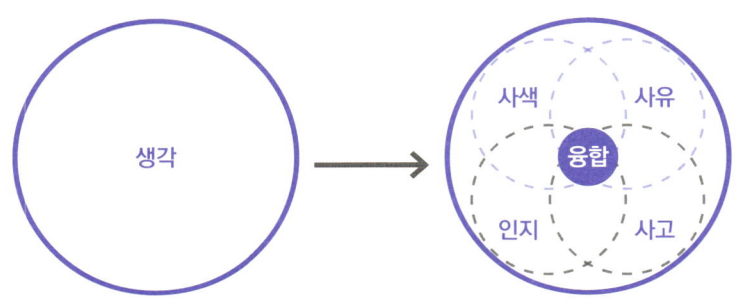

 하늘에서 내리는 눈은 겉보기에 모두 같아 보이지만, 특성과 형태에 따라 모두 다르게 나뉩니다. 생각도 다양한 방식으로 사유, 사색, 인지, 사고처럼 형태를 달리 가지고 있습니다. 물질을 원자나 분자 수준으로 나누고 그 특성을 이해하면 목적에 맞게 새로운 물질을 생성할 수도 있고 특성에 맞는 사용을 할 수 있듯이 생각도 더 세분화하고 그 특징을 파악해 상황과 목적에 따라 사용한다면 더 효율적이고 효과적인 결과를 얻을 수 있을 겁니다.

| 사색(思索) | 사유(思惟) | | 인지(認知) | 사고(思考) |
|---|---|---|---|---|
| Deep 생각 (Mind/Think): 깊은 심층 생각 | Wide 생각 (Mind/Think): 넓은 균형 생각 | 정의 | Core 생각 (Mind/Think): 핵심 구조 분석 생각 | Alpha 생각(Mind/Think): 확장 변형 종합 생각 |

| 사색(思索) | 사유(思惟) | | 인지(認知) | 사고(思考) |
|---|---|---|---|---|
| 탐색형 연쇄 의문과 질문<br>좁게 한 곳만 더 깊게 파기 | 탐미형 자유 의문과 질문<br>넓게 새로운 곳 둘러보기 | 방법 | 정형화된 구성과 해석형 완성 질문<br>핵심 구조 압축 구성 연결 | 응용 재구성과 재해석형 변형 질문<br>변형하여 사용하기 |
| 숨은 의미/연결 재구성<br>진짜 의미/가치 찾기<br>정의, 판단<br>(본질, 심층)<br>인사이트, 통찰력, 몰입<br>본질적 생각 | 의식/시선 고양 및 다양화<br>다른 의미/가치 관계 찾기<br>관계 파악+해석<br>(시선/시점/관점/입장)<br>지혜, 심미적, 감성적 공감<br>다차원 생각 | 목적 | 정보의 지식화<br>정형화된 알고리즘 찾기/흡수<br>구성-연결<br>(구조-작용-원리 추론)<br>정보 처리력<br>앎 지식 | 지식의 가치화<br>새로운 알고리즘 창조하기<br>재구성-재해석<br>(변형/가정 예측/가치화)<br>정보 편집력<br>문제 해결력, 가치 창출, 활용 |
| 수직적 사고 | 수평적 사고 | 행위 | 코어 압축 사고 | 알파 확장 사고 |
| 생각 도끼로 찍기/벽•산 뚫기<br>새로운 요리 레시피 만들기<br>새로운 레고 조각 형태 만들기<br>귀한 보물찾기 | 다양한 생각 렌즈로 보기<br>다른 음식과의 궁합 살피기<br>다양한 재료로 레고 대체하기<br>여행가서 둘러보기 (구경하기) | 비유 | 그물 만들기<br>기존 레시피대로 요리하기<br>레고 매뉴얼대로 모형 조립하기<br>주문된 상품 만들기 | 고기 잡기<br>기존 레시피 융합해 보기<br>레고 부수고 새로운 모형 만들기<br>만들어진 상품으로 작업수행 |
| 철학자/문학자의 눈 | 예술가/심리학자/명상가의 눈 | 시선 | 학습자의 눈<br>(수험생의 눈) | 설계자의 눈<br>(연구 과학자/공학자/사업가의 눈) |
| 바칼로레아 논술 | 에세이, 감상문 | 글쓰기 | 설명문, 보고서, 사전 | 통합 논술, 기획서, 논문 |

### 사색(思索)

사색은 어떤 것에 대하여 깊이 생각하고 이치를 따지는 것을 말합니다. 이는 어떤 의문이나 화두를 갖고 깊이 그리고 끝까지 파고드는 치열한 생각입니다. 사색은 연속 질문을 통해 요소의 요소, 원인의 원인, 영향의 영향 등을 통해 근본적인 요소나 원인 영향 등을 탐색하는 것입니다. 사색은 Deep 생각으로 하나를 깊게 파는 사고이다 보니 본질을 보는 눈과 디테일한 사고력을 길러 줄 수 있지만 너무 매몰되면 편협하고 외골수적으로 좁게 생각할 수도 있습니다.

### 사유(思惟)

사유는 대상을 두루 살펴보며 개념 형성, 구성, 판단, 추리 등을 하는 유연한 생각입니다. 그렇다 보니 다른 것 또는 주변 것과의 관계를 파악하거나, 여러 입장과 관점에서 통합적으로 성찰하는 힘을 키워줍니다. 로프가 여러 가닥의 와이어로 되어 있듯이 여러 입장은 더 두텁고 튼튼한 생각의 밧줄을 구성할 수 있습니다. 사유는 뒤로 물러나(Back) 넓고 다양한 생각으로 자유롭게 살펴보는 겁니다. 지혜로운(Wise) 생각은 'Wide' 생각, 즉 넓고 다양한 시각에서 오지 않나 생각됩니다. 왜냐면 두루두루 살피며 실수를 방지하고 문제를 파악하여 보완하고 예측할 수 있기 때문입니다. 입체적으로 이해되면서 교차 검증도 되는 것이죠. 따라서 사유는 균형을 잡아 주고 지혜롭게 만들어 줄 수 있습니다. 두루 두루 살피는 사유에만 치중하면 겉만 살피고 주변을 빙빙 도는 느낌의 생각을 위한 생각에 머무를 수 있습니다.

### 인지(認知)

인지는 자극을 받아들이고, 저장하고, 인출하는 일련의 정신 과정입니다. 이는 정보를 이해하고 기억하여 지식으로 만들고 다시 꺼내는 정보 처리 활동입니다. 인지는 빠르게 많은 정보와 지식을 처리하는 게 중요합니다. 또한 인지는 중요한 것과 그렇지 않은 것을 구분해 핵심(Core)을 뽑아내는 것과 그것을 중심으로 정보를 체계화하는 것이 중요합니다. 인지는 흔히 말하는 공부 머리의 기본 조건으로 인풋이 중심이 됩니다. 이때 중요한 것은 정보의 구조와 스키마입니다. 정보 처리적인 인지에만 머물면 과거형 인재에만 머무를 수 있습니다. 정보 습득만 잘하는 인재는 이제 한계가 왔습니다.

### 사고(思考)

사고는 본래 폭넓은 의미를 갖지만 여기서는 인지를 통해 들어온 지식과 외부 지식을 융합하여 새로운 것을 생산하는 정보 편집 능력 또는 문제 해결 능력에 초점을 두고 한정하고자 합니다. 이는 지식과 정보를 가공 및 활용하여 새로운 가치를 만드는 창조적 활동입니다. 상황과 필요에 맞는 생각 도구나 알고리즘들을 이용해 주어진 문제를 해결하거나 새로운 법칙 이론 생각 도구 자체를 만들어 내는 겁니다. 인지 없이 사고에만 치중하면 현실성이 떨어지거나 고도로 높은 수준의 결과물을 만들어 내기 어려울 수 있습니다.

인지는 먼저 만들어진 요리 레시피를 알아내거나 레시피대로 요리하는 거라면, 사고는 기존 레시피에서 양과 재료를 약간 변형해

써 보거나 여러 레시피를 응용해 새로운 퓨전 요리를 만들어 보는 것입니다. 반면 사색은 전혀 새로운 요리 레시피를 만들기 위해 지속적으로 시도하거나 특정 레시피가 그 맛을 만드는 핵심 원리와 재료들을 알아내고, 맛의 차이를 나타내는 요인을 찾는 것으로 비유한다면, 사유는 한 레시피로 만들어진 음식을 다른 요리들과의 궁합을 알아보거나 나무 그릇, 플라스틱 그릇, 사기그릇 등 여러 종류의 그릇에 음식을 담아 본다거나 시간의 차에 따른 맛의 변화 등을 알아보는 것입니다.

사유와 사색은 생각의 방법과 과정 자체가 중요하다면 결과가 더 중요한 인지와 사고는 생각을 도구로 이용하여 목표로 하는 지식 정보나 문제를 처리하는 것입니다.

참고로 대한민국 다수는 사색과 사유는 아예 잊거나 맛보기 수준에서 만족하고, 인지와 사고는 공부를 잘하는 소수를 빼고는 다수가 아주 약해 보입니다. 공부를 잘해도 탁월한 결과물을 내지 못하거나 행복하지 않은 경우 사색과 사유의 힘이 약해서 그런 게 아닌지 고민해 봐야 합니다.

천재 물리학자 리처드 파인만은 "끔찍한 재난 때문에 과학 지식이 전부 사라지고, 딱 1문장만 남길 수 있다면 무엇을 남기겠는가?"라는 질문에 "모든 물질은 원자로 이루어져 있다."라고 말했답니다. 그는 이 문장이 가장 많은 정보량을 가장 적은 단어로 표현한 것이라고 합니다.

똑같은 질문을 공부와 독서, 생각, 글쓰기에 적용한다면 저는 이렇게 답할 것입니다. "모든 것은 연결이다."

'연결'은 뇌 생리학은 물론 읽기와 생각하기 그리고 글쓰기의 본질을 이해할 수 있는 가장 중요한 핵심어로 모든 생각을 품은 흰빛에 해당합니다. 연결 사고를 더 세분화한 인지 사고에 대해 자세히 살펴보겠습니다.

## Tip-생각들 간의 관계 제대로 알기

지금부터 평면적으로 살펴본 생각들의 관계를 입체적으로 살펴보겠습니다.

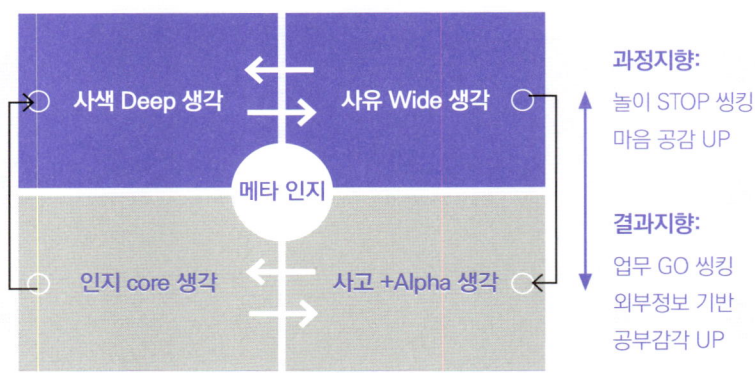

사색&사유는 멈추어 서서 과거를 되돌아보고 현재를 새롭게 정의하고 미래의 방향을 설정하는 과정 지향적 생각입니다. 이것은 인문학 중심의 논술 독서에 중요한 생각 방법이라고 했습니다.

인지&사고는 공부 감각 역량을 기르는 결과 지향적 생각입니다. 정해진 목표를 향해 전진하는 생각의 생산 활동입니다. 사색&사유와 인지&사고는 상호 보완적 관계입니다.

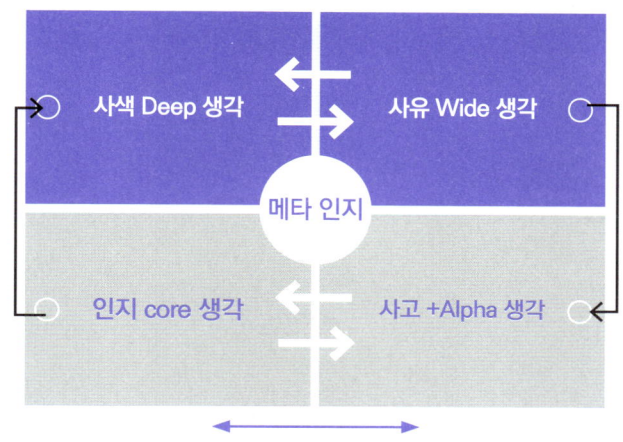

| [좌뇌] | [우뇌] |
|---|---|
| 논리 전통성 수렴/체계성/ | 창의 새로움 발산/융통성/ |
| 정확성 베스트/퍼스트 완결성 | 다양성 온리원/유니크 차이성 |
| (강한 몰입/집중반복중요) | (약한 몰입:가벼운 몰입) |
| 배움 정보의 지식화 구성/해석 | 창작 지식의 가치화 재구성/재해석 |

　좌측의 사색과 인지의 공통점은 수렴적인 것을 중요시한다는 겁니다. 이미 세상에 존재하는 정보를 바탕으로 사색은 생각의 반복이 필요하고, 인지는 정보의 반복이 필요합니다. 우측의 사유와 사고는 융통성과 다양성을 중요시합니다. 즉 새로운 것을 추구합니다. 따라서 사유와 사고는 기존의 것을 반복하거나 흡수하기보다는 새로운 것을 모색하는 창작과 어울립니다.

| 딥 리딩<br>(책 하나 반복생각) | 와이드 리팅<br>(다른 영역 다른 책) | 인문학 성찰독서<br>균형독서<br>생각설계 독서<br>메타인지 독서 |
|---|---|---|
| 코어리딩<br>(책 하나 반복읽기)<br>정보처리 인지독서 | +알파 리딩<br>(같은 주제 다른 책)<br>문제해결 사고독서 | 지식 학문 체계독서<br>불균형독서(편독)<br>지식설계 독서<br>인지융합 독서 |
| 한 권<br>반복 읽기 | 여러 권<br>다독 확장 읽기 | |

　세로축 딥 리딩과 코어 리딩은 한 권이라도 제대로 반복해서 읽는 것이 중요하다면, 와이드 리딩과 알파 리딩은 여러 권을 읽으며 부족한 부분을 채우고 확장하는 읽기입니다.

　가로축 딥 리딩과 와이드 리딩은 인문학 성장 독서에 적합하다면, 코어 리딩과 알파 리딩은 지식 성공독서에 적합합니다.

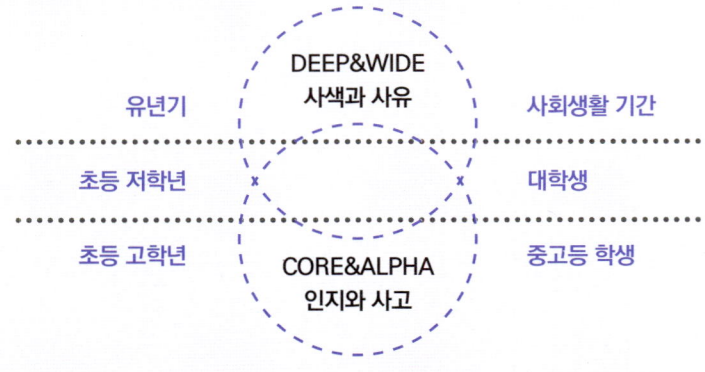

유년기에는 사색과 사유가 중요하고, 초등 저학년 때 두 사고 모두를 균형 있게 잘 활용하고 발전시킨 후 초등 고학년부터 공부에 더 집중된 인지와 사고가 더 중요하게 연습합니다. 이후 중고등 학년을 지나면서 대학생, 사회생활을 시작하는 기간을 통해 다시 인지와 사고, 균형 있게 활용, 사색과 사유의 역순으로 올라오는 과정을 통해 연습하게 됩니다.

이때 상, 하 관계에 놓인 것과 마찬가지로 좌변은 우변과 상호보완적 관계입니다. 강한 몰입과 가벼운 몰입, 논리성과 창의성 등이 잘 조화되어야 더 생산적일 수 있습니다. 따라서 모든 생각의 종류들은 서로 명확히 구분된 것이 아니라 서로 중첩되면서 함께 사용되고 있습니다.

# 3.
# 씽킹 트랙 ONE
# (Deep사색 & Wide사유)
– 인문학적 상상력 마음 공감 생각법
: 공부를 뛰어넘는 지성의 힘을 단련하라!

   인문학적 상상력을 키우고 지성을 단련하는 생각 방법은 사색과 사유입니다. 넓은(Wide) 사유와 깊은(Deep) 사색은 상호 보완적인 관계입니다. 어떤 일을 할 때 여러 우물을 파다 결국 한 우물도 제대로 파지 못하는 사람이 있는가 하면 자신이 시작한 건 반드시 끝내는 사람이 있습니다. 치열하게 깊게 파고드는 생각의 힘이 Deep 사색의 힘입니다.

   하지만 어떤 하나에만 초점을 맞추다 보면 주변의 전체 상황 즉 맥락을 놓칠 수 있습니다. 주변 환경의 변화에 의해 노력한 것이 실패할 수도 있기 때문에 넓은(Wide) 사유로 보완하는 것입니다.

   깊게 사색하는 가장 좋은 방법은 연쇄 질문입니다. 질문을 더해가고 발전시켜 나가는 겁니다. 가장 핵심인 본질과 현상을 구분하여 의미에 대해 묻는 질문을 연속적으로 하는 겁니다. 반면 넓게 사유하는 기본 방법은 '이항 사고'와 '관점 사고' 그리고 '딴지 걸기'입니다.

이항 사고는 부분과 전체, 속과 겉, 재료 특성과 구조 형태, 분리와 통합, 본질과 현상 등으로 대립되는 여러 기준으로 대상을 분석하고 분류해 보는 겁니다.

관점 사고는 영역별, 입장별, 차원별 바꿔 생각하는 다차원 사고, 역지사지 사고, 이심전심 사고입니다. 영역별 관점 사고는 정치, 경제, 사회, 문화 영역처럼 나누어 보는 것이고, 입장별 관점 사고는 다양한 직업별, 부모 형제 당사자 등 다양한 입장에 서서 그 사람의 마음과 생각으로 대상을 바라보는 겁니다. 차원별 관점 사고는 후좌우 또는 수준별로 나누어 판단하는 겁니다.

딴지 걸기는 당연히 여기는 것들에 대해 '진짜 그럴까?'라고 의문을 제기해 보는 겁니다. 감정과 이론, 특성과 기능 등 모든 것을 리셋하고 제로베이스에서 생각하는 '낯설게 보기'입니다.

이후의 여러 방법은 위의 기본적 생각 방법을 발전시킨 것입니다.

## Tip 거경궁리 자세와 메타 인지 기술을 가져라.

사유와 사색의 근본 바탕에는 거경 궁리 자세와 메타 인지 이론이 있습니다.

거경 궁리는 주자학에서 중시하는 학문 수양의 두 가지 방법으로 퇴계 이황도 이 방법을 중요시했습니다.

**거경 [居敬]**
항상 마음을 바르게 가지고 몸가짐을 조심하여 덕성을 닦음.

**궁리 [窮理]**
사물의 이치를 깊이 연구하거나 일을 처리하거나 개선하기 위하여 마음속으로 이리저리 따져 깊이 생각함.

거경은 겸손이며 존중이고 마음 공감입니다. 이는 '마음밭' 이라고 할 수 있습니다. 바로 씨앗을 심을 수 있는 부드러운 밭을 만드는 것은 중요합니다. 그래야 마음 밭에 생각의 씨앗을 뿌리고 발전시켜 나무를 키우고 열매를 딸 수 있습니다. 거경을 위해 꼭 필요한 밑바탕 역량이 심미적 감성 역량입니다. 이러한 바탕 위에 사물의 이치를 쉽게 그리고 깊이 이해할 수 있습니다.

**심미적 감성 역량(2015 교육부의 개정 교육 과정)**

심미적 감성 역량이란 다양한 가치에 대한 개방적 태도와 반성적 성찰을 통해서 자신과 타인과 사회 현상들을 공감적으로 이해하고 문화적 소양과 감수성을 통해 삶의 의미와 사물들의 아름다움과 가치를 발견하고 향유하며, 이를 바탕으로 질 높은 삶과 행복을 누릴 수 있는 능력을 의미한다. 여기에는 문화적 소양과 감수성, 문화적 상상력, 타인의 경험 및 인간에 대한 공감 능력, 다양한 가치에 대한 존중, 정서적 안정감, 의미 있고 행복한 삶의 추구와 향유 등이 하위 요소로 포함될 수 있다.

마음밭이 거경이라면 생각의 씨앗을 심어 키우는 것은 궁리입니다. 궁리를 위해서 꼭 필요한 기반 역량이 메타 인지입니다. 메타 인지는 자신의 사고나 감정 행동에 대해 전지적 작가의 시점을 갖는 겁니다. 메타 인지는 인지 과정의 밖 또는 위에서 자신의 생각이나 감정 행동 등을 바라보며 자신의 현재 상황과 목표 그리고 방향을 점검하고 조절하는 사고입니다. 다시 되돌아보는 반성적 사고나 계속 의문에 의문을 더하는 철학적 사고는 메타인지를 발휘하는 예입니다. 사유와 사색을 통한 인문학적 생각은 결국 나의 생각과 느낌에 귀 기울이며 의문을 던지고 답하는 내면의 대화인 만큼 메타인지와 밀접하게 연결되어 있습니다.

지성의 단련을 위한 생각 훈련은 다음과 같이 단계별로 훈련이 가능합니다. 단계에 따라 의미-상상, 해석-비교, 조합-연결의 역량 강화가 필요합니다.

| 사색(思索) | 사유(思惟) |
|---|---|
| **DEEP&WIDE Thinking&Reading** <br> 인문학 중심 마음 공(共)감(感) 생각법 <br> 머리를 비우는 생각 몰입 <br> Think Different! <br> 새롭고 다르게 보기 <br> STOP Thinking <br> 멈추거나 물러나서 생각하기 <br> 과정 중심 활동(가능성&방향 탐색) <br> 오감 육감 영감 감성+이성과 의식 <br> 의미 가치 의도 관점 원칙 <br> 기저사고: 심미적 감성 역량 <br> 통찰과 깨달음 | |
| **Deep사색 & Wide사유 훈련 – 지성의 힘 단련법** <br> 01 초급-인문 독해력 강화 생각법 <br> 💡 Deep 세로축 사색 훈련 <br> ① 다차원 질문 만들기 <br> ② 완성 질문 프레임 만들기 <br> ③ 어휘망 사전 만들기 <br> 💡 WIDE 가로축 사유 훈련 <br> ① 입장별 본질 사유하기 <br> ② 와이드 커넥션 연결 짓기 <br> ③ 인간 유형 분석하기 <br> 02 중급-인문 문해력 강화 생각법 <br> 인물 사전과 역지사지 공감 분석 <br> 관점 사전과 프레임 사고 <br> 인문 개념 사전과 스키마 구축 <br> 03 고급-인문 리터러시 강화 생각법 <br> 💡 메타 감상 사유하기 <br> 💡 메타 성찰 사유하기 <br> 💡 메타 궁리 사색하기 | |

## (1) 초급 인문 독해력 강화 생각법 – 딥와이드 씽킹 도입 훈련

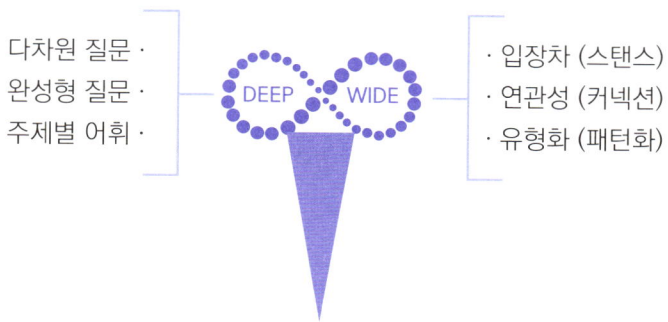

인문학적 상상력의 기초 체력과 근육을 키우는 기본 생각 훈련은 T자형 사색 사유 훈련이 좋습니다. T는 전체와 부분, 가로와 세로, 수평과 수직, 넓고 깊다를 상징하는 모형입니다.

이 방법은 사색과 사유의 기본 개념과 원리에 충실한 생각 훈련입니다. DEEP 사색은 계속된 연속 질문과 답을 통하여 깊이 파고드는 생각 훈련입니다. WIDE 사유는 다양한 관점과 입장에서 주제에 대해 넓게 생각하는 훈련입니다. 다양한 책의 서문이나 에세이나 시 또는 단편소설들이 이 훈련하기에 좋습니다.

### 💡 Deep 세로축 사색 훈련: 깊은 생각은 본질을 보는 눈을 준다.

수직적 사고를 지향하는 DEEP 생각 훈련은 깊게 파고들어 본질을 보는 것을 목표로 합니다. 이 훈련은 질문의 수준을 여러 수준으로 나누어 단계적으로 깊이 들어가는 다차원 심층 질문 훈련과 빈틈 없는 질문으로 완성도를 높여주는 완성 질문 프레임 만들기, 그리고 이해와 해석을 위한 기준이 되는 기초 어휘들을 묶어 정리하는 어휘망 사전 만들기가 있습니다.

## ① 질문의 차원을 나누어 깊은 생각에 연결하라!
### - 다차원 심층 질문

생각을 유발하는 질문은 다양한 차원 또는 수준이 있습니다. 표면적인 질문에서 심층적인 질문까지 또는 독립적이고 단편적인 질문에서 유기적이고 복합적인 질문까지 다양합니다.

생각을 발전시키기 위해서는 자신에게 끊임없는 질문을 던지며 뻔한 질문, 잘못된 질문에 매달리지 않는 것이 좋습니다.

서양의 문명이 급격히 발달한 배경을 보면 의문을 제기한 시기였다는 공통점이 있습니다. 서양의 고대 그리스 로마시대는 신비한 자연 현상에 대한 근본 질문을 통해 신화와 철학이 발전합니다. 근대는 천 년 동안 지속되어 온 신에 대한 의문과 질문을 던지며 르네상스를 맞이하게 됩니다. 이것은 이성과 과학에 기반한 문명의 발달을 가져옵니다.

스스로 의문을 갖고 계속 묻고 답하며 생각을 발전시키는 것이 깊이 생각하는 방법의 가장 기본입니다. '왜 그럴까?'를 반복해서 질문할 수도 있고, 사실에 대한 구체적 질문에서 추론적 질문, 비판적 질문, 창의적 질문으로 발전시킬 수도 있습니다.

표면 이해와 심층 이해의 관계와 더불어 저차원 생각과 고차원 생각의 관계도 고려해야 합니다. 모두 3차원의 존재이지만 2차원의 눈으로 사는 개미는 바로 옆 좌우와 앞뒤만 보고 움직입니다. 반면 3차원의 눈을 가진 새는 위아래로 움직이며 입체적으로 더 멀리 볼 수 있습니다. 더 멀리 보는 것은 위험과 기회 모두를 더 빨리 보고 대비할 수 있도록 도와줍니다. 고차적 사고는 저차원의 눈으로는 볼 수 없고 생각할 수 없는 것을 보고 생각할 수 있게 합니다.

어린이 철학을 창안한 매튜 립맨(Matthew lipman)이 제시하는 사고 기술들은 깊은 사유를 돕는 도구 및 기준으로도 활용할 수 있습니다. 이는 단순한 사실적 질문과 저차원 생각에서 해석과 비판, 공감 등의 고차적 질문과 생각으로 발전할 수 있도록 돕습니다. 립맨의 사고 기술을 중심으로 질문을 정리해 보면 다음과 같습니다.

| | |
|---|---|
| 비판적 사고 | 공통점과 차이점은 무엇이 있을까? 무엇을 예와 반례로 들 수 있을까?, 어떤 기준으로 비교 판단할 수 있을까?, 어떤 유형 종류로 분류할 수 있을까?, 장단점은 무엇이 있을까?, 다른 관점에서는 어떻게 생각할까? |
| 배려적 사고 | 주인공의 마음은 어땠을까?, 내가 주인공이라면 어떻게 할까?, 주인공이 중요시하는 가치는 뭘까? |
| 창의적 사고 | 진짜 그럴까?, 어떤 모습으로 상상할 수 있을까?, 무엇과 비유할 수 있을까?, 개념을 어떻게 재정의할 수 있을까?, 교훈 또는 시사점은 무엇일까?, 다른 대안은 무엇이 가능할까?, 다음 결과는 어떻게 될까?, 달리 어떻게 표현할 수 있을까? |

위의 질문에 대한 견해나 의견을 끌어낸 후 각각의 답변 중 하나를 선택해 연속적으로 다음 질문을 해볼 수 있습니다.

더 명료하게 다시 진술하여 표현해 본다면?
더 자세히 풀어 설명해 본다면?
주장이나 설명 속에 숨겨진 논리적 함의나 전제된 것을 추론한다면?
정의를 내려 본다면?
숨겨진 가정을 찾아본다면?
오류를 확인한다면?
왜 그렇게 생각하는지 이유를 말해 본다면?
어떻게 그것을 생각해 내거나 알게 되었는지 말해 본다면?
다른 가능한 의견이나 대안은 없는지 살펴본다면?

스스로 생각하는 사람은 자신에게 질문을 던지고 그것에 답하기 위해 노력합니다. 특히 자신만의 연속된 질문 체계를 만들면 그것이 생각의 길이 됩니다.

### ② 완성된 질문으로 완벽한 생각을 생산하라!
### - 완성 질문 프레임워크 만들기

완성 질문 프레임 만들기는 딥 사색 질문의 완성도를 높여줍니다. 어떤 대상이나 상황에 대한 생성 유지 소멸의 핵심 요소 또는 조건들을 알아두는 것은 생산적이고 빈틈없는 완성형 사고를 하는데 도움이 많이 됩니다. 이는 MECE 사고와 프레임워크 사고의 혼합 훈련으로 볼 수도 있습니다.

MECE는 'Mutually Exclusive and Collectively Exhaustive'

를 줄인 말로 '중복되거나 누락되지 않게.'라는 뜻입니다. 이는 분류 기준 또는 항목을 정하는 것과 같습니다. 일례로 전-중-후, 원인-과정-결과, 하늘-땅-바다 등 항목의 체계를 찾아내는 것입니다. 이는 표와 같은 틀을 결합해서 나타내면 각각이 용도별 프레임이 되는 것입니다.

프레임워크 사고는 문제 해결을 위한 사고의 틀로서 문제를 발견하거나 분석할 때 생각해야 할 전체 모습과 세부 구성 요소를 찾는 데 도움을 줍니다. 예를 들어 진선미성(眞善美聖), 인의예지(仁義禮智), 지사의정(知思義情) 등 다양한 프레임은 어떤 대상을 빈틈없이 균형 있게 파악하는 데 도움이 됩니다.

실용적으로 도움이 될 수 있는 프레임은 비문학 글을 분석하는 도구로써 R. Paul에 의해 창안되고 서울대 김영정 교수가 체계화한 비판적 사고 '9요소-9기준'과 상황 분석 및 정리를 위한 '5W1H'가 대표적입니다.

이것들은 단편적 예입니다. 중요한 것은 상황별로 살펴봐야 할 요소들의 범주들을 빈틈없이 체계적으로 파악한 후 각각에 맞는 생각을 채워 넣어야 한다는 것입니다.

비판적 사고'의 '9요소-9기준'

| 단계 | 사고 | 9요소 | 9기준 |
|---|---|---|---|
| 1층-<br>1단계 논증의 단계 | 추론적 사고 | 결론 전제 함축 | 적절성 중요성 논리성 |
| 2층-<br>2단계 분석의 단계 | 분석적 사고 | 문제 개념 정보 | 분명함 정확성 명료성 |

| 3층-<br>3단계 변증의 단계 | 종합적/대안적 사고 | 목적 관점 맥락 | 다각성 심층성 충분함 |
|---|---|---|---|

## 5W1H

| | | 기본 질문 | | 응용 범주 |
|---|---|---|---|---|
| S 주체 | 인물, 관계 축 | Who | · 누가? 누구에게? 누구와?<br>· By, to with | 주체, 중심인물, 대상 |
| O 대상 | 현상, 내용 축 | What | · (대상)무엇을? | 내용, 주제(의제), 할 일, 대상물, 제품, 의미, 기능, 역할 |
| V 상태/동작 | | | · (행위)무엇을? | 행위, 상태, 현상, 형태 |
| 양상 | | How<br>수단 축 | · 어떻게 | 수단, 방법, 절차, 테크닉, 사례, 상태, 기술 |
| | | How~<br>정도 축 | · 얼마만큼, 어느 정도? | 빈도, 정도, 횟수, 수량, 크기, 가격, 비용, 이익, 비중(중심, 주변) |
| 배경 물리 | | When<br>시간 과정 축 | · 언제 | 시간, 시기, 기간, 일정, 속도, 시간적 과정 순서 |
| | | Where<br>공간 장소 축 | · 어디서? | 장소, 위치, 경로(프로세스), 방향 |
| 환경 심리 | | Why<br>목적 이유 축 | · 왜? | 목적, 목표, 본연의 자세, 가치, 일, 의의(목적), 배경, 이유, 원인, 눈에 잘 안 띄는 것(본질, 마음) 등 |

### ③ 자신만의 주제별 어휘 사전을 만들고 반복하라!
### - 신토픽 어휘 사전 만들기

주제별로 어휘 사전을 만들어 활용하는 것은 많은 도움이 됩니다. 이는 하나의 집대성 또는 분류 정리 인지 활동으로 인간 두뇌의 특성과 궁합이 잘 맞을 것입니다.

이는 사전 만들기와 활용하기 두 과정으로 진행합니다.

우선 사전 만들기는 감정, 강점, 가치의 종류 등 어떤 주제와 관련된 어휘들을 모아 분류하고 핵심 개념과 관련 개념들을 배열합니다.

다음 활용하기에서는 만든 사전을 체크리스트처럼 이용합니다. 예를 들어 작가 또는 등장인물의 감정을 파악할 때 직관적으로 즉각 떠오르는 감정만 말하는 것이 아니라, 만든 감정 사전의 리스트를 하나하나 보면서 감정을 뽑아보는 것입니다. 이때 다양한 어휘와 반복하여 접하게 됨으로써 자연스럽게 실제로 구사할 수 있는 어휘들의 수가 발전할 것입니다. 이는 공부를 할 때마다 그 목차를 계속 보면 자연스럽게 그 목차가 기억되는 것과도 같은 것입니다.

감정의 종류 외에도 가치와 강점의 종류, 사회심리법칙, 고사성어, 소설의 플롯 방식들도 이런 식으로 분류하고 정리한 후 사전처럼 이용하면 어휘력은 물론 표현력과 해석력 그리고 언어 사고가 더 발전할 겁니다.

**[감정 사전]**

| | | |
|---|---|---|
| + | 희(喜): 기쁜 마음 | 감격스러운, 감동적인, 감사한, 고마운, 고무적인, 기쁜, 고전적인, 날아갈 듯한, 놀라운, 가벼운, 눈물겨운, 든든한, 만족스러운, 뭉클한, 반가운, 벅찬, 뿌듯한, 살맛 나는, 시원한, 싱그러운, 좋은, 짜릿한, 쾌적한, 통쾌한, 포근한, 푸근한, 행복한, 환상적인, 후련한, 흐뭇한, 흔쾌한, 흥분된 |
| | 락(樂): 즐거운 마음 | 가벼운, 가뿐한, 경쾌한, 고요한, 기분 좋은, 담담한, 명랑한, 밝은, 산뜻한, 상쾌한, 상큼한, 숨 가쁜, 신나는, 유쾌한, 자신 있는, 즐거운, 쾌활한, 편안한, 홀가분한, 활기 있는, 활발한, 흐뭇한, 흥분된, 희망찬 |
| | 애(愛):사랑하는 마음 | 감미로운, 좋아하는, 감사하는, 그리운, 다정한, 따사로운, 묘한, 부듯한, 사랑스러운, 상냥한, 순수한, 애틋한, 열렬한, 열망하는, 친숙한, 포근한, 호감이 가는, 화끈거리는, 흡족한 |

| | | |
|---|---|---|
| 0 | 욕(欲):바라는 마음 | 간절한, 갈망하는, 기대하는, 바라는, 소망하는, 애끓는, 절박한, 찝찝한, 초라한, 초조한, 호기심, 후회스런, 희망하는 |
| - | 애(哀): 슬픈 마음 | 가슴 아픈, 걱정되는, 고단한, 고독한, 고민스러운, 공포에 질린, 공허한, 괴로운, 구슬픈, 권태로운, 근심되는, 기분 나쁜, 낙담한, 두려운, 마음이 무거운, 멍한, 뭉클한, 미어지는, 부끄러운, 불쌍한, 불안한, 불편한, 비참한, 비탄함, 서글픈, 암담한, 앞이 깜깜한, 애석한, 애처로운, 애태우는, 애통한, 언짢은, 염려하는, 외로운, 우울한, 울적한, 음울한, 음침한, 의기소침한, 절망적인, 좌절하는, 증오하는, 지루한, 착잡한, 참담한, 창피한, 처량한, 처참한, 측은한, 침통한, 패배스러운, 한스러운, 허전한, 허탈한, 허한, 황량한 |
| | 구(懼):두려운 마음 | 두려운, 무거운, 공포에 질린, 불안한, 염려하는, 근심되는, 패배스러운, 앞이 깜깜한, 절망적인, 참담한, 고민스러운, 암담한, 끔찍한, 몸서리치는, 걱정하는, 경계하는, 두려운 |
| | 오(惡):미워하는 마음 | 고통스러운, 괴로운, 구역질 나는, 귀찮은, 근심스러운, 끔찍한, 몸서리치는, 무정한, 미운, 부담스런, 서운한, 싫은, 싫증나는, 쌀쌀한, 야속한, 얄미운, 억울한, 원망스러운, 죄스런, 죄책감, 증오스러운, 지겨운, 짜증스러운, 차가운, 황량한 |
| | 노(怒):노여운 마음 | 가혹한, 고통스러운, 골치 아픈, 괘씸한, 구역질 나는, 기분이 상하는, 꼴사나운, 끓어오르는, 나쁜, 노한, 떫은, 모욕적, 무서운, 배반감, 복수심, 북받침, 분개한, 분노, 불만스러운, 불쾌한, 섬찟한, 소름 끼치는, 속상한, 숨 막히는, 실망감, 쓰라린, 씁쓸한, 약 오르는 |

## 💡 WIDE 가로축 사유 훈련: 넓은 생각은 다르게 보는 눈을 준다.

다각도 사고를 추구하는 WIDE 수평적 생각 훈련은 두 가지 포인트를 가지고 있습니다. 하나는 최대한 다양한 관점에서 입체적으로 봐야 한다는 것이고, 다른 하나는 최대한 다양한 것과 연결 지어 봐야 한다는 것입니다. 이 훈련은 더 깊고 넓은 '맥락'을 보는 눈을 키우는 훈련입니다.

### ① 다양한 시선으로 입체적 이해력을 높여라!
- 다차원 확장 사유하기

WIDE 사고의 첫 번째는 다양한 시선으로 보는 훈련입니다. 앞서 다양한 깊이와 높이로서의 다차원 질문을 살펴봤다면 여기서는 다양한 방향과 영역으로서의 다차원 생각을 살펴보는 것입니다. 이 수직 수평적 사고가 합쳐져 입체적 사고가 되고 온전한 이해가 가능해집니다. 다양한 시선은 입장과 영역에 따라 관점과 적용 방법의 다양성을 확인하는 것입니다.

입장별 관점 차이는 당사자와 비당사자, 관계자와 주변인, 부모, 스승, 친구, 적 등 관계의 본질과 관점에 따라 어떻게 생각하고 어떤 행동을 할지를 예측합니다.

영역별 관점 차이는 어떤 사건이나 현상의 원인과 결과 그리고 그 영향 등을 개인적 영역과 사회적 영역으로 나누어 살펴볼 수 있습니다. 그리고 한 번 더 세분화해 개인적 영역은 이성적인 면과 본능적인 면으로 나누어 살펴볼 수 있고, 사회적 영역은 정치면, 경제면, 사회면, 문화면 과학 기술면 등을 나누어 살펴봅니다.

하워드 가드너의 '다중지능'이나 에드워드 드보느의 '여섯 색깔 생각의 모자'처럼 지능이나 사고의 유형으로 나누어 사고하는 것도 폭 넓은 가로축 사유 도구로 사용할 수 있습니다.

직업적 차이에 따른 관점 구분 훈련은 직업별 핵심 가치(목적)와 가장 중요한 활동(수단)을 중심으로 구분하는 훈련을 기초로 합니다.

일례로 아래에 각 직업이 추구하는 핵심 가치나 중요 활동, 즉 직업적 특수성을 생각해 보고 각 입장에 서서 문제 상황이나 주제에 대해 어떤 기준으로 판단하거나 수행 활동을 할지 생각해 보고 답해 보거나 관련 활동을 수행할 수도 있습니다. 아래 제시된 것은 참고 사항이고 본인 스스로 생각해 각 직업별로 본질적인 것을 새롭게 찾아봐도 좋습니다.

| 직업의 종류 | 핵심 가치 | 중요 관련 활동 (ACTION) |
|---|---|---|
| 배우처럼 읽기 | 감정이입 공감, 대본 읽기 | 판단: 감정과 의도를 잘 표현했는가?<br>행위: 감정이입하여 소리 내어 읽거나 암송이나 필사할 문장 뽑아 암송한다. |
| 시인처럼 읽기 | 운율, 심상, 비유와 상징, 감성 압축 표현 | 판단: 리듬이 있는가? 섬세한가? 심플한가?<br>행위: 비유, 상징, 반어, 풍자 등 수사법을 구사해 보거나 언간 사이 속에 숨어 있는 의미, 의도, 정서를 읽어 낸다. |
| 화가처럼 읽기 | 관점, 미적 감각<br>그림 그리기 | 판단: 아름다운가? 잘 어울리는가? 색깔(개성, 창의성)이 있는가?<br>행위: 글의 내용을 상상하고 읽은 내용을 머릿속에 그려가며 읽는다. |
| 건축가처럼 읽기 | 구조 역학<br>설계도 그리기 | 판단: 안전한가? 편리한가?<br>행위: 유사점 찾기, 비교하기, 순서 찾기, 인과관계 따지기 등의 방법을 사용하여 책이나 글의 내용을 시각화한다. |
| 수학자처럼 읽기 | 질서 규칙 패턴,<br>원칙 찾기, 증명 | 판단: 잘 증명되는가? 질서와 이론에 적합한가?<br>행위: 패턴이나 원칙을 찾거나 일반화된 이론과 심리 법칙 등이 작품 속 인물에도 나타나는지 확인한다. |

| 직업의 종류 | 핵심 가치 | 중요 관련 활동 (ACTION) |
|---|---|---|
| 의사처럼 읽기 | 병 문제 약점 진단 처방, 건강 | 판단: 건강한가? 건전한가? 효능이 있는가?<br>행위: 글의 뼈대와 구성을 살펴보고, 글의 내용상 문제점이나 갈등, 글의 전개에 있어 자연스럽지 않은 곳이 있는지 찾아본다. |
| 군인처럼 읽기 | 전쟁 승리 무기, 적과 아군 구분 | 판단: 강한가? 약한가? 이길 수 있는가? 적인가 아군인가?<br>행위: 약점과 강점을 찾아 약점을 보완하고 강점을 살릴 수 있는 방안을 찾아본다. 또는 글 속에 숨어있는 대립구조를 찾아본다.(착함/심술, 착함/욕심, 꾀/우직함/동정심/잔인성, 양보/욕심, 양심/부정, 개혁/보수)<br>아군처럼 보호하기 또는 적군처럼 공격하기 |
| 선생님처럼 읽기 | 요약, 설명, 연결 문제내기 | 판단: 이해하는가? 잘 요약정리되었는가?<br>행위: 읽은 내용에서 핵심 또는 문제를 뽑아보고 평가해 본다. 그리고 읽은 내용을 요약하여 설명해 본다. |
| 탐정처럼 읽기 | 단서와 추리 | 판단: 가장 중요한 원인은 무엇인가? 찾았는가?<br>행위: 단서를 바탕으로 왜?(이유와 목적) 그래서?(결론) 무엇 때문에?(원인과 조건) 라고 계속하여 의문을 품으며 추리해 본다. |
| 작가/발명가 처럼 읽기 | 바꾸기, 조작하기 | 판단: 참신한 아이디어인가?<br>행위: 만약에? 그와 반대로? 등과 같이 있는 사실을 뒤집어 생각해 보거나 글을 재구성해 써 본다. |
| 검사-변호사-판사 | 고소-변론-판결 판단 | 판단: 정의로운가? 합법적인가? 원칙에 맞는가?<br>행위: 글 속의 특정 인물의 선택과 행동에 대해서 따지거나 변호하거나 판단하는 활동을 해본다. (나쁜 행동은 무엇이 있는가? 그것을 할 수밖에 없는 배경은 무엇인가? 정말 그럴까? 그래서 어떻게 판단해야 할까?) |

| 직업의 종류 | 핵심 가치 | 중요 관련 활동 (ACTION) |
|---|---|---|
| 기자처럼 읽기 | 5W1H<br>*인터뷰: 반응, 영향, 의도* | 판단: 팩트인가? 객관적인가?<br>행위: 이야기와 상황을 5W1H로 요약해서 기사문을 쓴다. 또는 독자들은 어떤 내용에 관심이 있을까를 고민해서 저자나 등장인물과의 가상 인터뷰 형식의 글을 써본다. |
| 사업가처럼 읽기 | *이익,*<br>*판매* | 판단: 이익이 되는가? 비용은 절약되는가?<br>행위: 읽은 책의 가치를 평가하고 장점, 효능 등을 찾아 홍보 글을 만들어 본다. 그리고 관련 저자, 주제의 책을 찾아 읽고 어떻게 얻은 아이디어를 자신의 삶에 적용할 수 있을까? 고민해 본다. |

참고: 《공부머리를 완성하는 초등 독서법》(남미영, 21세기북스)

## ② 연결하는 힘으로 창의력을 키워라! - 와이드 커넥션 연결짓기

와이드 커넥션(Wide connection) 연결 짓기는 주제와 다양한 영역을 연결 짓는 방사형 연결 사고 훈련입니다.

이것은 마인드맵이나 만다라트를 이용하면 좋습니다. 특히 만다라트의 본래 용도는 목표 설정 도구이지만 의사결정, 콘텐츠 기획, 아이디어 발상 등 활용도가 높습니다.

본래의 만다라트는 무엇인가를 이루기 위한 핵심과 그 핵심을 달성하기 위한 세부 항목을 작성하는 것입니다. 우선 정 중앙에 이루고 싶은 최종 목표를 적고, 그것을 둘러싼 나머지 여덟 칸에는 목표를 이루기 위해 필요한 핵심 키워드를 적습니다. 최종 목표는 해결하고자 하는 이슈나 과제 또는 아이디어를 얻고자 하는 주제를 적습니다. 그리고 여덟 개의 핵심 키워드를 주변으로 확장한 후 각각의 키워드를 이루기 위한 구체적인 수단을 주변 칸에 적으면 됩니다.

| | | | | | | | | |
|---|---|---|---|---|---|---|---|---|
| | 목표 A | | | 목표 B | | | 목표 C | |
| | | | | | | | | |
| | | | A | B | C | | | |
| | 목표 D | | D | 최종<br>목표 | E | | 목표 E | |
| | | | F | G | H | | | |
| | | | | | | | | |
| | 목표 F | | | 목표 G | | | 목표 H | |
| | | | | | | | | |

 연결하는 힘을 키우기 위한 만다라트는 주제 관련 확장 훈련입니다. 표의 중앙에 중심 소재와 주제를 정하고 그것의 종류나 유형, 핵심 요소를 주변 핵심 키워드를 정하고, 그것과 연관된 시, 소설, 책, 영화, 음악, 미술, 이미지, 자연 현상이나 사물(비유), 명언, 고사성어, 속담 등 최대한 다양하게 찾아보는 겁니다. 동물이나 계절, 또는 특정 색이나 맛으로도 특징에 어울리는 것을 연결 지을 수도 있습니다.

 비유할 수 있는 것을 찾아 그것의 공통점과 차이점을 찾아보는 것도 연결하는 힘을 기르는 좋은 방법입니다.

### ③ 인간 유형과 맥락 이해로 소통 능력을 길러라!
### - 인간/상황 유형 분석하기

Wide 사유 훈련 세 번째는 매트릭스를 이용한 인간과 상황 유형과 패턴을 이해하고 분석하는 것입니다.

나 자신을 이해하고 다른 사람을 이해하는 좋은 방법 중 하나가 성격 유형 이해입니다. 이를 통해 자신과 다른 사람의 생각과 행동 그리고 감정을 이해하고 예측할 수 있게 됩니다. 당연히 이것은 좋은 인간관계 형성에서도 도움이 될 것입니다. 특히 소설을 읽으면서 저자 또는 등장인물의 성격을 분석하거나 각 유형별 생각을 예측하면서 다양한 인간의 욕구와 기대와 생각을 이해하는 경험을 갖게 하는 훈련입니다. 이를 위해서는 먼저 성격 유형에 대한 이해 과정을 갖고 그것에 기반해서 적용해 보는 과정으로 나눌 수 있습니다.

대표적으로 DISC, MBTI, 애니어그램, 사상체질(오행), 좌뇌우뇌형, 다중지능유형 등 다양한 도구를 활용하면 좋습니다.

**1단계:** 하나의 성격 체계를 선택 후 이해한 내용을 바탕으로 표를 사용하여 정리하기.
**2단계:** 자신과 주변 사람 그리고 책 속 인물들의 성격 진단 및 그 이유 만들기.

상황의 전체 맥락 이해하고 이를 바탕으로 SWOT 매트릭스 분석으로 다양한 행동 가능성에 대해 탐색할 수도 있습니다. SWOT 분석은 본래 기업의 내부 환경과 외부 환경을 분석하여 강점, 약점, 기회, 위협 요인을 규정하고 이를 토대로 경영 전략을 수립하는 도구입니다. 독서에서는 특정 인물(보통 주인공)의 상황을 분석해 보고 어떤 행동을 취하는 게 좋을까를 생각해 보는 훈련 도구로 이용할 수 있습니다. 상황을 분석한다는 것은 맥락을 파악하는 것입니다. 맥락이란 사건이 일어나고 있는 전후좌우 전체 상황에 대한 이해입니다. 시간적, 공간적, 시대적 배경과 인물들이 처한 환경에 대한 고려까지 하는 것입니다. 저자의 사고방식까지도 작품과 연관 지어 들어갈 수 있습니다. 또한 더 응용하여 매트릭스를 활용해 위험과 기회, 원인과 결과로 나누어 메시지를 뽑는 도구로 사용할 수도 있습니다. 즉 위험을 가져온 원인이나 나쁜 결과를 가져온 행위는 피해야 하고, 좋은 결과를 가져온 행위와 기회를 가져온 원인은 계속 발전시켜야 한다는 식으로 메시지를 뽑으면 됩니다.

**1단계: 전체 상황과 과정을 인과 화살표로 연결하여 정리**
**2단계: 내부와 외부, 유리한 점과 불리한 점으로 나누어 상황 분석 및 표 정리**
**3단계: 각각의 가능한 대응 전략을 생각하고 표로 정리**
**4단계: 교훈과 깨달음 메시지 뽑기**

## (2) 중급 인문 문해력 강화 생각법 - 딥와이드 씽킹 발전 훈련

사유 사색의 발전 훈련은 이해 중심의 독해력을 넘어 해석을 가장 중요시하는 문해력 집중 강화 훈련입니다.

이 훈련은 공감 훈련과 관점 훈련 그리고 개념 훈련 세 가지를 중심으로 스스로 자신만의 주제별 사전 만들고 활용하기가 더해져 이루어집니다.

공감 훈련은 탁월한 사람, 소설 속 등장인물을 선정하여 그 사람이 되어 보는 것입니다. 그 사람이 느꼈을 감정이나 생각을 추론하고 함께 느껴 보는 것입니다. 형식적으로가 아닌 진정으로 깊게 공감하려는 노력이 필요합니다.

관점 훈련은 문학 사상, 경제 사상, 과학 사상, 철학 사상, 예술 문화 사상 등 좀 더 커다란 차원의 생각의 흐름을 알아보고 다양한 관점을 형성하는 생각 훈련입니다.

개념 훈련은 사고의 결정체인 인문학적 핵심 개념들의 의미 구조와 맥락적 관계를 정립하는 훈련입니다.

중급 과정의 포인트는 자신만의 사전 만들기입니다. 앞서도 감정이나 강점, 가치의 사전을 만들고 활용하는 것을 강조했지만 여기서는 조금 더 자세히 자신만의 주제별 사전을 만들어 가는 것을 중요시합니다. 이때 중요한 것은 가능한 한 장 정리를 시도하는 것이고 각자 의미 있는 위치를 설정하는 것입니다.

사전 만들기는 많은 정보를 집약하고 분류하고 체계화하는 동시에 수시로 반복해서 찾아볼 수 있는 실용적인 도구를 만드는 것입니다. 단순히 주어진 책을 읽기만 하거나 파편적으로 정보를 접하고 흘려보내는 것이 아니라 스스로 사전을 만들면서 집대성하면 자기화 되고 맥락화되는 것입니다. 자기화는 기존 자신의 지식과 연결되며 의미를 갖는 것이고, 맥락화는 여러 여건과 상황에 따라 분류되어 두뇌가 활성화되고 응용력이 높아져 잘 활용할 수 있게 됩니다.

사전 만들기와 활용하기는 촘촘한 스키마가 되어 빈틈없는 고난도 사유 사색의 탄탄한 바탕이 되어줄 것입니다. 이는 최단기간 실력을 급격히 올려주는 확실한 필살기입니다. 집중적으로 관련된 것들을 모으고 이후 수시로 활용하며 추가 보완해가는 것은 모든 효율적인 학습 원리를 품고 있기 때문입니다. 집중 모드와 분산 모드 모두를 가장 효율적으로 사용하게 됩니다. 만들어진 사전은 그 분야의 기억의 궁전 또는 플랫폼 역할을 합니다. 계속 수시로 찾아보면서 익히고 그것을 바탕으로 보완될 것입니다. 컴퓨터 파일이나 바인더, 카드를 이용하면 됩니다.

각각에 대해 더 자세히 살펴보겠습니다.

## 💡 인물 사전과 역지사지 공감 분석: 천재의 뇌와 마음에 접속하라!

이 훈련은 소설 속 등장인물이나 인문 도서 저자가 되어 느끼고 생각하고 행동해 보는 겁니다. 즉 감정 이입을 통해 마음으로 작품 속 인물의 감정과 마음을 읽고 이해하도록 노력해야 합니다.

역지사지 읽기는 내가 누군가가 되어 느끼고 생각하고 경험하는 것을 최대한 그대로 하면서 그 사람이 되어 보는 겁니다. 타인의 생각의 과정과 결과를 추리도 해 봅니다. 주의해야 할 것은 그 인물이 무엇을 했는지 지식으로 기억하는 게 중요한 게 아니라 선택된 인물이 어떤 생각, 어떤 느낌과 감정, 어떤 의지를 가지고 글을 쓰거나 행위를 했는지를 공유하는 읽기입니다.

이것을 더 발전시킨다면 사물이 되어 어떤 생각, 느낌, 말, 의지를 가질지를 상상하는 훈련도 좋습니다. 그 인물에 빠져들어 오감과 감정, 생각을 메모하고 기록하고 정리해 두면 좋습니다. 이때 포스트잇과 견출지로 지적, 정의적, 생각의 영역 등을 색깔별로 표시하는 것도 좋습니다.

대표적으로 추천할 만한 인물들을 적어 보면 다음과 같습니다. 이들의 저서나 작품 이해에 도전해 보세요. 특히 이들의 사고방식과 삶의 태도를 사전으로 정리해 두면 좋습니다.

**국어 시간**
셰익스피어나 로버트 프로스트, 조지 소르소나 이어령처럼 생각하기.

**수학 시간**
피타고라스나 유클리드 또는 데카르트나 가우스처럼 생각하기.

**과학 시간**
마리퀴리나 뉴턴, 아인슈타인처럼, 정재승처럼 생각하기.

**역사 시간**
유발하라리나 아놀드 토인비, 유시민처럼 생각하기.

**사회 시간**
막스 베버(프로테스탄트 윤리와 자본주의 정신), 매슬로우처럼 생각하기.

**음악 시간**

비발디나 라흐마니노프처럼 생각하기.

**미술 시간**
피카소나 마우리츠 애셔, 백남준, 이중섭, 박수근처럼 생각하기. (한국현대미술가100인)

**기술 시간**
레오나르도 다빈치, 에디슨, 일론 머스크, 스티브 잡스처럼 생각하기.

**윤리 시간**
공자, 맹자, 토마스 아퀴나스, 율곡 이이, 퇴계 이황, 김용규. (도덕을 위한 철학통조림)처럼 생각하기.

**철학 시간**
소크라테스, 플라톤, 아리스토텔레스, 헤겔, 칸트, 데카르트, 니체처럼 생각하기.

비판적 읽기는 그 사람의 밖으로 나와 다른 사람과의 공통점과 차이점을 비교하기도 하고, 다양한 측면에서 분석하고 평가 및 분류하는 활동을 해 보는 것입니다. 참고로 그 시대에 대한 이해를 위해 역사적 상황에 대한 배경지식 글을 읽거나 관련 평론 글을 읽어 더 깊은 이해를 시도하는 것도 좋습니다.

## 💡 관점 사전과 프레임 사고
: 다르게 보고 싶으면 개념과 시점을 바꿔라!

Wide 사유 훈련에서 다루는 프레임은 두 가지입니다. 하나는 분류 검토 대상인 항목의 틀로서 프레임워크와 같은 프레임과 어떤 대상을 바라보는 관점과 생각의 틀로서의 프레임이 있습니다. 앞서 살펴본 완전 질문 프레임은 전자에 해당하고, 후자인 대상을 바라보는 생각의 틀이 지금 다루는 관점 스펙트럼 훈련의 프레임입니다.

레이코프는 그의 저서 《코끼리는 생각하지 마》에서 어떤 사람에게 '코끼리를 생각하지 말라'고 말하면 그 사람은 코끼리를 떠올릴 것이라고 합니다. 어떤 하나의 생각의 틀에 가두게 된다는 것입니다. 그는 '프레임이란 우리가 세상을 바라보는 방식을 형성하는 정신적 구조물이다. 프레임은 우리가 추구하는 목적, 우리가 짜는 계획, 우리가 행동하는 방식, 그리고 우리 행동이 좋고 나쁜 결과를 결정한다.'고 말합니다. 프레임은 관점의 포지셔닝인 거죠.

최인훈은 자신의 저서 '프레임'에서 프레임은 세상을 보는 마음의 창으로 자신을 조절할 수 있고, 프레임의 조절을 통해 변화하고 행복해질 수 있다고 합니다.

관점 스펙트럼 훈련 방향은 두 가지입니다. 하나는 어떤 사람의 정의나 주장 속에 들어 있는 프레임과 그것과 대비되는 프레임을 찾아보는 훈련이고, 다른 하나는 좀 더 큰 관점으로서의 사상 프레임에 대한 개념을 습득하고 어느 관점인지를 파악하는 것입니다.

홀수와 짝수의 프레임으로 나누면 모든 자연수는 이 안에 포함되기에 둘 중 하나로 정의하거나 해석할 수 있게 됩니다. 이를 발전시키면 빠짐없고 중복 없는 다양한 관점의 스펙트럼을 가지면 모두 어느 하나로 정의 가능하고 특히 그 생각의 렌즈를 다양하게 가지면 다양하게 해석할 수 있습니다.

뒤에 정리된 다양한 사상의 개념을 이해해 두는 것은 해석력과 이해력을 높이는 좋은 방법입니다. 분야별 사상사를 알면 다양한 관점을 가질 수 있고, 그 내용이 어떤 배경이 되는 사상과 생각을 가지고 있는지 파악할 수 있어 해석력과 독해력을 올릴 수 있습니다.

아래 표는 간단히 정리한 것으로 독립적 사상과 두 개의 대립되는 이항 사상이 있습니다. 각각에 대해 시대적 배경과 함께 흐름을 잡아 두고 책의 주장과 생각이 어떤 사상과 연관되어 있을지 수시로 확인하고 연결하는 훈련을 하면 좋습니다. 각 분야별 역사나 철학 관련 책을 읽어 보면 자세히 나옵니다. 웹 검색을 통해서라도 각각의 주장과 중요시 여긴 가치 등을 배경과 함께 정리해 두면 좋습니다.

| 분야 | 사상 관점 |
| --- | --- |
| 정치 | 공화주의 민주주의, 공리주의, 사회주의, 자유주의-보수주의, 사회주의와 공산주의<br>다원주의, 보수-진보, 파시즘 |
| 경제 | 중상주의―중농주의, 자본주의―사회주의, 자유주의―국가주의(고전학파 VS케인즈주의) |
| 사회 | 기능주의―갈등주의, 닫힌사회―열린사회 |
| 문화 | 절대주의―상대주의, 엘리트문화―대중문화, 헬레니즘-헤브라이즘 |
| 역사 | 실용주의, 실증주의, 유물사관, 계몽주의 관념론적 사관, 영웅과 대중, 우연과 필연 |
| 과학 | 절대주의와 상대성, 천동설과 지동설, 존재와 관계, 부분과 전체 |
| 도덕윤리 | 이기주의, 이타주의, 공리주의, 실용주의, 실존주의, 쾌락주의, 구성주의<br>목적론적 윤리설―의무론적 윤리설 |
| 문학<br>(문예사조) | 계몽주의―퇴폐주의, 낭만주의―사실주의, 주지주의, 실존주의, 계급주의, 자연주의 |
| 미술 | 비잔틴, 로마테스크, 고딕, 바로크, 로코코, 고전주의, 낭만주의, 자연주의, 사실주의, 인상주의, 야수주의, 표현주의, 입체주의, 추상주의, 다다이즘, 초현실주의 |
| 음악 | 르네상스, 바로크, 고전파, 낭만파 |

| 철학 | 절대주의, 상대주의, 회의주의, 소피스트, 플라톤, 아리스토텔레스 교부철학, 스콜라철학, 데카르트, 베이컨, 칸트, 니체, 하이데거, 비트겐슈타인, 실존주의 |
|---|---|

## 💡 인문 개념 사전과 스키마 구축
: 지식을 묶는 개념과 법칙을 잡아라!

탄탄한 생각의 기초를 세우는 방법 중 하나는 중요 개념이나 법칙을 학습하는 것입니다. 우선 개념의 힘을 확인해 볼까요?

아래 점들은 다양한 사건이나 현상들이라고 가정하겠습니다.

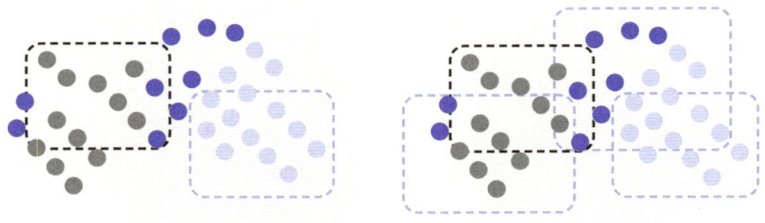

위 그림에서 왼쪽은 네모난 박스(벤 다이어그램) 안에 들어가는 점들과 들어가지 않는 점들이 있습니다. 반면 오른쪽은 네모 박스 안에 들어가지 않는 점들이 없습니다. 어떤 것은 중첩되기도 합니다. 네모난 박스가 의미하는 것이 개념입니다. 개념은 여러 현상과 내용을 담는 박스나 그릇과 같습니다. 개념이 있으면 많은 내용을 금방 몇 개의 개념으로 압축할 수 있게 됩니다.

개념은 이해의 도구인 동시에 해석의 도구입니다. 따라서 빠른 이해에도 도움이 되지만 다양한 현상들을 모두 담을 수 있는 충분한 개념을 가지고 있으면 어떤 현상도 해석할 수 있고 그것을 바탕으로 논지를 전개해 갈 수 있는 것입니다. 하나의 현상에 다양하게 중첩되는 개념들을 가지고 있으면 다른 것과 연결 짓거나 다양하게 해석할 수도 있습니다.

높은 수준의 뛰어난 개념어는 먼저 살펴본 인물이나 사상의 관점과 이후 살펴볼 패턴들과 함께 읽는 내용을 빠르게 포괄해서 이해하고 해석하며 예측할 수 있게 해 주는 지식의 그물 또는 자석 같은 역할을 합니다.

핵심 개념은 중심 축 역할을 하면서 많은 내용을 압축해 주어 인지과부하를 줄여 주고, 명확하게 생각하는 힘을 주어 뚜렷하게 대상을 파악하고 막연한 사유를 벗어나게 해 줍니다. 또한 본질을 파악하거나 세상을 보는 눈을 갖게 함은 물론 개념들을 연결하여 새로운 생각과 개념을 생성하는 힘도 지니고 있습니다. 개념 훈련은 앞서 살펴본 인물이나 사상에서 중요시 여기거나 많은 것을 포괄할 수 있는 핵심 개념들의 의미 구조와 관계를 정립하는 훈련입니다.

개념어는 가리키는 대상들에서 공통되게 존재하는 본질을 파악하여 어떤 추상적인 관념을 나타낸 말입니다. 사과, 고양이 하면 여러 종류의 사과 고양이에서 공통으로 존재하는 속성과 형상을 말하는 겁니다. 여기서 말하는 핵심 개념은 보다 추상적이며 포괄적인 개념으로 많은 상황에 적용할 수 있는 일반적 개념을 의미합니다. 동물은 사과, 고양이를 포괄하는 개념이 됩니다. 중요 개념들 예로는 실제 사회 현상을 파악하는 데 도움이 되는 "패러다임", "변증법", "판옵티콘" "레드오션과 블루오션" 등과 같은 철학 문화 등의 인문적 개념들과 "만유인력", "이기적 유전자", "진화" 등의 포괄적 의미로 발전할 수 있는 일부 과학적 개념들이 있습니다.

개념들은 대표적인 상징적인 정신 모형을 만들어 두면 좋습니다. 일례로 2011년 수능 국어 지문에 나온 헤겔의 변증법 정신 모형은 아래와 같습니다.

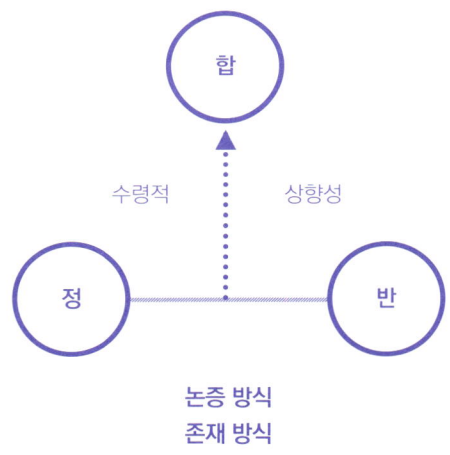

위와 같은 변증법 정신 모형이 있었다면 문제 지문을 읽어 가며 뼈에 살을 붙이듯 위 그림에 내용을 연결할 수 있었을 것입니다. 지문의 글자들을 그대로 머리에 사진 찍듯이 이해하고 기억할 수는 없습니다. 오히려 글이 설명하는 대상의 정신 모형을 머리에 그리면서 형상화하고 연결 지어 모형을 만들어야 본질적 이해와 기억 및 회상을 수월하게 할 수 있습니다.

평소 개념을 상징하거나 비유하는 단순 모형을 만들어 두면 새로운 것을 쉽고 빠르게 인식할 수 있는 그릇이 되어 줄 것입니다. 아래의 그림처럼 먼저 정반합 모형이나 모델을 설정해 두면 먼저 제시된 모형이나 모델을 틀로 삼아 설명하는 관련 내용을 모형에 연결 짓거나 개념 틀에 맞게 담을 수 있게 되는 것입니다.

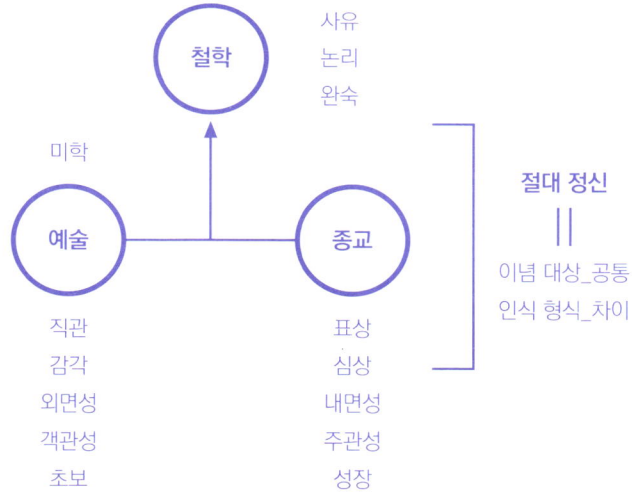

많은 개념을 알고 책을 읽다 보면 일부분만 읽어도 그 책이 다루는 주제와 그 저자의 중심 생각이 읽혀집니다. 이는 한두 단어나 문장으로 압축되어 이후 책 내용의 구조와 흐름이 예측됩니다. 그리고 실제 글을 읽어 가면서 내용을 스펀지처럼 다 빨아들이거나 자석처럼 착착 달라붙게 합니다. 그 결과 독해력도 좋아지고 책을 읽는 속독도 급격히 빨라집니다. 이때 스펀지나 자석과 같이 지식과 정보를 흡수하는 역할을 하는 게 핵심 개념 주제어나 관점 패턴 스키마입니다. 예를 들어 어떤 주제에 대해 아는 게 많으면 그것을 축으로 새로 읽는 내용을 연결하거나 담는 겁니다.

[인문 개념]
변증법, 패러다임, 헤게모니, 이데올로기, 싱귤래리티(기술적 특이점), 기시감, 똘레랑스, 노블레스 오블리주, 자본주의, 빅뱅, 빅브라더, 미메시스, 미장센, 디아스포라, 뫼비우스의 띠, 오컴의 면도날, 유토피아, 제로섬, 카오스, 코기토, 클리셰, 페르소나, 시뮬라크르 시뮬라시옹, 모순, 엔트로피, 파시즘, 형이상학, 조중동, 포퓰리즘, 티핑 포인트, 넛지, 에티톨로지, 소외, 부조리 등

여기서 다루는 사고의 결정체인 개념은 과학처럼 구체적이고 단일한 의미를 갖는 게 아니라 복합적인 뜻을 가진 사회인문학적 개념들입니다. 이 개념들은 인접한 개념들과 연관되고 중첩되는 경우가 많아 정확한 정의를 외우는 게 아니라 그 개념의 전반적 이미지를 그리고 상황이나 맥락에 따른 다양한 의미를 재규정 해 두는 게 중요합니다.

평소에 중요 개념들의 의미를 찾아보고 자신만의 정의를 내려 정리하는 개념 사전을 만들고 익히면 좋습니다. 분야별로 개념 설명된 책을 활용하는 것도 좋습니다.

[법칙 사전]
- 심리 법칙: 자기 충족적 예언(피그말리온 효과), 살리에리 증후군, 학습된 무력감, 베르테르 효과, 인지 부조화 이론, 지각적 범주화 등
- 사회 법칙: 파레토법칙, 확증편향, 맥거핀 효과, 가르시아 효과, 파킨슨의 법칙, 공유지

의 비극, 플라세보 효과, 살리에르 증후군, 죄수의 딜레마, 앵커링 효과 등
- 물리 법칙: 옴의 법칙, 플레밍의 왼손 법칙, 관성의 법칙, 작용과 반작용의 법칙 등
- 기술 작동 메커니즘: 비행기, 선풍기, 복사기 등

법칙도 하나의 개념으로 볼 수 있습니다. 책을 많이 읽다 보면 일부분만 읽어도 그 책이 다루는 주제와 그 저자의 중심 생각이 읽혀집니다. 개념이 잘 잡혀 있는 경우가 그렇습니다.

## (3) 고급 인문 리터러시 강화 생각법 - 딥와이드 씽킹 완성 훈련

3단계 사유 사색 완성단계 훈련은 이제 자신의 감상과 생각이 중심이 되고 책이나 다른 사람의 생각은 보조적인 재료가 되는 것으로 태세 전환이 이루어집니다. 누군가의 의견과 생각에 의존하지 않고 온전히 스스로 느끼고 상상하고 해석하는 것입니다. 철학 이론을 배우고 누구의 의견과 해석을 구하는 것이 아니라 스스로 예술적 상상과 철학적 사고 행위를 하는 것으로 보면 됩니다. 오롯이 자신의 오감과 공감에 기반한 감성적 사유인 [메타 감상]과 자신에 대한 의식과 마음을 살피며 사유하는 [메타 성찰] 그리고 특정 대상과 주제에 대한 사유 사색 훈련인 [메타 궁리]훈련으로 이루어집니다. 앞서 최상급 인문 독서의 감상, 성찰, 궁리 기술들은 주로 책에서 힌트와 답을 찾는 것이라면 여기서는 철저히 자신의 마음과 머릿속에서 생각을 통해 찾아내는 것입니다.

사유 사색 완성 단계에서는 앞서 언급했던 메타 인지 사고가 본격적으로 작동해야 합니다. 감상, 성찰, 궁리 각 과정에서 스스로 자신의 상황과 목표를 잘 인식하고 목표에 이르기 위해 상황에 따라 절절한 방법과 목표를 잘 조절하여 문제를 해결하거나 목표에 도달해야 하기 때문입니다.

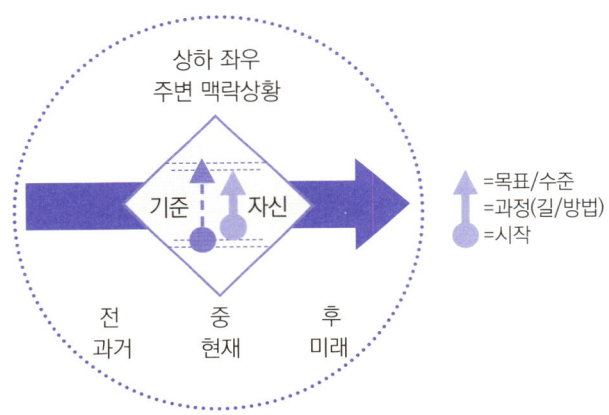

구체적인 메타 인지 과정은 "각성과 성찰" 또는 "자기 점검(셀프 모니터링)과 자기 조절(셀프 피드백)" 또는 "상황 문제 인식과 문제 해결"처럼 두 단계로 이루어집니다. 메타인지 과정에서 인지해야 할 대상은 1)시간적인 변화와 2)주변 상황 그리고 3)정한 목표의 성취 기준과 4)자기의 상황 네 가지입니다. 자신의 현재 상황과 목표점을 파악하고 올바른 방향을 따르고 적절한 진행 상황에 있는지 판단하며 자신을 조절해 가는 겁니다.

## 💡 메타 감상 사유하기
### : 내 안의 감성의 눈을 회복해 세상의 찬란한 아름다움을 경험하라!

"진정한 발견은 새로운 땅을 찾는 것이 아니라 새로운 눈으로 보는 것이다."는 프랑스 소설가 마르셀 프루스트의 말로 새로운 해석과 감상의 중요성을 잘 나타냅니다.

메타 감상은 보다 심미적인 감각을 키우는 사유 훈련입니다. 앞서 감상 독서는 감성적인 도서의 문학적 감수성을 주로 다루었다면 메타 감상은 이 외에도 비, 바람, 눈 등의 자연과 미술 작품, 음악 작품 등에 대한 예술적 감수성까지 포함하여 신비로움, 성스러움, 고결함, 아름다움, 찬란함, 황홀함 등의 보다 높은 수준의 감성을 느끼고 의미와 가치, 아이디어를 찾아 대화를 시도하는 것입니다.

이는 우리 내면에 잠자고 있는 보이지 않는 것을 보는 어린 왕자의 눈과 새로움을 보는 시인의 눈을 일깨우는 것입니다.

메타 감상은 주변 사물과 작품에 최대한 마음을 열고 만나야 합니다. 사물을 자세히 보고 오래 보는 깊이 있는 관찰 속에서 통념을 깨는 새롭고 자유로운 시각과 반복적인 질문을 통해 마침내 통찰하는 마음의 기술을 배워야 합니다. 강신장과 황인원의 《감성의 끝에 서라》에서 제시하는 시인의 눈 갖기가 좋은 방법 중 하나입니다. 시인의 눈은 사물과 일체가 되어 사물의 마음을 보는 겁니다. 시인의 눈으로 감성의 끝에서 새로운 발견과 가능성이 열린다고 합니다. 감성으로 창의성을 발휘하고 아이디어 발상을 해서 새로움에 도전하라고 합니다. 구체적인 방법으로 감성의 눈 뜨기, 관찰의 눈 뜨기, 연결과 융합의 눈 뜨기, 역발상의 눈 뜨기라는 멋진 방법을 제시합니다.

### 감성의 눈 뜨기

내가 어떤 대상이 되어 어떤 느낌을 느끼거나 어떤 마음을 가질지 생각해 보고 그 이유를 생각해 보는 것입니다. 모든 사물의 입장에서 역지사지하고 마음을 읽는 일체화가 가장 우선입니다.

### 관찰의 눈 뜨기

관찰을 통해 형태와 양태 등을 살피고 특징을 추출해 새로운 이유와 의미를 부여하는 것입니다. 일례로 자신이 어떤 의자나 식물 등 대상이 되어 어떤 행동을 왜 어떻게 하는지 이유를 만들어 주는 것입니다. 관찰의 눈은 한 알의 모래알 속에서 세계를 보고, 한순간 속에서 영원을 보며, 물방울에서 우주를 보는 것입니다. 또한 사물에서 인간의 마음과 생각을 보게 해 줍니다.

### 연결과 융합의 눈 뜨기

비유나 은유의 대상을 찾아 그 대상과의 모양, 느낌, 의미, 움직임 등의 유사점을 찾는 것입니다. 우선 각자 대상에 대해 느낌이나 상징하는 것들을 다 나열해 보고 같은 느낌을 주거나 의미를 주는 대상을 찾으면 됩니다.

### 역발상의 눈 뜨기

그 대상이 느끼고 생각했을 것을 뒤집어 보는 겁니다. 즉 역설, 모순 잇기, 반전 비교, 새롭게 의미를 부여하는 재조명, 다른 용도로 변신하기 등으로 반대되는 의미들로 바꾸어 생각해 보는 것입니다.

감수성은 좋은 시나, 에세이를 읽으며 간접 체험으로 기를 수도 있습니다. 더불어 서양의 고대 자유 예술학에서 기초 3학인 문법, 논리, 수사라는 트리비움에서 의도적으로 '수사'를 적극 활용해 보는 것도 좋은 방법 중 하나입니다. 국어에서도 배우는 비유법, 강조법, 변화법 등과 같은 수사법을 만들어 보려고 노력하는 것입니다.

특히 직유, 은유, 의인, 활유, 대유법 등 비유를 하려면 그와 같은 생각이나 특징을 가진 대상을 생각하고 감성을 유발할 수밖에 없습니다. 대구, 도치, 역설, 반어법 등 변화법을 쓰려고 노력하면 연결과 융합, 역발상의 눈을 뜰 수 있는 계기가 만들어집니다. 학문적으로 배우는 것을 실용적으로 사용하여 진짜 삶에 도움이 되도록 하는 것입니다.

이를 바탕으로 시나 소설을 쓰거나 그림을 그리거나 음악을 작곡하는 데까지 발전하면 금상첨화일 겁니다.

참고로 감상적 사유를 불러일으키는 질문들에는 다음과 같은 것들이 있습니다.

- 노란색이 주는 감정은 무엇일까? 왜 그럴까? 노란색은 진짜 노랑일까, 아니면 노란색처럼 보이는 것일까?
- 동그라미 모양과 네모의 차이는 뭘까? 각각의 모양이 주는 느낌은 뭘까? 각 모양은 어떤 힘을 가지고 있을까?
- 내가 태양이라면 지구와 우주를 보며 무엇을 느낄까?

- 세상에서 가장 아름다운 사과(謝過)는 무엇일까?
- 세상에서 가장 아름다운 사람은 누구일까?
- 세상에서 가장 빠른 것과 느린 것은 무엇일까?
- 누구나 위대해지는 방법은 무엇일까?
- 세상에서 최고의 가치는 무엇일까?
- 사회에서 안경과 같은 역할을 하는 것은 무엇이 있을까?
- 거울 또는 자석에서 어떤 신비함을 찾을 수 있을까?
- 찬란한 슬픔을 느낄 수 있는 경우는 언제일까?
- 시곗바늘이 반대로 움직이면 어떻게 될까? 어떤 느낌일까?

## 💡 메타 성찰 사유하기: 내 안의 밝은 빛을 찾아 세상을 비춰라!

최근 작고한 이어령 교수는 한 인터뷰에서 "생의 진실은 모든 게 선물이었다."라고 고백합니다. 평등은 능력과 환경이 같아서가 아니라 모든 인간이 다 다르고 유일하기 때문이라고 말합니다. 유니크함의 평등, 디지털과 아날로그의 융합인 디지로그 등 그가 제시하는 성찰과 통찰은 우리 삶의 지표가 되어 줍니다.

의식 수준을 높여 주고, 지속적인 성장을 가져다주는 성찰은 우리 삶에 중요한 행동입니다. 어느 수준까지는 책을 중심으로 메모도 많이 하고 저자의 생각과 내용을 중심으로 자신을 관찰하며 읽어 갑니다. 하지만 어느 순간이 되면 스스로 자신의 삶 자체를 입체적으로 성찰할 수 있는 단계가 옵니다. 나와 주변에서 생각과 깨달음을 발전시킬 수 있는 단계입니다.

성찰에 대한 네 가지 영어 단어는 성찰의 특성을 잘 보여 줍니다. 참고로 한자나 영어의 어원을 확인하는 것은 몇 천 년의 인류의 생각의 기원과 유산을 볼 수 있는 좋은 방법입니다. 이어령 선생님도 어원은 언어적 상상력을 기를 수 있는 좋은 수단이며 어원으로 모든 문제를 접근한다고 합니다.

**성찰의 네 가지 표현**

Reflection의 Re는 '뒤' 또는 '다시'라는 어원적 의미를 지닙니다. 즉 반사의 의미로 어떤 대상에 비교하고 대조해 보며 반추해 보는 겁니다. 헨리 되디거는 그의 저서 《어떻게 공부할 것인가》에서 반추는 돌이켜 보는 행위로, 전에 배운 지식과 훈련 내용을 인출하기, 이것을 새로운 경험과 연결하기, 다음에 시도해 볼 다른 방식을 시각화하고 머릿속에서 연습하기 등입니다. 우리가 읽는 책들은 어떤 방향과 기준을 줍니다. 그 기준에 빗대어 우리 자신을 돌아보는 겁니다.

Introspection의 Intro는 '안으로'라는 의미를 가집니다. 즉 내면을 살펴보는 겁니다. 자신의 속마음 또는 감정은 어떤지 그리고 다른 사람이 아닌 자기 자신의 생각은 어떤지 들여다보는 겁니다.

Soul-searching은 영혼, 즉 내 안의 나를 찾아 대화를 나누며 의미와 성장을 위한 메시지를 찾는다는 의미로 이해할 수 있습니다.

Self-examination은 스스로를 시험하고 조사, 진찰하는 것이 성찰이라는 겁니다.

스스로 하는 메타 성찰은 1)성찰 대상을 분류하기, 2)판단 기준 세우기, 3)판단하기라는 세 가지 과정이 필요합니다.

### 성찰 대상 분류하기

막연히 '성찰해 보자'고 의지를 갖는다고 생각이 나지는 않습니다. 우선 메모지에 성찰할 대상의 특징과 성찰할 범주 또는 영역을 분류하여 메모해 보는 게 좋습니다. 마치 체크 리스트를 적듯이 건강, 인간관계, 자기 계발, 업무(공부) 등으로 나누고 그 각각에 대해서 나의 현재 모습은 어떻고 이대로 있으면 어떻게 될 것이고 무엇이 충분하고 부족한지 점검하는 겁니다.

### 판단 기준 세우기

각각의 특성에 맞는 판단 기준을 세워야 합니다. 판단 대상은 상대적 기준으로 과거의 자신일 수도 있고 성공한 사람이나 성인 등 다른 사람의 삶과 주장이 될 수도 있습니다. 또는 일반적이고 보편적인 기준에 견주어 판단할 수도 있습니다. 상황과 맥락에 적합한 합리적인 생각과 행동(이해관계, 명분, 현실설, 논리적 타당성, 적합성, 진정성 등)이었는지, 인권, 자유, 평등, 정의 행복, 생명, 환경, 또는 양심 등 보편적 기준일 수도 있습니다. 어쩔 수 없이 타인 또는 자신에게 피해를 주어야 하는 경우는 적합성 필요 최소성, 상당성 등을 확인해야 합니다.

### 판단하기

판단은 상황과 기준을 대비하여 평가하고 결정하는 것입니다.
- 나의 이 행동은 이익을 가져오는가? 해악을 가져오는가?
- 만약 누군가에게 피해를 준다면 피해보다 더 큰 유익이 있는가?

필요 최소한의 정당한 선택인가?
- 윤리 도덕적 명분에 어긋남은 없는가?
- 현실적으로 가능한가?
- 논리적으로 타당하고 건전한가? 충분한 이유가 있는가?
- 자신의 정체성과 본질에 어긋남이 없는가?
- 진심으로 내 마음으로 원하는 것인가?

### 💡 메타 궁리 사색하기
: 내 안의 잠든 거인을 일깨워 생각의 쾌락을 즐겨라!

궁리 독서에서 살펴봤듯 궁리(窮理)는 사물의 이치를 깊이 연구하거나 일 처리를 개선하기 위해 마음속으로 이리저리 따져 다시 묻고 깊이 생각하는 것을 말합니다. 메타 궁리는 보다 추상적인 주제나 인식 방법들에 대해 끊임없이 질문을 더해가며 더 깊고 높게 고찰하고 통찰에 이르는 것입니다. 통찰은 대상과 주변, 겉과 속 모두를 꿰뚫는 것입니다.

궁리는 지속적인 다시 묻기입니다. 이 훈련은 글을 읽다가 또는 일상 속에서 그 의미나 의도 또는 원리가 이해가 가지 않거나 명확하지 않을 때 또는 판단하거나 해결해야 할 어려운 생각 거리를 화두로 뽑아 자명해질 때까지 개념과 문제를 정의하고 끝까지 생각하는 겁니다.

서울대 황농문 교수가 주장하는 창의적 문제 해결력을 기르는 몰입과 같은 것입니다. 그는 적절한 고난도의 문제를 하나 선정해 화두로 삼고 참선하듯이 시간이 날 때마다 생각해 볼 것을 권합니다. 즉 읽기보다 생각을 통한 답을 찾는 것에 더 많은 시간을 투자하자는 것입니다.

궁리는 1)어떤 대상과 상황을 떠올리고 2)생각할 영역과 방향, 초점을 정하고 3)각각에 대해서 다양하게 생각해 보는 것입니다.

### 궁리 대상

궁리 대상은 무엇이든 됩니다. 하지만 역시 막연할 때는 다음 예를 참고해서 활용하면 좋습니다. 이것들은 이견이 있는 중요한 화두나 근본적 이슈들입니다.

**[화두 관점 사전]**
- 이상적인 모습을 다시 묻다: 이상적인 인간, 이상적인 국가, 진/선/미, 삶과 죽음, 아름다운 삶.
- 가치와 기준을 다시 묻다: 정의와 희망 / 평등과 다양성 / 자유와 자기실현 / 공동체와 민주주의 생명과 자연 / 아름다움과 사랑 / 생명 /부와 명예와 권력 / 아레테/ 로고스/ 인테그너티/ 인권(헌법)/ 책임.
- 행위를 다시 묻다: [정서적 행위]: 사과와 용서, 중독, 유혹, 설득, 경쟁, 배려, 거짓말, 편견, 고정관념, 차별, [인지적 행위]: 언어와 사고, 이해와 기억, 생각, 탐구, 기록, 느끼기, 융합. (흥망성쇠 필요충분조건, 요건, 메커니즘, 종류와 유형, 온전성 본질, 기능 등)
- 이슈를 다시 묻다: (논술 기출/시사) 전쟁, 기후, 교육, 노동.
- 개념을 다시 묻다: 소외, 부조리 등.
- 생각을 다시 묻다: (메타 철학) 자격의 조건, 가상과 실제, 자유 의지, 규칙은 반드시 따라야 하는가?, 시간, 생명의 가치의 존재 유무.

- 감정을 다시 묻다: 사랑, 두려움, 중독의 메커니즘.
- 구성을 다시 묻다: 짜임, 반영, 플롯.
- 생각 패턴을 다시 묻다. (생각 렌즈 프레임워크): 대립 구도로 읽기, 규칙성을 찾는 읽기, 겹눈 사고.

- 개념 이항 대립 다이얼: 개인의 자유와 책임-공동체의 유대와 연대, 규제-자율, 실존-생존, 이해타산-정의 명분, 이성-본성, 인위적-자연적, 질서-혼란, 성장-분배, 개발-보존, 효율성-형평성, 자유-평등, 자유주의-사회주의, 공산주의-자본주의, 자유주의-민주주의, 열린-닫힌, 절대적-상대적, 헬레니즘-헤브라이즘.
- 관점 이항 대립 다이얼: 성선설-성악설, 인과론-목적론, 본질-실존, 연역-귀납, 사실-해석, 인과 관계-상관관계, 조건부-무조건부, 개체론-전체론, 개인적-집단적, 논리실증주의-패러다임, 자연 선택-용불용설, 현상-본질, 제도-인간, 구체적-추상적 개념, 실체론적-관계론적, 의도-실제 결과, 하위-상위, 동양-전체-통합-공동체 vs 서양-부분-분리-개인, 신체적-정신적, 순차적-동시적, 선천적-후천적, 묵시적-명시적, 기계적-유기적, 과정-결과, 상실-회복, 수동-능동, 기초-적용, 인풋-아웃풋, 이론-실제, 공격-방어, 생산-소비, 프로-아마추어, 기존-신규, 질-양, 원-근, 출-입, 생-사, 안(내적)-밖(외적), 동적-정적, 선-악, 주관-객관, 고정-변동, 보편성-개별성, 절대적-상대적, 경직-유연, 연속-불연속, 점-선.
- 3항 사고: 준비-실행-마무리, 따라 잡기-바로 하기-뛰어 넘기, 상-중-하, 대-중-소, 과거-현재-미래, 고체-액체-기체.
- 4항 사고: 상하좌우, 흥망성쇠, 동서남북, 더하기-빼기-곱하기-나누기, 봄-여름-가을-겨울.

### 생각의 초점

생각의 초점은 다음에 나열된 것들입니다. 특징은 눈에 보이지 않는 것들이 대부분이라는 것입니다.

| Where생각대상 | WHAT초점 | HOW생각행위 | |
|---|---|---|---|
| [눈에 보이는 것들] | [눈에 보이지 않는 것들: 맥락/본질] | 상태 | 조작 |
| 모형 상상<br>[요소구조+작용변화] | [사이] 관계/성질/패턴<br>[이면] 마음/의미/원리<br>[너머] 의도/가치/원칙<br>[배경] 조건/환경/전제<br>[전후] 원인/변화/영향 | 견주기 비교/대조/비유/유추<br>풀이하기 본질/기능/조작/관계<br>보이기 상위/하위/사례/이론<br>아우르기 종류/유형/순서/위계<br>밝히기 구조/환경/순환/복합<br>따지기 정의/해석/대안/변증 | 형상화/추상화<br>재배열/뒤집기<br>나누기/합하기<br>전환/변형/연결<br>강화/약화(확장/축소)<br>비우기/채우기 |

### 생각 행위

궁리라는 사색 행위도 그냥 "궁리하라"라고 하지 말고 보다 세분화하면 더 효과적이고 다차원적으로 생각할 수 있습니다. 특성을 견주어 비교해 보고, 기능이나 관계 등을 풀이하고, 사례나 이론을 보이고, 아울러 유형을 규정하고, 조건을 밝히고, 가능성 등을 따질 수 있습니다.

위의 세 가지 영역을 조합해 질문을 만들며 생각하면 됩니다. 예를 들어 '사과'(赦過)를 대상으로 궁리한다면 다음과 같이 질문을 만들면 됩니다.

- 사과의 요소는 무엇이고, 어떻게 작동할까?
- 사과의 조건, 원칙, 성질, 영향은 무엇일까?

- 사과와 용서의 관계는 무엇일까?
- 사과의 종류는 무엇일까?
- 어느 정도의 사과가 용서를 받을 수 있을까?
- 사과와 용서 사이에는 어떤 것이 있을까?

이런 훈련을 하나하나 직접 경험하면서 개념화하면 놀라운 경험을 하게 됩니다. 심지어 공부의 재미와 실력이 차원이 다르게 향상되기도 합니다. 특히 어려운 공부에서 도움이 많이 될 것입니다.

궁리라는 사색과 뒤에 소개될 생산적 사고를 이어 주며 통합해 줄 수 있는 사고 도구로 루트번스타인 부부의 「생각의 탄생」에서 소개한 열세 가지 생각 도구가 있습니다. 이들은 기존 지식을 어떻게 활용하고 통합해서 혁신적인 새 지식을 창조하느냐에 관심을 갖습니다.

---

《생각의 탄생》에 소개된 '13가지 생각의 도구'

1. 관찰: 보고 듣고 만지고 냄새 맡고 맛보고 몸으로 느끼기
2. 형상화: 느낌과 감각을 기억해서 다시 불러내거나 어떤 심상을 만들거나 머릿속에 떠올리기
3. 추상화: 복잡한 사물과 형상들을 몇 가지 원칙들로 줄여 환원시키는 단순화 작업
4. 패턴인식: 법칙과 구조를 발견하고 의도를 파악하기
5. 패턴형성: 단순화한 요소들과 인식한 패턴을 기발한 방법으로 조합하기
6. 유추: 한 분야에서 발견하고 형성한 패턴을 다른 분야에 적용해 그곳에서도 똑같은 패턴을 발견하기
7. 몸으로 생각하기: 생각이 언어와 상징으로 표현되기 이전에 감각과 근육과 피부를 타고 느낌으로 다가오게 하기
8. 감정 이입: 자신을 잊고 대상과 하나가 되기
9. 차원적 사고: 사물을 평면에서 끄집어내어 시간과 공간의 한계를 넘어서까지 생각할 수 있는 상상력
10. 모형 만들기: 어떤 대상과 개념을 모형으로 만들기 위해 다양한 사고와 손재주의 결합하기
11. 놀이: 호기심을 가지고 기존의 관습적인 절차나 법칙 등에 즐겁게 도전해 보기
12. 변형: 생각 도구들 사이 또는 생각 도구들과 언어와 같은 표현 방법 사이에서 일어나는 변환하기
13. 통합: 여러 감각을 공감각화하거나 동시다발적이고 전체적으로 감각과 지성을 이어주고 종합하기

---

열세 가지 생각 도구를 다음과 같이 재구성하고 재해석해서 아래 다섯 가지 양상으로 정리해 활용할 수 있습니다. 자세한 내용은 책을 참조해 주세요.

- 감각화(객관화): 관찰.

- 상상화(입체화): 형상화, 차원적 사고.

- 단순화(일반화): 추상화, 패턴 인식, 패턴 형성.

- 자기화(생명화): 유추(전이), 몸으로 생각하기, 감정 이입.

- 창조화(연결화): 모형 만들기. 놀이, 변형, 통합.

감각화는 다른 사람이 하는 말만 들으려 하지 말고 직접 보고 만지고 맛보고 체험하며 오감으로 느끼고 직접적으로 경험하여 생동감을 느끼는 것입니다. 다른 사람들의 의견만 듣지 않는 것을 말합니다.

상상화는 어떤 것이든 그려지도록 노력하고 특히 입체적으로 그리고 시간의 흐름에 따른 변화까지 상상해 보라는 겁니다.

단순화는 복잡성에서 중요한 것을 중심으로 질서와 규칙을 발견하거나 공통점과 차이점을 찾아 일반화하거나 새로운 패턴을 만들어 보는 겁니다.

자기화는 직접 그 대상이 되어 감정을 느껴 보거나 다른 유사 영역으로 전환해서 사용할 수 있는 여지를 찾거나 비유를 만들어 보는 겁니다.

창조화는 종합하여 새로운 모형을 만들고 놀이하듯이 다양하게 조작해 보고 변형해 보고 결국엔 이미 알고 있는 지식 원리 원칙 체계 속에서 어떤 위치에 있는지 배열하고 연결해 봅니다.

이 로버트 루트번스타인의 열세 가지 사고 도구 하나하나는 많이 압축된 개념들입니다. 하나만 제대로 하는데도 시간과 에너지가 많이 들 수 있습니다. 인문 독서의 심플의 원리와 지식 독서의 몰입 가속의 원리에서 말했듯 하나라도 제대로 여러 번 할 때 힘이 생기는 겁니다. 무거운 역기 한번 들었다고 근육이 생기는 것이 아닙니다. 하나하나가 생각의 근육이 되고 힘이 되도록 해야 합니다.

# 4.
# 씽킹 트랙 TWO
# (Core인지와 +Alpha사고)
지식 학문을 위한 공부 감각 생각법
: 공부에 강한 지식 학문의 힘을 단련하라!

과학적 사고와 공학적 사고를 바탕으로 한 인지 사고하는 방법을 제대로 알고 단순히 학습을 넘어 탐구와 창조의 단계까지 발전하면 이 세상이 내 품 안에 들어오는 것 같은 기분이 들어 흥분될 것입니다.

최근 AI로 인해 인지 사고에 대한 연구가 급격히 발달하면서 새로운 뇌 과학에 대한 연구 결과가 많아졌습니다. 학문적으로 인지 사고는 사실이나 개념 또는 절차나 원리 등을 이해, 기억, 적용, 분석, 발견, 평가, 활용 등을 하는 활동입니다. 한국교육개발원은 인지 사고의 중요 요소로 범주화, 순서화, 비교 대조, 속성 및 요소 파악, 핵심 아이디어 식별, 오류 확인, 귀납 연역 유추 등을 듭니다.

인지 사고 씽킹은 앞서 지식 독서 공감 리딩과 비슷해 보이지만 가장 중요한 차이는 같은 활동이라도 책 중심의 인풋이 아니라 생각 중심 아웃풋 활동이라는 것입니다. 다시 말해 씽킹은 출력 중심의 생각 훈련입니다.

　인지 사고에서 중요시하는 건 체계성과 핵심 파악 그리고 확장력(전이 응용)과 압축 능력입니다. 체계적으로 연결되어 있는 지식의 구조를 파악하고 그것을 목적에 따라 편집해서 무엇인가를 만들어 내면 되는 것입니다. 외부에서 정보와 아이디어를 자신의 머릿속으로 흡수하고, 이것을 새로운 것으로 융합하거나 새로운 지식의 구조를 설계하거나 변형하는 작업을 해서 머리 밖으로 결과물을 생성해 내놓는 것입니다.

　사유와 사색은 탐험이나 여행 또는 놀이와 같다면 인지와 사고는 노동이나 창조 작업과 같습니다. 여기서 제시되는 방법들은 교과 공부의 기초가 되기도 하고, 탁월한 핵심 인지 기술이나 역량의 훈련 도구가 되기도 합니다. 구체적이고 정교한 공부법은 따로 소개하기로 하고 여기서 제시하는 기술들을 잘 습득하면 비문학 독해력은 물론 논술이나 논문, 책 쓰기의 기초도 세워질 것입니다. 자신의 수준에 맞게 선택해서 잘 훈련해 보시기 바랍니다.

## Tip 격물치지 자세와 스키마 기술을 가져라.

인지와 사고의 근본 바탕에는 격물치지 자세와 스키마 이론이 있습니다.

인지와 사고를 함께 융합할 수 있는 대표적인 자세가 '격물치지'입니다. 격물치지란 '모든 사물의 이치를 끝까지 파고들어 자명한 앎에 이름'을 말합니다. 앎에 이를 때까지 계속 파고드는 독서 및 생각 방법으로 대단히 유용한 접근법입니다.

"사물의 이치를 궁구할 때는, 반드시 깊이 생각하고 힘써 연구하여 의심할 게 없는 곳에서 의심을 일으키고 의심을 일으킨 곳에서 의심을 일으켜, 곧 완전히 의심이 없는 경지에 이르러야 한다. 그런 뒤라야 환히 깨달았다고 할 만하다."

정조가 규장각 문신들과의 대화에서 한 말입니다. 대충 알지 말고 확실히 알 때까지 시작과 끝, 원인과 결과, 사물의 본성과 작동 원리를 완전히 파악해야 한다는 것입니다. 이는 특히 송대 성리학에서 학문과 수양을 위한 방법론으로 매우 중시된 개념인데 이것이 현대의 교육 과정에서 약화되었습니다. 사라진 기술이 된 것이죠. 인문학 강좌를 많이 듣고 인문학 책을 많이 읽는 것에 머무르면 안 됩니다. '격물치지'로 스스로 생각하고 여러 주제에 대한 자신만의 명확한 생각의 정립이 필요합니다. 스스로 납득이 되고 다른 사람도 납

득시킬 수 있을 정도로 말이죠.

격물치지는 사물의 이치를 끝까지 파고들어 가면 앎에 이른다는 주자의 생각과 마음을 바로잡으면 양지에 이른다는 왕양명의 생각 두 가지 관점이 있습니다. 주자는 사물의 이치를 왕양명은 마음의 눈을 먼저 뜰 것을 주장한 것입니다. 왕양명은 나쁜 마음과 욕심을 버리고 마음을 바로잡음으로써 사람의 마음속에 선험적으로 지니고 있는 양심과 지혜를 밝힐 수 있다고 합니다.

인지 사고의 과정에서 중요한 역할을 하는 것이 스키마 이론입니다. 스키마(Schema, 도식)는 윤곽이나 형태라는 뜻으로 정보를 체제화하고 해석하는 보편적 형식으로 인지적 개념 또는 틀이라고 정의합니다. 흔히 말하는 배경지식이라고도 할 수 있습니다. 이 개념은 스위스 심리학자인 피아제에 의해 체계화되었습니다. 그는 도식(schema)이란 '경험을 부어 넣는 마음의 주물'로서, 동화와 조절이라는 두 과정을 제안합니다. 동화란 이전에 이미 확립된 인지 구조(스키마)의 틀에 의거하여 현재의 대상이나 사건을 해석, 이해하는 과정이며, 조절이란 이전의 인지 구조를 수정 변형시키는 과정입니다.

따라서 기존의 정신 체제, 즉 이전의 도식이나 인지 구조가 새로운 외부 정보를 받아들이기에 충분할 때에는 동화가 일어나며, 충분치 못할 때에는 이전의 정신 체계를 점차 변화시켜 정보를 받아들일 수 있도록 하는 조절의 과정이 일어납니다.

스키마의 도식은 주변 사건들을 조직화하고 공통된 특성에 따라 구분하게 해줍니다. 또한 신속하게 새로운 지식을 흡수하고 기존의

도식에 의해 새 지식을 정리하거나 새 지식의 예외성을 확인해 도식을 수정하기도 합니다.

스키마는 월터 킨취가 제시한 인지적 과정인 '정신 모형'과 함께 이해는 물론 독해 및 학습에 있어 핵심 아이디어입니다. 킨취는 독자가 글을 이해하는 과정을 머릿속에 텍스트에 관한 '정신 모형(mental model)'을 짓는 일에 비유하고, 읽은 내용을 하나의 잘 짜인 시스템으로 구현하는 것이라고 합니다.

지식 학문의 힘 단련을 위한 인지 사고 훈련은 다음과 같이 단계별 수준별로 훈련이 가능합니다. 여기서도 기존의 다양한 생각 방법들을 자의로 구분하고 네이밍하는 데 신경 썼음을 밝힙니다.

## CORE+ALPHA Thinking&Reading
- 지식 학문 중심 공(工)부 감(感)각 생각법
- 머리를 채우는 지식 몰입
- System & Algorism Designing & Assembling!
- 설계와 조립 완성(변형)
- Progress Thinking / 전진하면서 모색하고 작업하는 생각하기
- 결과 중심 활동(체계 구축 완성 생산)
- 이성+행동
- 방법 지식 구조 관계 원리
- 기저사고: 구조적 사고력
- 융합 설계와 의미 있는 생산

## Core인지와 +Alpha사고 훈련 지식 학문의 힘 단련법
01 초등 때 완성하는 탁월한 공부머리 생각법
　💡 CORE 인지 구성 훈련
　　① 그림 생각[비주얼씽킹]
　　② 논리 연결[로지컬씽킹]

　💡 ALPHA 사고 재구성 훈련
　　① 확산 사고 – 사칙 연산 변형하기
　　② 수렴 사고 – 킹핀 응축 변형하기

02 중고등 상위 1%로 발전하는 학습 지능 생각법
　💡 본질 사전과 문일지십 인식
　💡 범주 사전과 구조 트리
　💡 지식 개념 뿌리 사전과 형상화

03 대학을 뛰어넘는 미래 지능 생각법
　💡 지식 시스템 융합 설계
　💡 생각 시스템 융합 설계

## (1) 초등 때 완성하는 탁월한 공부 머리 생각법
### - 코어알파 씽킹 도입 훈련

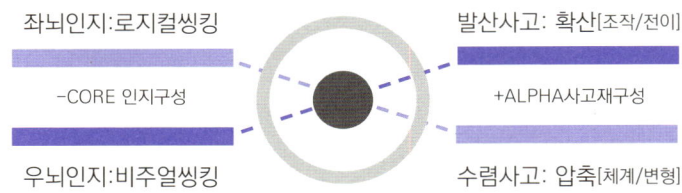

인지 사고 도입 훈련은 앞서 살펴본 CSI 리딩과 함께 교과 공부와 독해력에 가장 직접적으로 도움이 되는 기본 훈련입니다. 이후 단계에서는 더 정교화하고 발전해 갈 것입니다.

### 💡 CORE 인지 구성 훈련
: 정교한 이해가 진짜 독해력과 공부머리의 시작이다!

사람의 경우 다리가 하나만 있거나 다리 길이와 무게가 다르면 빠르게 움직이기 어렵습니다. 쓰러지기도 쉽습니다. 인간의 뇌도 한쪽만 발달하면 정보를 빠르게 처리하기가 어려울 수 있습니다. 어느 한쪽이 우세하여 선호하는 경향이 있는 것은 당연하지만 보통 지적 작업 대부분은 두 가지 방식의 뇌를 모두 활용해야 합니다. 따라서 시작은 자신이 좋아하거나 발달된 뇌 성향을 먼저 사용할 수 있지만 반대 성향의 두뇌도 보완해서 사용되어야 합니다.

이중 가장 중요하면서도 기본인 인지 훈련은 앞서 살펴본 CSI 핵심인지 훈련의 바탕인 우뇌적 비주얼씽킹과 좌뇌적 로지컬씽킹입니다. 인간의 학습은 공간적 속성의 이미지 기억과 시간적 속성의 언어적 기억의 융합으로 이루어지기 때문입니다.

비주얼씽킹 그림 사고와 로지컬씽킹 논리 사고의 공통점이자 핵심은 연결입니다. 필사나 초록은 공부머리를 만드는 기초 작업일 뿐입니다. 글이나 문장에서 필요한 대목만을 가려 뽑아 적는 초록은 독서의 끝이 아니라 시작입니다. 초록은 발췌해서 압축된 말로 요약하는 행위로 여기서 한 발 더 나아가 그것을 잘 이어 붙이고 조립하고 엮어 내는 것이 더 중요합니다. 뽑아서 연결하는 것이 핵심입니다. 이어 논리적 질서를 부여해야 합니다. 여기에 추상화(abstract)가 더해지면 일차 이해가 완성되는 것입니다. 추상화는 읽은 내용을 압축해서 포괄하는 추상적 개념으로 한 단어 또는 한 문장으로 나타내는 것입니다.

특히 이것은 초등학교 고학년 늦어도 중학교 정도까지는 훈련해 주는 게 좋습니다. 누구나 할 수 있고 그 효과는 탁월합니다.

정보와 지식은 그림과 도식으로 체계를 잡거나 언어로서 순차적으로 체계를 잡는 것을 가장 기본으로 해야 합니다. 포인트는 글자가 중요한 게 아니라 그 글이 설명하는 대상, 또는 상황과 세상을 머리에 그려내야 한다는 겁니다. 나오는 용어의 한자 뜻과 배경을 알고, 설명하는 핵심어들의 적절한 위치를 설정해서 잘 배열하고, 서로 논리적으로 잘 연결할 수 있어야 합니다. 핵심을 찾는 첫 번째 과정은 처음부터 핵심을 찾는 게 아니라 우선 글이 설명하는 전체 상황과 구조를 파악하고 그것을 머리에 그려 내는 것입니다. 그다음 중첩되거나 어떤 방향으로 향하면 그것이 핵심이 되는 것입니다. 생각 그림은 이해 능력과 독해 능력을 발전시키고, 논리 연결은 정리 능력을 발전시키는 가장 기초 역량이 될 것입니다.

### ① 그림 생각, 이해의 시작이다-생각 그리기[비주얼씽킹]

"상상력은 지식보다 훨씬 중요하다. 지식은 한계가 있지만 상상력은 세상 모든 것을 포괄하고 발전의 원동력이 되며 지식 진화의 원천이 된다."고 아인슈타인은 말했습니다. '백문이 불여일견', 백 번 듣는 것보다 한 번 보는 것이 훨씬 이해가 빠르고 도움이 되죠. 결국 머릿속으로 상상할 수 있느냐가 이해의 시작입니다. 최근 좋은 학습 만화와 과학 동영상은 초보 학습자에게 많은 도움이 됩니다. 특히 물리 관련 이해에서 말이죠. 대부분 이해력이 약한 친구들은 글을 읽으며 읽는 내용이 머리에 그려지지 않기에 문제가 생기기 때문입니다.

그림 생각, 비주얼씽킹은 요즘 특히 인기 있는 아이템입니다. 근본적으로는 인간과 동물 모두의 일차적 인지 작용이 시각적 이미지이고, 무엇보다 쉽고 재미있으며 강력하기 때문입니다. 컴퓨터도 처음 도스를 사용할 때보다 윈도를 사용하면서 속도도 훨씬 더 빨라지고 누구나 손쉽게 배우고 사용할 수 있게 되었습니다. 독해나 생각도 가장 기본이 상상력입니다. 너무나 당연하기에 그 중요성을 놓치는 경우가 많습니다. 제대로 상상력 훈련만 해도 지금 아이들의 독해력과 사고력은 급상승할 것입니다. 의외로 많은 사람들이 이 부분이 약합니다.

비주얼씽킹은 생각한 내용이나 글을 읽으며 설명하는 내용을 이미지나 도해로 나타내는 것으로 생생한 이해와 창의 그리고 기억과 응용에 도움이 됩니다. 이때 주의해야 할 것은 그림이 중요한 게 아니라 생각의 구조나 글에서 제시하는 지식의 구조 또는 정신 모형 내지 모델을 형성하는 것입니다. 비주얼씽킹의 가장 기본은 글의 내용을 심상(이미지)으로 그려내거나 비교-대조, 분류-분석, 서사 과정-인과, 개념 구체화 등 내용의 구조를 표나 도형 및 화살표로 연결하거나 정리하는 것입니다.

1) 핵심 요소 뽑기, 2) 연결 구조 구성, 3) 기능 변화 파악, 4) 관계 파악 등의 단계를 거쳐 표, 벤 다이어그램, 피라미드, 좌표, 도형, 이미지 등 다양한 형태를 만들 수도 있습니다.

## ② 논리 연결, 이해의 완성이다-논리적 사고 [로지컬씽킹]

논리적 사고는 보다 고급 학습 및 독서 활동에서 중요합니다. 특히 전문 직업 활동에서 많이 강조됩니다. 본래 논리는 언어적인 개념, 판단, 추리 등의 사고 형식을 거쳐 진행되는 생각으로 정의되지만 여기서는 '올바른 순서로 연결하는 것'이라고 정의하고자 합니다.

논리적 사고는 시간적 속성을 지닌 언어적 사고와 밀접하게 연관되어 있습니다. 순서 기억을 하지 못하는 동물은 시간적 속성을 지닌 언어와 논리적 사고를 할 수 없습니다. 실제 학습을 어려워하는 사람의 경우 대부분이 복잡한 순서와 원인과 결과의 연결 관계 이해와 기억력이 약합니다.

추상적이고 정교한 독해력으로 들어가려면 이 부분을 통과해야 합니다.

기초 단계에서의 논리적 사고는 이유와 주장, 원인과 결과를 찾거나 만드는 연결 훈련과 여러 내용을 같은 성격의 내용끼리 묶는 범주화 훈련입니다.

연결 훈련은 겉으로 드러나는 서사, 과정, 인과의 흐름뿐만 아니라 속에 숨겨진 또는 생략된 중간 과정을 화살표로 연결하는 것입니다.

범주화 훈련은 다양한 빨랫감을 세탁 후 양말, 속옷, 바지 등으로 분류하여 서랍에 넣는 것과 같습니다. 여러 내용을 같은 기준으로 묶어 덩어리 지식을 만들어 단순화하는 것입니다. 아래는 다양한 범주의 예들입니다. 실천적인 방법으로는 단락별로 제목을 만드는 훈련을 하는 것입니다. 예를 들어 책에 대한 글을 읽으며 단락별로 옆에 책의 기원, 책의 장점, 책의 영향, 책의 종류 등으로 제목을 만드는 것입니다.

- **[주관 나눔 분류]**: 선/악, 좋아하는 것 / 싫어하는 것, 예쁜 것 / 예쁘지 않은 것 등
- **[외형 특성 분류]**: 성별, 연령별, 색, 모양, 질과 양, 크기, 수, 방향, 온도, 위치(상중하, 좌우, 속과 겉) 등,
- **[논리 관계 분류]**: 시간 관계(전후 시간, 원인 결과, 절차 과정 단계), 정도 관계(고수-하수: 수준 정도, 중요-안 중요: 영향력 정도, 부분-전체: 포함 정도), 구조 관계(상위-

하위 요소, 평등-불평등, 주체-객체, 행위-목적) 수식 관계(합의 관계/ 곱의 관계 등)
- **[지식 범주 분류]**: 개념별(그것과 그 이외), 유목별(정치, 경제, 사회, 문화/포유류, 파충류, 조류 등), 의미, 의도, 영향, 과정, 종류, 예, 배경, 이유, 조건, 정의, 범위, 목적 (육하원칙), 관점별(부정적/긍정적) 입장별, 영향별(장점, 단점)
- **[이야기 구성 분석]**: 발단-전개-위기-절정-결말, 기승전결, 플롯(사건을 인과 관계에 따라 필연성 있게 엮는 방식: 추구, 모험, 추적, 구출, 탈출, 복수, 수수께끼, 라이벌, 희생자, 유혹, 변신, 변모, 성숙, 사랑, 금지된 사랑, 희생, 발견, 지독한 행위, 상승과 몰락 등)

여기서 좀 더 욕심을 낸다면 논리적 관계 정리와 기초 논증 구성 및 판단 훈련을 더할 수 있습니다.

논리적 관계 정리 예는 다음과 같습니다.

## 거품

- **정의** — 어떤 상품의 가격이 지속적으로 급격히 상승하는 현상
- **사례** — 1936년 네덜란드 - 45만 원까지 치솟은 튤립 알뿌리 하나
  1900년대 말 우리나라 - 달걀 한 꾸러미 값보다도 더 비쌌던 메추리알
- **배경** — 상품의 가격 결정
  - 가격 결정의 원칙 — 수요와 공급의 힘에 의해 결정
    - 기준 : 경제 주체들이 갖고 있는 정보를 기초로 해서 결정
  - 합리적 가격 결정 조건  1) 똑같은 정보를 함께 가짐
    2) 가진 정보가 틀리지 않음
  - 현실 — 상식 넘는 수준까지 일시적으로 뛰어넘는 현상 발생
    - 원인 : 서로 다른 정보를 갖고 시장에 참여하는 경우 많음
      - 유형 1 : 특정한 정보를 가진 쪽과 가지지 않은 쪽이 존재하는 경우
      - 유형 2 : 거래 참여 목적이나 재산의 큰 차이 존재하는 경우
- **진행 과정**
  - 원인  애초에 생긴 가격 상승이 추가적인 가격 상승의 기대로 이어져 투기 바람이 형성되기 때문
  - 결과  거품이 있는 가격은 언젠가는 정상적인 상태로 돌아옴
  - 영향  거품이 터지는 충격으로 인해 심각한 경제 위기 닥침

이는 모의고사 한 지문을 앞서 '범주화'의 과정을 거쳐 문장과 문장을 서로의 관계와 역할 그리고 중요도에 따라 위치를 설정하고 연결하여 정리한 것입니다.

범주화는 빠진 것은 채우고 중복되는 것은 버리고 잘못된 배열은 이동하며 빈틈없는 논리적 관계를 만들어 줍니다. 조직화는 같은 가로세로에 배열되는 내용이 위계적이거나 순서 또는 논리적 관계에 따라 논리적으로 연결되어 있어야 합니다. 그래서 상위로 묶을 수도

있고 하위로 세분화할 수도 있어 자유자재로 생각을 늘리고 줄이기를 할 수 있어야 합니다.

특히 교과서나 전공서적은 정리 훈련 교재로 적합합니다. 대부분의 학생과 부모들이 교과서를 대략 읽고 무난하게 읽으면 이해하는 줄 착각하는 게 문제입니다. 진짜 이해하기 위해서는 정교한 이해가 필요하고 이를 위해서는 치밀한 읽기를 해주는 것이 필요합니다.

이어서 논증 구성 훈련을 할 수도 있습니다. 위와 같이 순차적으로 정리하는 것을 넘어 내적인 논리 구조를 입체적으로 구성하고 오류를 판단하는 과정입니다. 의견과 주장이 있는 글을 읽을 때마다 문제에 대한 결론적 주장을 찾고 그것을 뒷받침하는 중요한 근거들을 찾아 논리적 결합 관계를 입체적으로 연결하는 것입니다. 귀납법, 연역법, 변증법 등 다양한 논리 구조를 알아 두는 것은 유기적이고 정교한 생각의 틀을 확보해 두는 것과 같습니다.

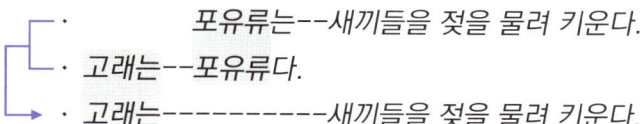

모두 생각의 틀과 짜임을 파악하거나 만드는 것이 중요합니다. 이는 생각을 정리하고 논리적인 말을 하거나 글을 쓸 때 많은 도움이 됩니다.

### 💡 ALPHA 사고 재구성 훈련: 지식과 생각의 편집은 창조다.

많은 아이들이 레고를 좋아합니다. 조각조각을 모아 자신이 원하는 다양한 모양으로 만들고 다시 해체하여 새로운 모델을 만들기도 합니다. 단순히 완제품을 사 팔다리만 움직이거나 다른 사람이 설계해 둔 형태로 변형하는 로봇을 가지고 노는 것과는 다른 차원입니다. 레고는 놀이라고 볼 수 있다면 완제품 로봇은 장난이라는 행위를 하는 것으로 볼 수 있습니다. 당연히 레고가 훨씬 더 창의적이고 교육적입니다.

기초 사고 훈련은 레고 놀이와 같습니다. 부분 조각들로 모형을 만들고 허물고, 더하고 빼고, 이리저리 조작하고 하는 생각 놀이 말이죠. 놀이는 재료와 규칙이 있어야 합니다. 없으면 만들어야 하죠. 사고도 마찬가지입니다. 어떤 지식 재료를 가지고 그것을 이리저리 조립 내지 편집을 하는 것입니다. '하늘 아래 새로운 것이 없다.'라는 말합니다. 즉 완전한 창조란 없고 있는 것들을 조합하고 변형해서 새로운 모델을 만들어 내는 것이라는 말이죠. 이제는 책이나 유튜브 동영상을 보면 없는 게 없다는 생각을 합니다. 단지 안목이 없어 무엇이 진짜인지를 모르거나 그것을 의미 있는 결과물로 종합하는 능력이 부족하거나 또는 시행착오를 기꺼이 받아들이며 실천하고 도전하는 자세가 부족해서 그것들을 활용하지 못하는 것 같습니다.

이어 소개할 창의 사고 도구인 스캠퍼(SCAMPER)를 포함한 이 책에서 소개하는 여러 방법들은 여기 이 책 저 책에 조금씩 소개되어 있습니다. 하지만 생명력을 갖고 기능하도록 엮어 주지를 못해 그 역할을 제대로 할 수 없었던 것입니다. 어려서 마음껏 다양한 놀이를 하는 것은 창의력과 지적 능력, 특히 유연한 사고와 응용력 발달에 많은 도움을 줍니다. 여기서 소개하는 간단한 사고 도구들로 생각의 놀이를 마음껏 해 보시기 바랍니다.

이에 사고 훈련은 생각을 연결하고 확장하고 변화시키는 활동입니다. 가장 기본적인 사고 훈련으로 창의 발상 도구인 스캠퍼(SCAMPER)를 응용한 사칙 연산 변형 훈련으로 생각을 새롭게 발전시키고, 확장된 사고를 통합하고 체계화한 후 이를 압축하는 킹핀 응축 훈련을 추천합니다.

### ① 생각을 더하고 빼고 곱하고 나누라
### : 확산 사고 - 사칙 연산 변형하기

스캠퍼(SCAMPER)는 창의적 문제 해결 사고 기법 중의 하나로 "만약 이렇게 하면 어떻게 될까"라는 가정 발문 기법을 이용해 활용하면 가설 추리 능력 개발에 많은 도움이 됩니다. 오스본의 체크리스트 기법을 보완하고 발전시킨 것으로 광고를 비롯한 모든 분야에서 활용할 수 있는 보편적인 아이디어 발상법입니다. 어떤 현상을 개선하기 위해 대체하기, 결합하기, 조절하기, 변경·확대·축소하기, 용도 바꾸기, 제거하기, 역발상과 재정리하기와 같은 일곱 가지 질문을 한 다음 그에 대한 해답을 찾다 보면 혁신적인 해결책이 나온다는 것입니다.

스캠퍼를 다음 표에 보이는 것처럼 사칙 연산 기호의 네 가지로 분류해 볼 수 있습니다. 연산의 성질에 의미를 부여하여 상황이나 조건을 조작해 보는 것입니다. 이때 생성된 아이디어는 확장형 구조인 마인드맵을 활용하면 좋습니다.

올바른 질문을 하면 좋은 생각과 아이디어가 거의 무의식적으로 튀어나오는 것을 발견할 수 있습니다. 다음과 같이 연산의 성질을 사용하여 질문을 만들고 그것에 답하며 생각해 보면 됩니다.

| 더하기 사고 | 서로 융합해 보면 어떻게 될까?<br>어떤 조건이 더해지면 어떻게 될까? | C=Combine [A와 B를 합쳐 보라],<br>용도, 단위, 교과, 항목을 섞거나 합치면?<br>이것을 다른 무엇과 조합시킬 수 있을까? |
|---|---|---|
| 빼기 사고 | 어떤 조건을 제거하면 어떻게 될까?<br>어떤 요소를 빼면 어떻게 될까? | E=Eliminate [제거해 보라]<br>무엇을 생략하거나 삭제할까?<br>- 아이디어, 목적, 과정 간소화, 축소, 농축, 압축, 제거 |
| 곱하기 사고 | 크기, 수를 늘리면/확대하면 어떻게 될까?<br>크기, 수를 줄이면 / 어떻게 될까? | M=Modify, Minify, Magnify<br>[변경, 축소, 확대해 보라]<br>무엇이 확대되거나 축소하면 어떻게 될까?<br>- 시간, 힘, 높이, 길이, 빈도, 속도, 양, 가치<br>더 나아지기 위해 어떤 부분을 어떻게 수정할 수 있을까?<br>- 의미, 색깔, 움직임, 소리, 냄새, 형태, 모양, 이름, 계획 |

| 나누기 사고 | 다른 것으로 대체해 보면 어떻게 될까? 다른 데 적용해 보면 어떻게 될까? 다른 용도로 사용하면 어떻게 될까? 방향이나 순서를 바꾸면 어떻게 될까? | S=Substitute [기존의 것을 다른 것으로 대체해 보라].<br>- 다른 규칙, 장소, 사람, 재료, 자료?<br>- 다른 부분, 다른 힘?<br>A=Adapt [다른 데 적용해 보라]<br>이것이 어떤 다른 아이디어를 제시하지?<br>성공한 유사한 어떤 아이디어를 종합할 수 있지?<br>P=Put to other uses [다른 용도로 써 보라]<br>이것이 적용될 수 있는 다른 배경은 없을까?<br>- 시장, 과목, 영역<br>R=Reverse, Rearrange [거꾸로 또는 재배열해 보라]<br>이것의 정반대는 무엇일까?<br>- 긍정과 부정, 장점과 단점, 위아래, 역할<br>어떤 배열이 더 좋지? 더 좋은 다른 배열은?<br>- 다른 패턴, 설계, 순서, 인과, 방향, 구성요소 |
|---|---|---|

사칙 연산 변환 훈련으로서 좋은 방법으로 목차 구성 훈련이 있습니다. 목차를 더하고 빼고, 곱하고 나누며 새롭게 목차를 바꾸고 재구성해 보는 것입니다.

## ② 압축하고 변형하고 설명하라: 수렴 사고-킹핀 응축 변형하기

이 단계에서는 앞서 다양하게 확장된 아이디어를 조율합니다. 목표를 이루기 위해 잘 배열하고 연결하여 체계화하고 이를 다시 단순화하여 핵심을 도출하고 쉽게 이해할 수 있도록 변형하면 됩니다.

킹핀은 볼링에서 10개의 핀 중 가장 중심이 되는 핀으로 그 하나를 맞추려고 노력하면 나머지가 다 쓰러지게 하는 핀입니다. 가장 핵심을 중심으로 전체를 조직화하면 효율과 효과가 높아집니다.

무엇인가 변화를 주면 다른 부분과 어울리지 않거나 문제가 발생할 수 있습니다. 시스템 사고를 통해 전체가 잘 조화되고 최적화되어 작동하도록 조율을 해야 합니다. 이는 크게 4단계로 이루어집니다. 통합, 체계화, 압축 변형, 압축 풀기입니다.

통합은 새로운 아이디어를 기존의 전체 상황에 덧붙이는 것입니다. 이때 고민해야 할 것은 언제 어디에 어떤 모습으로 접목시켜야 할지를 고민하는 것입니다.

체계화는 다른 요소와 중첩되거나 모순되는 것은 없는지, 발생하는 문제는 없는지 정리하고 사고 실험과 시뮬레이션 또는 리허설을 해 보며 조정하는 것입니다. 이때 로직트리나 매트릭스를 이용하여 정리하거나 상황 설계도 그림을 그려 보는 것도 좋습니다.

압축 변형은 더 단순화하고 최적화하는 과정으로 심플하게 줄이며 디자인적으로 아름다움을 추구하는 과정입니다. 거추장스러운 것을 제거하는 과정이죠. 압축은 보통 최고 학습 고수들의 방식중 하나입니다. 숙련되거나 깨달음이 커지면 자연적으로 압축이 됩니다. 뿐만 아니라 압축하면 핵심이 보입니다. 이는 심플의 원리에서 자세히 설명했습니다. 압축의 과정 중 다른 문장이나 그림 등 다른 형태로 변형해 볼 수도 있습니다.

마지막 압축 풀기는 압축된 것을 다시 최대한 풀어서 설명해 보거나 만들어진 글 또는 물건을 실제 작동시켜 보는 과정입니다. 마무리는 압축과 아웃풋을 원칙으로 합시다. 글이나 책을 읽고 핵심을 요약하고 정리하는 것도 중요하지만 요약되고 정리된 내용을 다시 매력적이고 다양하게 풀어내는 훈련도 중요합니다. 이때 다양한 수사법을 활용할 수도 있습니다. 뒤쪽의 라이팅 파트에서 다시 자세히 살펴보겠습니다.

## (2) 중고등 상위1%로 발전하는 학습 지능 생각법
### -코어알파 씽킹 발전 훈련

 인지 사고 1단계는 한 페이지 단위의 내용 자체의 이해 중심 활동이었다면 2단계는 한 단원이나 한 권의 책 이상 단위의 구조와 맥락 파악을 중심으로 합니다. 더 크게 또는 더 세밀하게 들여다보는 것입니다.

 더불어 여기서도 자신만의 사전 만들기는 계속됩니다. 특히 인지 사고는 더욱더 사전 만들기가 필요합니다. 집약적으로 지식을 정리할 수 있기 때문입니다. 앞서도 말했듯 사전은 탄탄한 기반이 되어 줄 것입니다.

 본질적 의미 파악과 책의 전체 구조와 의도 등 맥락적 사고를 발전시킵니다.

## 💡 본질 사전과 문일지십 인식:
### 하나를 들으면 열을 아는 뇌를 가져라!

본질을 보는 눈과 자세를 가지면, 패턴 인식과 형성 능력이 발전합니다. 자연의 법칙과 수학의 구조를 발견하는 일뿐만 아니라 음악의 운율, 소설의 내적 구조 등 개별적인 것을 보는 것이 아니라 전체를 관통하는 핵심과 구조를 보게 됩니다.

고난도의 독서나 학습으로 넘어갈수록 중요한 것이 '본질'입니다. 본질은 사전에서 '본디부터 가지고 있는 사물 자체의 성질이나 모습' 또는 '사물이나 현상을 성립시키는 근본적인 성질'이라고 정의합니다. 이것도 좋지만 철학자 후설(Husserl,E)이 말하는 '사물을 그 사물답게 만드는 성질'이 더 좋습니다. 본질을 파악하기 위해서는 그 기원과 다른 대상과 구별되는 특징을 찾아야 합니다. 이를 위해서는 그것의 구조, 구성 요소, 특성, 그리고 그것의 작동과 기능, 역할 등을 입체적으로 알아야 합니다. 가리키는 대상이나 개념이 다른 대상과 구별되는 변하지 않는 타고난 바탕인 공통인 성질을 찾아내는 것입니다. 구별하고 중요한 것이 무엇인지를 판단하는 과정이 들어있습니다. 그래서 본질을 찾으려고 노력하면 분별력과 통찰력이 생기는 것입니다.

본질은 핵심 중의 핵심입니다. 본질을 보는 눈을 통찰력(insight)이라 할 수 있습니다. 안(In)을 들여다보는(sight) 것입니다. 어떤 것이든 겉으로 드러나는 것만 보는 것이 아니라 눈에 보이지 않는 패턴과 질서 그리고 그 본질적 특성과 다른 것과의 관계를 보려는 자세가 중요합니다. 본질을 보는 자세는 무엇을 하든 핵심 코드, 원리, 원칙 등을 찾게 만듭니다.

사회, 과학, 수학, 도덕, 언어의 본질을 아시나요? 먼저 말했듯이 본질을 보기 위한 좋은 방법 중 하나는 맥락과 기능 그리고 목적을 아는 것입니다. 그리고 특성을 뽑아 정의 내리거나 해석하면 됩니다.

예를 들어 과목별 인지적 특성은 사회는 교과 내용을 이해하고 정리해서 기억하는 것이 중요한 정보 처리 과목으로, 수학은 기본 개념을 바탕으로 공식 법칙 성질 정리를 연결 지어 증명하거나 문제에 적용하고 응용해야 하는 문제 해결 과목으로, 언어는 상대방과 자신의 의견과 생각을 제대로 파악하고 주고받아야 하는 의사소통 과목이라고 할 수 있습니다. 이러한 특성에 기반해 사회는 흡수해야 할 내용이 있는 교과서가 중요하고, 수학은 머리를 굴려 개념으로 문제를 해결할 수 있는 좋은 문제가 필요하고, 언어는 온전한 소통을 위해 이해력과 공감이 필요하고 이는 결국 간접적 체험으로 생각과 마음을 읽을 수 있도록 많은 책을 읽는 것이 중요하다는 특성을 이해할 수 있습니다. 그리고 그것에 맞게 대응해 가면 더 성공적인 결과를 얻을 수 있습니다.

여기서는 조금 더 세부적으로 교과와 전공을 중심으로 본질을 파악하는 훈련을 해 볼 수 있습니다. 각각의 본질이 필요로 하는 활동들을 독서나 공부에 적용해 보는 것입니다.

이를 위한 첫 단계는 관련 정보와 자료를 분석하고 여기에 자신의 생각을 더해 각각의 각 교과의 존재와 관련 행위에 대한 근원적 또는 궁극적 목적과 기능, 가치 그리고 필수 성립 및 유지 핵심 요소 등을 뽑아보는 것에서 시작해 서로 공통점과 차이점을 비교하며 본질을 찾으면 됩니다.

본질은 핵심과 기원을 찾는 것으로, 기능이나 특성을 벤 다이어그램으로 정리해 보거나 이유 원인을 분류 분석하는 트리로 나타내고 가장 많이 교차하는 지점이나 포괄하는 상위 핵심에서 찾으면 됩니다.

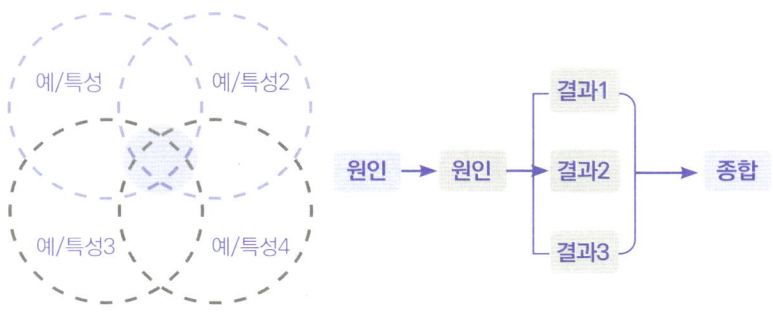

진정으로 본질을 파악하려는 마음과 자세 자체가 중요합니다. 많은 문제나 과제들이 본질을 파악하면 쉽게 해결되고 지혜가 생기기 때문입니다. 다른 자료들을 참고하는 것도 좋지만 스스로 본질을 찾고 정의 내리는 연습도 많이 하시기 바랍니다. 당연히 이것을 정리하면 사전이 되는 것입니다. 본질은 개념 정의와 원리와도 밀접하게 연관되어 있습니다. 다음 표는 한 예로 과목의 본질을 뽑아본 것입니다. 자신이 생각하는 본질을 추가 보완해 봅시다.

**[과목별 본질 찾기]**

| 교과 | 1step 본질적 행위 찾기 | 2step 적용하기<br>:정의(正義)에 본질 찾기 |
|---|---|---|
| 과학 | • 작용하는 힘과 움직임, 변화 힘의 원천-물리적 사고 행위<br>• 구성 요소, 합성 행위와 결과-화학적 사고 행위<br>• 생명체와 물질의 체계, 변화 움직임과 그 패턴, 원리-생물 지구 과학적 사고 행위<br>• 가설 실험 예측 확인: 경우 나누어 실험하고 관찰→(가설 설정)→직접 실험/간접 도서 분석→자료 변환 및 해석→결론 도출 | 정의가 작동하는 방식은?<br>정의의 힘을 불러일으키는 원천은?<br>정의의 구성 요소는?<br>정의와 자유를 합치면?<br>정의의 체계는 어떻게 될까?<br>정의가 사라지면 어떻게 될까? |
| 역사 | • 기원과 근원, 이유와 배경, 다양한 측면 (정경사문)의 연결<br>• 과거와 현재의 변화와 미래 변화 예측<br>• 흥망성쇠의 조건, 다양한 행동 가능성과 그 결과 예측 | 정의의 기원은?<br>정의의 변천 과정은?<br>정의의 성립 조건, 유지 조건, 소멸 조건은?<br>정의와 연관된 사건은? |
| 지리<br>문화 | • 역학적 관계, 지형과 기후의 삶과 문화의 관계<br>• 나라별 고유성<br>• 자연적 환경은?, 문화적 배경은?<br>• 눈에 보이지 않는 시스템, 메커니즘 | 정의와 자유의 역학 관계는?<br>세계 나라별 정의의 특성은?<br>정의의 시스템은? |
| 사회 | • 권력 관계, 균형, 제어-정치적 사고<br>• 효율성, 형평성, (어떤 이익?)-경제<br>• 공동체에 대한 영향, 조화, 갈등해결 방안-사회 | 정의는 누구에게나 공평한가?<br>정의와 관련된 갈등은?<br>정의의 비용은 얼마가 적당한가? |
| 윤리 | • 기준(진, 선, 미) | 더 아름다운 정의는 무엇인가? |

| 교과 | 1step 본질적 행위 찾기 | 2step 적용하기<br>:정의(正義)에 본질 찾기 |
|---|---|---|
| 수학 | • 문제의 조건과 해결 연결, 논증<br>• 추상화(공식화, 개념화, 그래프화, 패턴화) 좌표로 그리기(원인과 결과, 변화, 위치, 크기)<br>• 무시(단순화, 이동), 패턴 규칙 찾기, 변화<br>• 원칙, 규칙, 설계, 본질, 알고리즘 | 정의의 정당성을 증명한다면?<br>정의의 원칙과 규칙은?<br>정의의 패턴은?<br>정의의 본질은? |
| 기술<br>정보 | • 디자인씽킹(불편함, 문제, 니즈 찾기),<br>• 도구 방법 개발<br>• 컴퓨팅 사고 | 정의에 대해 사람들이 느끼는 불편은?<br>정의가 가능하도록 방법에는 어떤 것들이 있는가? |
| 미술 | • 미적 감각 (아름다움=완벽한 균형, 대칭, 원근)<br>• 색상 표현 | 정의와 관련된 미술 작품은?<br>완벽한 정의란? |
| 문학 | • 정서 공감, 동감, 의도, 의미, 의심, 플롯, 주제, 수사법(비유) | 정의의 의도는?<br>정의에 필요성에 대한 감정은?<br>정의에 필요성에 대해 공감하는가? |

본질적 기능과 가치 또는 활동을 찾은 후엔 적극적으로 적용해 봅니다.

전공별 본질도 고민해 보았습니다. 역시 각자 전공과 학문의 궁극적 목적과 본질이 무엇인지 이 정리를 예로 여러분도 수정 보완해 보세요.

[학문별 본질]

| 다양한 시선 | 1step 본질적 관심 찾기 | 2step [비]에 대하여 적용 |
|---|---|---|
| 수학자의 눈 | 규칙, 계산. | 비가 떨어지는 속도는? 빗방울의 무게는? |
| 문학자의 눈 | 이야기, 삶에 대한 태도와 메시지. | 비가 (소설, 영화)작품에 중요하게 쓰인 예는? 거기서 역할은? |
| 역사학자의 눈 | 흐름, 기원(과거와 미래), 변화, 흥망성쇠. | 비의 생성과 소멸의 과정은? |
| 철학자의 눈 | 본질(기능, 특성), 목적. | 비는 물과 같은 걸까? 다른 걸까? |
| 예술가의 눈 | 가치와 아름다움. 차이, 오감, 심미. | 비에 대한 아름다운 추억은? |
| 언어학자의 눈 | 어원, 의미, 동의어, 반의어, 파생어. | 비의 종류에는 어떤 것들이 있지? |
| 과학자의 눈 | 물화생지 연관, 구조와 원리, 힘 원동력. | 비의 구성 요소는? 비의 생성 조건은? |
| 사회학자의 눈 | 정치 경제 사회 문화 연관, 사람들 사이의 관계. | 비(수해)가 정치, 경제, 사회, 문화 및 사람들의 관계에 미치는 영향은? |
| 심리학자의 눈 | 욕망, 본능, 마음. | 비에 대한 감정적 반응은 무엇이고, 그 이유는 무엇일까? |
| 기술공학자의 눈 | 사용 도구와 연장 방법. | 비를 이용해서 할 수 있는 것은? |

## 💡 범주 사전과 구조 트리: 범주와 구조로 텍스트를 묶고 엮어라!

"구슬이 서 말이라도 꿰어야 보배다."라는 속담은 구슬이라는 정보들이 목적에 따라 논리와 생각의 실로 질서 있게 엮어져야 가치 있는 상품으로 완성된다는 의미입니다. 이는 글쓰기에만 적용되는 게 아닙니다. 실이 없거나 실이 풀린 구슬은 구슬이 흩어져 잊어버릴 수 있듯이 지식과 정보도 그렇습니다. 정보들에 질서를 부여하고 부족하거나 부재하거나 오류인 정보를 수정하여 완성된 지식 체계로 정리할 필요가 있습니다.

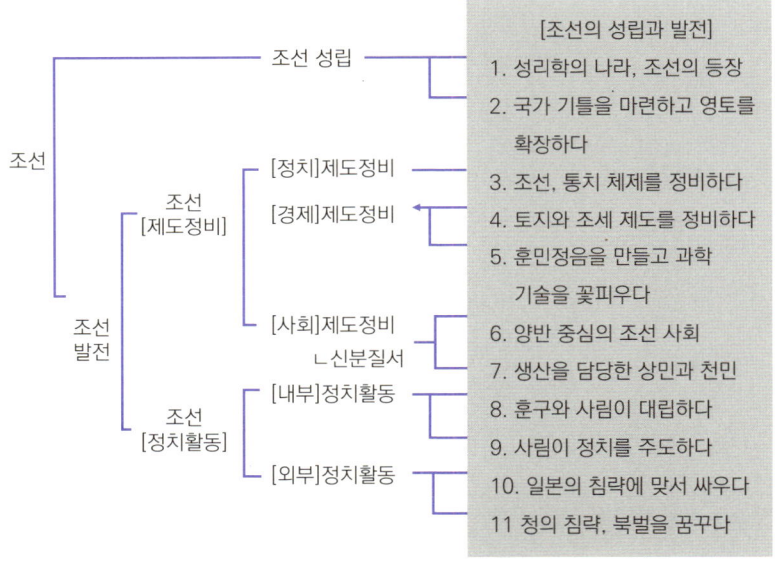

범주 구조 트리 훈련은 목차를 중심으로 분석과 종합을 하면서 구조 속에 숨어 있는 질서와 체계를 파악하고 글의 짜임과 구성의 기술을 배우는 동시에 내용을 예측하는 훈련을 합니다. 기초 단계에서는 한 페이지의 내용을 중심으로 논리적 관계를 파악하는 훈련을 했다면 여기서는 여러 페이지의 내용을 묶어 챕터 또는 책 단위로 훈련하는 것입니다.

목차와 서문은 구조화 사고와 시스템 사고 그리고 글쓰기 훈련의 너무나 좋은 재료들입니다. 왜냐면 이곳에 전체 구성과 의도가 다들어 있기 때문입니다. 어느 수준이 되면 서문과 목차만 봐도 내용과 의도가 다 파악되고 목차만 이용해서도 아이디어를 생성할 수 있게 됩니다. 아무것도 없는 무에서 생각하는 것은 힘들지만 생각의 트리거, 즉 생각을 촉발할 수 있는 단서들이 주어지면 무궁무진하게 생각을 만들고 발전시킬 수 있습니다.

책의 내용은 안 본 채 목차만 보고 내 생각을 발전시키는 방법도 있습니다. 이렇게 하면 아이디어가 고갈되었을 때 생각이 촉발되고 심지어 글은 자신의 생각이 됩니다. 목차를 활용한 범주와 구조 파악 훈련은 맥락 지능도 발전시킵니다. 즉 전체의 흐름과 체계 그리고 그것의 배경인 맥락을 파악하는 힘이 생기는 것입니다. 부분과 전체, 구체와 추상, 특수와 보편, 미시와 거시를 보는 눈이 발달하고 이해와 기억에도 많은 도움이 됩니다. 역사, 과학, 경제 등 다양한 구조도를 만들 수 있습니다. 이를 사전으로 묶어 정리해 두길 추천합니다.

결국 글은 구조 내용 의도의 삼박자로 채워집니다. 논술이나 서술형 시험에서 상황별로 자신만의 글의 전개 구조 틀과 그 짜임을 갖고 있으면 재료만 찾아 채워 넣으면 쉽게 글이 됩니다. 글의 구조들도 상황별 사전을 만들어 두면 좋습니다.

목차를 보면서 내용을 예측하는 동시에 상위 하위로 분석 종합하면서 체계를 세워 가는 것이 범주 훈련입니다. 기초 단계의 로직 트리는 내용을 엮어 순차적으로 내용을 정리하고 제목을 뽑는 것이라면 범주 구조 트리는 목차의 체계와 논리를 파악하는 것입니다.

글의 짜임과 구조를 분석하고 구성하는 작업은 인지 훈련입니다.

배열을 바꾸거나 두 개 이상의 구성을 종합해 보는 작업은 사고 훈련이 됩니다. 특히 이러한 순차적 구조에서 한 걸음 더 나아가 논증이나 매트릭스 표 등을 이용해 입체적으로 구성할 수도 있습니다. 수학이나 논리학의 도구들을 실용적으로 활용할 수 있습니다. 먼저 말했듯 적당한 때에 고급 논리를 배워 책의 서문을 활용한 정교한 논증 구성이나 오류 분석 훈련 또는 적성 시험의 상황 판단, 자료 해석, 언어 논리 공부로 실력을 키워 보시기 바랍니다.

범주 구조 트리 훈련은 언어 정보의 순차적 체계 파악 훈련입니다. 공간 정보의 입체적 체계 파악 훈련으로는 선풍기나 에어컨, 복사기 등이 어떤 구조이고 어떻게 작동하는지를 파악하고 설계도나 매뉴얼을 만들어 보는 방법도 있습니다. 학문적으로는 물리나 경제의 각 이론 체계나 전체 내용 구성 체계를 파악하여 마인드맵이나 입체적인 흐름도를 만들어 볼 수도 있습니다. 인간의 소화 과정이나 혈액 순환 기관들의 작동 방식들을 머리에 그려지고 설명할 수 있도록 그려 보는 것도 좋습니다. 이것은 더 고급 단계의 시스템 사고의 기초훈련이 될 수도 있습니다.

이 과정은 구조화 훈련과 분류 정리 훈련이라고 할 수 있습니다. 다음과 같이 역사 도서를 분류해 볼 수도 있습니다. 경제나 과학 도서도 나름의 분류 체계를 만들어 볼 수 있습니다.

| 역사 이전 | [성경, 신화] 《하늘에 그려진 이야기》, 《트로이아 전쟁과 목마》, 《일리아드 오디세이》 |
|---|---|
| 역사 이후 | 《미래학 인문학을 만나다》, 《앤드 오브 타임》, 《21세기를 위한 21가지 제언》 |

| | | |
|---|---|---|
| 지식 | 거시사 | 《사피엔스》, 《총, 균, 쇠》, 《빅 히스토리》 |
| | | 세계사, 한국사 (고대 중세 근세 근대 현대미래): 《마법의 두루마리》 시리즈, 《최태성의 별별한국사》 시리즈 |
| | 미시사 | 미술사, 음악사, 경제사, 과학사, 수학사, 전쟁사 등 |
| | | 인물(설명/소설): 《역사 속의 이순신, 역사 밖의 이순신》, 《정조 박제가 박지원 박정희》, 《조광조 평전》, 《백범일지》, 《인물로 읽는 라이벌 한국사》, 《엽기 조선왕조실록》, 《한권으로 재미있게 읽는 에세이 조선왕조 오백년 야사》, 《한중록》, 《정조와 정조 이후》, 《정조의 비밀편지》, 《정조의 말》, 《박시백의 조선왕조실록》 |
| | | [사건] 《십자군 전쟁》, 《하멜표류기》, 《역사 추리 조선사》 등 |
| | | [재료/키워드 중심] 《소금 세계사를 바꾸다》, 《역사 속 소금이야기》, 《세계사를 바꾼 향신료의 왕후추》, 《세상을 바꾼 음식 이야기》, 《식탁 위의 세계사》, 《음식 경제사》, 《알고 먹으면 더 맛있는 음식 속 조선 야사》, 《세계사를 바꾼 12가지 신소재》, 《세계사를 바꾼 13가지 식물》, 《인류를 구한 12가지 약 이야기》, 《약국에 없는 약 이야기》, 《인삼의 세계사》, 《총보다 강한 실》, 《건축물에 얽힌 12가지 살아있는 역사이야기》, 《우리 책 직지의 소원》, 《역사가 흐르는 강 한강》, 《평면의 역사》, 《한홍구의 청소년 역사 특강》, 《한번에 끝내는 세계사》 |
| 해석과 쟁점 | | 《법정에서 만난 역사》, 《미스터리 세계사》, 《로마인 이야기》, 《역사공화국 한국사법정 시리즈》, 《권력과 인간》 |
| 이론과 사관 | | 《내 머리로 생각하는 역사 이야기》, 《역사란 무엇인가》, 《역사의 쓸모》, 《설민석의 무도 한국사 특강》 |

## 💡 지식 개념 뿌리 사전과 형상화
: 개념 씨앗의 뿌리를 깊게 내려라!

앞서 보통은 쉬운 게 기본이라고 생각하는데 실제는 가장 영향력이 크고 광범위하게 사용하는 핵심이 기본이라고 했습니다. 인지 사고의 가장 기본 중에 기본은 개념과 어휘입니다. 어떤 과목을 정복하기 위해 알아야 할 핵심 개념은 보통 몇 개가 안 됩니다. 몇 개의 핵심 개념을 명확히 하면 그 개념이 말뚝 또는 기둥의 역할을 하면서 다른 개념들을 묶어 주는 기준이 되어 줍니다.

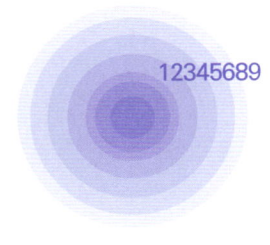

위 그림에서 왼쪽 네모는 아홉 칸으로 나눈 후 왼쪽 상단에서부터 한 번에 한 칸씩 연필로 빗금을 치고, 오른쪽은 중심 원에서 바깥 원으로 연필로 빗금을 치되 원의 중심부터 중첩하며 칠합니다. 이 경우 왼쪽 네모는 각 칸의 색이 같지만 색이 연할 것입니다. 한 번씩만 빗금을 쳤기 때문이죠. 반면 오른쪽 원은 가장 중심 원은 아홉 번이나 반복해서 빗금을 쳤기에 가장 진하고 밖으로 향할수록 연해질 것입니다.

이것은 두 가지 의미가 있습니다. 하나는 핵심 개념은 반복하여 볼 수 있도록 해야 한다는 것입니다. 덧칠하는 오른쪽 원처럼 다른 여러 개념을 공부하면서도 핵심 개념과 연결 지으며 핵심 개념을 계속 반복해서 보는 것이 핵심 개념을 습득하는 효율적인 방법입니다.

이렇게 하면 자동으로 중요한 핵심 개념은 반복되어 자신의 장기 기억이 되고 다른 개념들도 중심 개념과 연결되면서 쉽게 습득할 수 있습니다.

두 번째 의미는 모든 개념의 힘은 같지 않다는 것입니다. 모든 것을 똑같이 봐야 하는 것이 아닙니다. 그러다 보면 모두 다 흐릿하게 알 수 있다는 것입니다. 흐릿한 기억은 힘이 약합니다. 다른 지식을 끌어당기는 힘이 없습니다. 그렇기에 다른 지식이나 개념을 받쳐 주는 가장 근본 개념들 같은 핵심 개념을 뽑아내어 확실하게 알아야 할 필요성이 있습니다. 물론 핵심 개념은 반복해서 나오기에 자동으로 반복될 수도 있습니다.

앞서 사유 사색에서의 개념 공부는 추상적이고 포괄적인 개념을 다루었다면 여기서 다루는 개념은 구체적으로 형상화 가능한 교과 핵심 배경지식으로서의 개념들입니다. 이것은 이데올로기, 유토피아 등처럼 인문학적 개념보다는 중력, 인체처럼 좀 더 구체적이고 단일한 의미를 갖는 교과서적이고 학문적인 지식 개념들입니다. 다시 말해 추상적이고 복합적인 창의적 의미가 아닌 구체적이고 전형적인 개념 파악 활동입니다.

개념 뿌리 형상화 훈련은 두 가지 차원에서 이루어집니다. 하나는 백과사전적 지식처럼 입체적 개념이 중요한 교과별 핵심 개념 지식 찾기와 그 개념의 형상화를 통한 습득이고 다른 하나는 많이 사용되는 국어사전적 의미가 중요한 기초 어휘들의 학습입니다.

구체적으로 살펴보면 우선 교과별로 가장 근본적이고 중요한 핵심 개념들을 뽑아 입체적으로 이해합니다. 즉 그 개념의 기원과 변화, 특성과 기능, 종류와 유형, 다른 개념과의 관계(인과, 영향, 공통점과 차이점 등) 등 다양한 측면을 살펴보고 고유의 개념 틀(형태 스키마)을 형상화합니다. 그리고 사전적 정의를 참고하여 자신만의 개념적 정의(지정)를 내려 하나의 맵으로 정리하는 훈련입니다.

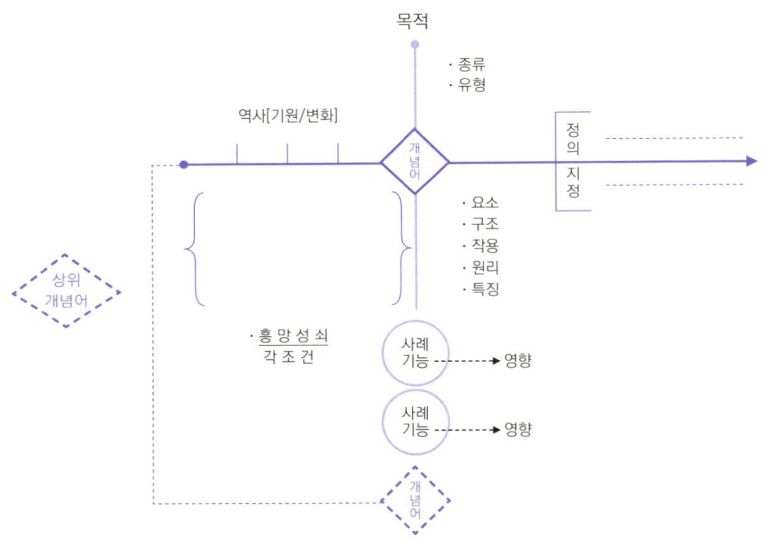

이상의 핵심 개념을 다음 개념 맵으로 정리해 볼 수 있습니다. 개념의 속성과 원형 그리고 개념 간 기능적 관계의 의미를 입체적으로 파악하기 위해 개념 맵을 이용합니다. 개념 맵은 위치별 내용을 규정하지 않는 마인드맵과는 달리 각 부분에 해당 내용을 채워 정리하면 됩니다.

민주주의를 예로 든다면 우선 다음과 같이 질문하며 아래 그림의 각 위치에 배열하면 됩니다. 아래 개념 맵은 막연한 마인드맵이 아니라 살펴볼 요건들의 위치를 정해 둔 것으로 생각을 체계적으로 할 수 있습니다.

- 민주주의 의미는 무엇이지? 그 구성 요소와 원리 및 특징은 무엇이지?
- 민주주의의 기원과 변화 과정은 어떻지? 민주주의의 성립, 발전 조건과 쇠락 및 소멸 조건은 무엇일까?
- 민주주의의 종류와 유형에는 무엇이 있을까? 민주주의의 목적은 무엇일까?
- 민주주의에 대해 나만의 정의를 내려 본다면?
- 민주주의와 정의, 자유는 어떤 관계지?
- 민주주의의 상위 개념은 무엇일까?

| 과목 | 핵심 개념 |
|---|---|
| 국어 | 주제, 소제, 제제, 수사법, 구성, 갈등, 메시지(교훈) 의사소통, 비유, 감각적 표현, 논리, 플롯, 추론, 비판, 맥락, 내용 형식. |
| 물리 | 역학적 시스템, 열과 에너지, 힘과 운동, 파동(빛과 소리), 전기와 자기, 속도. |
| 화학 | 원소 주기율표, 원자, 이온, 산과 염기, 물질의 합성. |
| 생물 | 생명 시스템 (인체 구조, 소화, 순환, 호흡 배설 구조), 식물 구조, 광합성. |
| 지학 | 지구 시스템(수권과 해수), 우주 구조. |
| 정치 | 정치, 국가 기관과 삼권 분립(입법, 사법, 행정)과 변화, 정부 형태(대통령제와 의원내각제), 민주주의, 선거, 권리와 의무, 인권. |
| 경제 | 경제, 가계, 기업, 정부, 은행, 수요, 공급, 환율, 분업, 인플레이션. |
| 사회 | 사회, 사생활의 구성요소(교육, 복지 등), 국가와 지역 단체 행정 요소, 민족, 의식주. |
| 문화 | 문화, 동양 문화와 서양 문화. |

| 과목 | 핵심 개념 |
|---|---|
| 지리 | 영역: 지형, 기후, 자원, 산업, 인구, 취락.<br>개념: 분포, 이동, 지역, 관계, 변천, 축적, 지도. (한국 지도, 세계 지도 지구본) |
| 역사 | 역사, 시대별 지명의 변화, 시간 흐름도.(고대, 중세, 근세, 근대, 현대) |
| 도덕 | 도덕: 개념 의미, 사례, 의사결정, 문제 해결, 논리, 도덕 기준.(진선미) |
| 수학 | 등호, 연산의 본질적 의미, 분수, 비율, 다항식, 방정식, 부등식, 함수, 도형의 본질적 의미와 원칙. |

이처럼 핵심 개념을 기반으로 다른 개념을 엮어 가는 것도 중요하지만 자주 사용되는 용어들의 정확한 의미를 알아 두는 것도 중요합니다. 어떤 용어의 의미가 머리에 선명히 떠오르지 않는다면 사전을 찾아보는 습관을 갖는 게 필요합니다. 의미를 찾아 본 경우 견출지로 표시해 두고 형광펜으로 표시해 두면 자동으로 자신만의 사전이 됩니다.

## (3) 대학과 취업을 뛰어넘는 미래 지능 생각법
### - 코어알파 씽킹 완성 훈련

인지 사고 생각을 완성하는 핵심은 '설계' 즉 DESIGN입니다. 특별한 건축물이나 도시를 설계하거나 컴퓨터 프로그래밍, 클래식 작곡, 책 쓰기 등 창조적인 활동들은 대부분 복합적이고 종합적이며 창의적인 '설계' 행위들입니다. 과학자도 정보를 종합하여 가설을 만들고 검증하기 위해 기존의 이론과 법칙들을 바탕으로 실험을 설계하고 실행합니다.

　많은 정보를 듣고 읽기만 하고 방치하면 정보의 홍수 속을 헤매게 됩니다. 주제를 선정하고 관련 정보를 흡수하고 소화해서 새로운 것을 재창조해야 합니다. 누구나 아는 비슷하고 흔한 정보는 힘이 약합니다. 고도의 지식 생산 기술과 능력을 키워야 합니다.

　정보 기술 고도화 사회가 될수록 기능적인 것은 컴퓨터나 인공 지능이 대신하고 고도의 설계 능력이 인간의 유니크한 능력이 됩니다. 이것이 미래의 역량입니다.

　대학 총장이자 수학 박사인 박형주의 말대로 이젠 복잡다단한 문제를 해결하고 새로운 방향을 설정하는 생각의 힘을 갖춘 작은 리더들을 길러 내는 것으로 교육의 틀이 바뀌어야 합니다. 그의 말대로 과거 소수의 리더에게만 필요했던 '전략적 마인드'와 '기획 및 설계 능력'이 이젠 말단 직원에게까지 필요하게 된 것입니다. 지금 말단 직원들이 할 수 있는 일은 대부분 AI가 대신할 수 있기 때문입니다.

　이어령은 20세기가 전문가의 시대였다면 21세기는 통합의 시대라고 말합니다. 전문가는 한 분야의 기존 지식을 집대성해 해당 분야 전체를 통찰하고 관련 현상과 문제의 본질을 꿰뚫어 보고 문제를 해결하는 사람입니다. 통합 시대의 인재는 지식 대통합을 통해 창조적 혁신을 만들어 내는 융합 인재입니다. 전문가는 지식 설계를 통해, 융합 인재는 생각 설계를 통해 만들어집니다.

　여기서는 실용적으로 '지식'과 '생각'의 설계에 한정해서 종합적으로 설계하는 것을 다루고자 합니다. 어떤 주제 또는 어떤 문제에 대해 지식과 생각을 편집하고 조립하는 겁니다. 차이는 지식 설계가 내가 알고 싶은 것에서 시작한다면 생각 설계는 다른 사람들이 알고 싶은 것이나 필요로 하는 것 또는 특별히 해결하고 싶은 문제나 과제에서 시작한다는 것입니다. 그래서 지식 설계는 독서 노트나 다양한 기록을 하는 게 도움이 되고 생각 설계는 문제해결 연구 노트나 쟁점별 생각 노트를 만들면 좋습니다. 이 단계는 삼차원 독서의 탐구 독서와 공학 독서와 연결되어 있는 최고 수준의 독서 단계입니다. 기존의 학교 공부 수준을 뛰어넘는 활동들입니다.

이 단계의 바탕을 이루는 사고는 시스템 사고와 설계 사고입니다. 시스템 사고란 전체 시스템을 구성하는 하위 시스템들(모듈)을 밝히고, 이들의 상호 연관 관계를 정립하고, 시스템 밖 환경과의 피드백을 규명함으로써 전체를 통찰하고 시스템 유효성을 극대화하는 것을 목적으로 합니다. 전체 시스템에 대한 이해 위에서 창조적인 설계가 가능합니다.

여기서는 구체적인 방법보다는 주요 개념의 이해와 필요성 인식에 역점을 두고 설명을 이어가겠습니다.

## Tip 설계 사고
### -각 분야에서 설계하는 인간, 디자이너가 되라!

설계는 요소들을 적절한 공간에 배치하고 배치된 요소들 사이에 다양한 변화를 주고 새로운 연결을 시도하는 공간의 미학을 살리는 작업입니다.

설계 사고는 공학적 사고를 바탕으로 다면적이고 다층적으로 그리고 체계적으로 주제나 문제를 중심으로 지식과 생각을 연결하고 정리해 가는 것입니다.

설계 사고 단계는 종합적인 사고, 융합적인 사고가 특히 중요합니다. 구슬을 꿰어 목걸이나 팔찌를 만드는 구성적 사고가 설계 사고입니다. 설계 사고는 대안적 사고입니다. 대안적 사고는 과거의 경험을 이용해 새로운 문제를 해결하는 '생산적 사고'와 새로운 발상으로 결론을 이끌어 내는 '창조적 사고'로 구분할 수 있습니다. 정보 설계는 생산적 사고와 가깝고 생각 설계는 창조적 사고와 가깝습니다.

생산적 사고는 상상력을 바탕으로 분해 사고와 구성 사고를 핵심 요소로 하고, 창조적 사고는 변형 사고와 연결 사고를 핵심 요소로 합니다. 핵심을 찾아 효율적으로 정보 처리를 하는 데 중요한 것은 머릿속에 지식을 분해하고 구성하는 논리적 융합 사고입니다. 문제를 해결하는 생각의 핵심은 창의적으로 변형하고 연결하는 융합 사고입니다.

분해 사고는 대상을 다양한 기준으로 나누어 대상의 핵심 요소와

구조 기능 관계 원리 등을 파악하는 것입니다. 이때 필요한 것이 비교 관찰력입니다. 남성만 있었을 때 남성만의 특성을 파악하기 어렵지만 여성을 옆에 두면 남성만의 특징을 파악하기 쉬운 것과 같습니다. 구성 사고는 어떠한 의미 있는 심상이나 지식의 구조 또는 입체적 모형으로 조직하고 의미 있는 대상으로 완성하는 것입니다.

변형 사고는 어떤 조작을 가해 재구성하는 것입니다. 마치 레고 조각으로 어떤 모형을 만든 다음 해체하여 다시 새로운 모형을 만들어 보는 것입니다. 연결 사고는 더 큰 맥락에서 전후좌우에 있는 다른 요소들과의 관계를 파악하고 위치를 설정하고, 미래의 결과와 영향을 예측하고 다른 영역에서의 가능성을 모색해 보는 융합 사고입니다.

이렇게 분해, 구성, 변형, 연결 사고를 하게 되면 전체의 시스템을 보는 입체적 눈이 생겨 상황에 따라 대응해 갈 수 있는 문제 해결 및 응용력이 생길 것입니다.

설계 과정의 핵심은 창의성입니다. 창의성은 의지적으로 머리를 짜내는 창의성과 자연스럽게 흘러넘치는 창의성이 있습니다. 차이는 압도적인 정보와 경험의 축적 여부입니다. 가득 차 있는 물 잔은 조금만 흔들거나 새로운 물을 조금만 부어도 흘러넘칩니다. 물이 바닥에 조금 있는 컵은 많이 기울여야 또는 뒤집어야 물이 나옵니다. 전자는 계속 생산적인 아이디어가 쏟아져 나오는 경우와 비교할 수 있고, 후자는 어쩌다 좋은 아이디어 하나 끄집어내는 것과 같습니다. 이것이 의미하는 바는 3단계의 종합적 설계 이전에 충분한 인풋 활동을 갖는 게 중요하다는 것입니다.

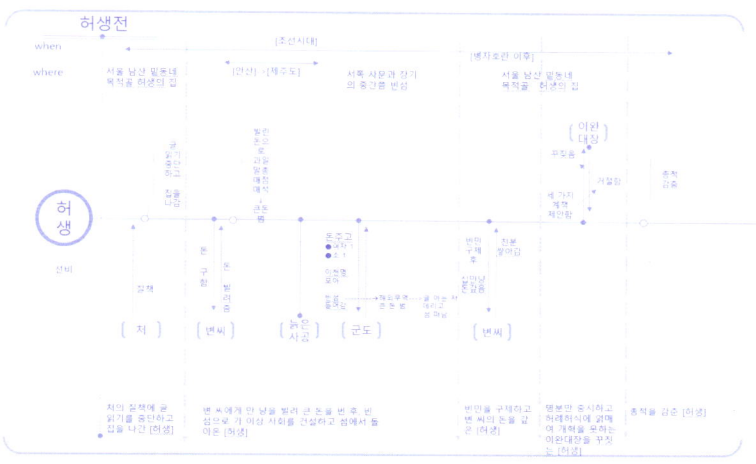

## 💡 지식 시스템 융합 설계
: 세상의 지식을 연결하고 정복하여 시대 인재가 되라!

지식 시스템 융합 설계, 말은 거창하지만 쉽게 말하면 어떤 주제의 글을 집대성하여 책을 쓰기 위해 한 주제에 대해 여러 권의 책을 읽으며 중복과 빠진 부분 없이 입체적으로 종합 정리하는 것입니다. 이는 전문가(Specialist) 독서로 이미 정리된 지식을 흡수만 하는 것이 아니라 자신이 주체가 되어 지식을 정리하며 새로운 것을 발견하는 것입니다. 물론 단순한 정리가 아닌 체계적 정리 속에서 새로운 사실이나 문제, 해결 방안, 원칙, 원리, 본질 등 새로운 것을 발견해야 합니다.

너무 많이 읽고 듣고 생각만 하면 머리가 복잡해집니다. 이때 책 쓰기는 비움과 채움을 통해 우리를 더 자유롭게 해주고 발전하게 합니다. 책을 쓰며 정리하다 보면 쓸데없는 것은 버리게 되고 부족한 것은 채우게 되기 때문입니다.

지식 설계는 우선 관련 문제와 관련된 주제의 정보를 모아 전체 구조를 짜며 이루어집니다. 몸이나 자동차에 문제가 생기면 우선 대상 전체의 체계가 그려져야 하고 그것을 바탕으로 변화와 움직임 속에서 생길 수 있는 현재의 문제와 미래의 문제를 진단 예측할 수 있어야 처방을 할 수 있습니다. 한 분야에서 전체 시스템을 알고 문제 상황마다 시뮬레이션을 할 수 있어 시나리오별 매뉴얼이 만들어져 있다면 전문가 또는 리더가 되는 겁니다.

주제 중심 훈련인 지식 인지 설계는 이미 있는 대상이나 상황의 시스템이나 메커니즘(작동 원리나 구조)을 언어나 도식으로 체계화하는 것입니다. 특히 자신이 선택한 주제의 각 구성 요소와 그들 간의 관계를 잘 연결해야 합니다. 이때 중요한 사고력이 시스템 사고입니다. 여기서 말하는 시스템 사고는 피터 센게의 제5경영에 의해 대중화된 시스템 사고 기술에 한정하지 않고 부분들이 서로 연결되어 전체로서 기능하는 것으로 부분들의 배열이 결정적으로 중요한 경우입니다.

고1 통합 과학의 큰 제목은 '물질과 규칙성', '시스템과 상호작용', '변화와 다양성', '환경과 에너지'로 되어 있습니다. 이 목차의 내적 체계를 보면 어떤 대상을 파악하는 과학적 사고의 틀이나 시스템 사고의 체계로도 볼 수 있습니다. 예를 들어 어떤 주제나 대상이 있으면 그것의 구성 요소와 그것들 간의 규칙성을 파악하고, 그것들이 어떤 체계나 모델을 이루어 어떻게 작동하고 영향을 미치며 상호 작용하는지 파악합니다. 이를 통해 그 변화의 다양한 유형과 예들을 확인하며 주변 환경과의 관계를 파악하고 그것이 존속하기 위한 바탕 환경인 생태계를 파악합니다. 이어 어디서 어떤 에너지를 받아 어떻게 생명력을 유지하는지를 파악하는 것입니다.

표면적 이해에 그치면 금방 사라지는 지식이 되고 실제로 사용되기도 어렵습니다. 하지만 심층적 이해를 하면 자동적으로 장기 기억이 되고 응용력이 높아져 실력이 향상됩니다. 시스템을 아는 것은 심층적 이해입니다. 우리가 무엇인가를 진짜 알아서 통달했다고 할 때는 전체의 그림이 그려지고 여러 상황에 따라 어떻게 작동하고 기능하는지 알게 되는 경우입니다. 맥락적 사고, 패턴적 사고, 입체적 사고, 다면적 사고 등은 모두 시스템 사고의 다른 모습입니다. 시스템을 알면 문제 해결 능력이 급격히 향상됩니다. 시스템을 파악할 때는 구조와 작동 원리인 메커니즘과 그 속에 숨어 있는 알고리즘을 파악하려고 노력하면 다음 단계인 생각 설계를 보다 성공적으로 수행할 수 있습니다. 이런 능력을 가진 인재로 순간적으로 떠오르는 인물에는 정약용, 세종, 이황, 뉴턴 등이 있습니다.

구체적으로 주제별로 책, 인터넷 자료, 동영상 등 모든 정보를 활용해 그 주제에 대해 정리하고 그 모형을 만드는 훈련이 좋습니다. 바인더나 컴퓨터 파일에 적합한 기준(십진분류 등)을 가지고 잘 분류하여 정보를 잘 관리하는 것도 중요합니다. 팁을 드리자면 리딩의 아이디어를 여기서도 써먹으면 됩니다. 일명 단권화 방법이라고도 할 수 있습니다. 하나를 기본서로 삼고 나머지 도서를 읽으며 기본서의 관련 영역에 붙이듯이, 하나의 핵심 생각과 구조를 우선 설정하고 새롭게 읽는 정보나 자신의 생각을 덧붙이고 정기적으로 재구성하는 것입니다.

완성 단계에서 중요한 것은 전체 분류 체계를 파악하고 주제를 좁혀 갈수록 좋다는 겁니다. 역사를 정리한다면 여러 시대 중 근세, 그중에서 정치, 그중에서 인물, 그중에서 이순신, 그중에서 명량 대첩, 이런 식으로 말입니다. 그러기 위해 아래처럼 전체를 계층식으로 계속 더 세분화해 가는 게 좋습니다.

지식 정보 설계의 가장 좋은 방법은 정보 서적을 써 보는 것입니다. 어렵다면 한 주제의 여러 책들의 목차를 융합하여 새로운 디테일한 목차를 설계하는 것도 좋은 훈련입니다. 이러한 훈련은 인간의 공부 과정, 두뇌 인지 구조와 작동 원리에 대한 연구로 시작하면 좋을 듯합니다.

## 💡 생각 시스템 융합 설계
: 새로운 세계를 창조하고 다스려 미래 인재가 되라!

생각 시스템 융합 설계도 쉽게 말하면 '기획하기' 또는 '작전 짜기', '창작하기' 정도로 표현할 수 있습니다.

이것이야말로 기존 공부와 독서만으로는 할 수 없는 것입니다. 과학, 기술, 공학, 인문예술, 수학을 융합하고, 지식, 생각, 감각을 융합 설계할 수 있어야 합니다. 영화를 보면 보통 지능적인 범죄 설계자들은 전체 상황을 파악하고 앞으로 일어날 일을 예측하거나 상황을 만들어 냅니다. 그들은 머릿속으로 시나리오를 짜고 시뮬레이션 하는 능력이 탁월합니다. 논리적이고 합리적인 추론 능력을 바탕으로 입체적이고 종합적으로 사고하며 문제를 예측하고 해결합니다.

목적에 맞는 로봇을 상상하고 그것이 생각대로 움직이도록 각 부품과 프로그램을 설계하는 것도 마찬가지입니다. 이를 위해서는 동력과 역학 프로그램도 알아야 할 것입니다.

융합 설계는 새로운 문제 해결 메커니즘과 생각을 설계하는 것입니다. 이를 위해서는 해당 분야의 영역별 전문 지식과 더불어 디자인적 감각을 가지고 그것을 상상하고 종합할 수 있는 그야말로 똑똑한 머리가 필요합니다. 이는 공부 머리를 뛰어넘어 아직은 소수만이 가진 미래 창조 융합 지능입니다. 이것은 단순히 책을 읽어서 되는 것이 아닙니다. 이것은 어떤 영역이든 작곡가와 오케스트라 지휘자 또는 축구 경기의 감독처럼 전체를 보고 조율하고 융합하는 능력이 필요합니다. 레고로 자신만의 모델을 스스로 설계하고 조립하고 조작하는 능력과도 비슷합니다. 이는 말로만 떠드는 메아리가 되어서는 안 됩니다. 스스로라도 자신을 그런 인재로 만들어 가야 합니다. 누구도 우리 삶을 책임져 주지 않기 때문입니다.

생각의 융합 설계를 위해서는 조금 전문적으로 말하면 과학적 사고를 기반으로 한 '컴퓨팅 사고'와 '디자인씽킹'이 필요합니다. 과학적 사고는 문제를 인식하고 가설을 설정한 후 검증하는 과학자의 사고입니다. 컴퓨팅 사고는 컴퓨터 프로그래머가 수행하는 사고이고 디자인씽킹은 보통 예술가와 기획 디자이너들이 하는 사고입니다. 미적 감각과 감수성을 필요로 합니다.

이들이 수행하는 활동만 간단히 살펴보면 다음과 같습니다.

[과학적사고]
대상: 구성 요소-구조 체계-작동 체계-환경과 상호작용
과정: 문제인식 → 가설 설정 → 탐구 설계 및 수행 → 자료 해석 → 결론 도출(가설 수정)

[컴퓨팅 사고]
[정보 수집〉정보 분석] → [모델 설계〉알고리즘] → [프로그래밍〉적용〉평가]
분석 능력 → 설계 능력 → 실현 능력 → 평가 능력

[디자인씽킹]
이해 공감하기 → 문제 정의하기 → 아이디어 확장 → 프로토타입

구현 → 테스트 실행

사용자 중심의 관찰, 공감 → 발산과 수렴을 통한 통합적 사고 → 구현하기

결국 통합적 문제 해결 과정이자 창조 과정입니다. 이 역량과 관련하여 가장 먼저 떠오르는 사람들은 스티브 잡스와 일론 머스크입니다. 다 알다시피 스티브 잡스는 애플 PC는 물론 스마트폰의 선구자이고, 일론 머스크는 위성 인터넷 스타 링크, 전기 자동차 테슬라 모터스, 우주여행 스페이스 엑스, 태양 에너지 솔라 시티 등을 이끌고 있는 현실판 아이언맨입니다. 과거 인물로는 레오나르도 다빈치나 에디슨 또는 아인슈타인이 창의적 설계 사고와 관련해 가장 많이 언급될 수 있는 인물들이죠. 특히 스티브 잡스는 다음과 같이 말합니다. "디자인은 그 제품의 본질을 나타내는 핵심이다." 과거엔 디자인이 기술에 종속됐다면, 스티브 잡스는 디자인에 기술을 맞춥니다. 이것은 인간의 필요와 마음에 기술과 도구가 맞추어 가야 하는 것이죠. 이는 AI 기술의 진행 방향이기도 합니다.

중학생 나이에 췌장암 조기 진단 키트를 개발한 소년 잭 안드라카도 최근의 대표적인 융합 설계자입니다. 그는 가족처럼 지내던 아저씨가 췌장암으로 죽고, 의사의 "조금만 더 일찍 알았더라면 살 수 있었는데."라는 말을 듣고 "더 나은 진단법은 없을까?"라는 의문을 갖고 인터넷 정보와 논문 자료들을 참고해서 암이 무엇인지, 특히 췌장암은 무엇인지를 알아내고, 암에 걸리면 특정한 단백질이 혈액에서 증가한다는 사실을 알게 됩니다. 이를 바탕으로 '췌장암에 걸릴

경우 증가하는 단백질만 찾아내면 되겠네!'라는 아이디어를 발전시켜, 199명의 대학교수들의 실험실 사용 거절과 8000종의 단백질을 대상으로 하나하나를 실험하고 분석하다가 3999번의 실패의 무한 반복 끝에 췌장암, 난소암, 폐암이 걸리면 증가하는 단백질 메소텔린을 찾아냅니다. 하지만 문제는 혈액 속 수많은 단백질 중에서 메소텔린만 인식할 도구가 필요했습니다.

  이러한 난제에 걸려 있을 때 생물 시간에 몰래 읽던 과학 논문에서 탄소 나노 튜브를 보게 되고, 아주 길고 가느다란 탄소 나노 튜브에다 특정한 단백질에만 반응하는 항체를 엮으면, 한 단백질에만 반응하는 센서를 만들 수 있겠구나 하는 아이디어를 발견합니다. 이후 7개월 만에 성공, 새로운 혁신적인 진단 센서를 발견합니다. 검사 시간은 5분, 비용은 겨우 3센트, 기존 진단보다 168배 더 빠르고, 2만 6,000배 저렴하며 400배 더 민감하여 정확도가 거의 100%에 가까운 진단 키트를 개발합니다. 이는 폐암, 난소암, 심장병 등 다른 암들에게 무궁무진하게 응용 가능하게 됩니다. 결국 2012년 세계 최대 청소년 과학 경진 대회인 인텔 ISEF에서 최종 우승을 거머쥐고, 스탠퍼드대학에 진학해 암세포를 죽이는 나노봇, 진단 센서 프린터 등 연구에 매진합니다.

  그는 테드 강연에서 다음과 같이 말합니다.

  "저는 그때 15살에 불과했고, 췌장이 뭔지도 몰랐고 암에 대해선 완전 문외한이었죠. 하지만 그렇기 때문에 선입견이 없었고 무엇이든 시도할 준비가 되어 있었습니다. 그리고 노트북과 인터넷 검색만으로 새로운 발견을 할 수 있었습니다. 모든 문제에는 해답이 있습니다. 열정을 갖고 찾기만 하면 됩니다. 여러분이라고 안 될 이유가 뭐가 있나요? 당신이 할 수 있는 것을 상상해 보세요. 당신도 세상을 바꿀 수 있습니다."

잭 안드라카의 진단 키드 개발 과정을 보면, 디자인씽킹과 컴퓨팅 사고 과정을 알 수 있습니다. 사랑하는 사람의 암에 대한 문제의식을 갖고(이해 공감하기), 인터넷 정보와 논문 자료를 통해 췌장암에 걸리면 생기는 특정한 단백질을 발견하면 된다고 생각하고(문제 정의하기), 그 단백질을 찾아내어 그것을 진단하는 탄소 나노 튜브 센서를 구현하여(프로토타입의 구현) 테스트해서 성공합니다. (테스트 실행) 중간중간 단백질 발견이나 도구 개발에서 정보를 수집하고 분석하는 분석 능력, 가설과 모델을 세워 진단 키트 센서를 만드는 설계 능력, 그리고 실험하고 적용해 보는 능력 등 실천 능력과 평가 능력까지 보여줍니다.

이처럼 생각 설계 능력은 과학적 사고를 바탕으로 한 컴퓨팅 사고와 디자인씽킹 융합입니다. 좌뇌적이고 분석적인 컴퓨팅 사고와 우뇌적이고 직관적인 디자인씽킹을 융합해 문제를 해결하는 것입니다. 프로그래머와 디자이너의 사고방식을 일반화해 우리 삶의 문제들을 해결하고 개선하는데 이용하자는 것입니다. 설계 즉 Plan과 Design은 핵심 인재의 영원한 화두가 될 것입니다.

실제 프로그램을 작성하면 가장 좋지만 일반적인 컴퓨팅 사고력 훈련 차원에서는 수학이나 논술 문제 또는 일상생활 문제를 분석하고 이를 해결하기 위한 알고리즘(어떤 문제를 해결하기 위해 정해진 일련의 절차나 방법)을 찾거나 만드는 훈련을 추천합니다. 이는 어떤 문제를 해결하는 최적화된 절차를 찾아 순서도를 작성하여 매뉴얼화하고 근본적인 원리나 성공 원칙과 규칙을 뽑는 훈련입니다. 이 외에도 순수한 두뇌 개발의 차원으로 다양한 보드게임의 승리 메커니즘을 고수의 수준까지 알아내는 방법도 도움이 됩니다. 요지는 단순히 주어지는 어떤 기술을 배워서 적용하는 것이 아니라 스스로 남들이 보지 못한 문제의 내적 구조와 패턴을 발견하고 문제를 해결할 수 있는 일반화된 도구 즉 생각과 지식의 방법적 모듈(특정 기능을 담당하는 부분 장치)을 만들어 내는 능력을 기르는 것입니다.

디자인씽킹에 좋은 훈련은 책이나 논문 쓰기 또는 어떤 발명품 기획하기 등이 좋습니다. 이때 디자인씽킹 프로세스를 거쳐 수행해 보는 것입니다. 또는 베스트셀러 책이나 상품들은 과연 어떤 공감과 필요를 만족하고 있는지 분석하거나, 다양한 공부 방법, 독서 방법 글쓰기 방법들을 분석하고 평가하고 재설계해서 개선점을 찾는 훈련도 도움이 될 겁니다.

컴퓨팅 사고와 디자인씽킹은 둘 다 현재와 미래의 상황과 문제의 특성을 고민하여 실용적이고 창의적인 해결법을 도출하는 겁니다. 건설적인 미래의 결과를 생산하려는 의도를 가진 문제 기반 또는 문제 중심 사고입니다.

# 독서 코끼리의 코
## -딥코어 라이팅

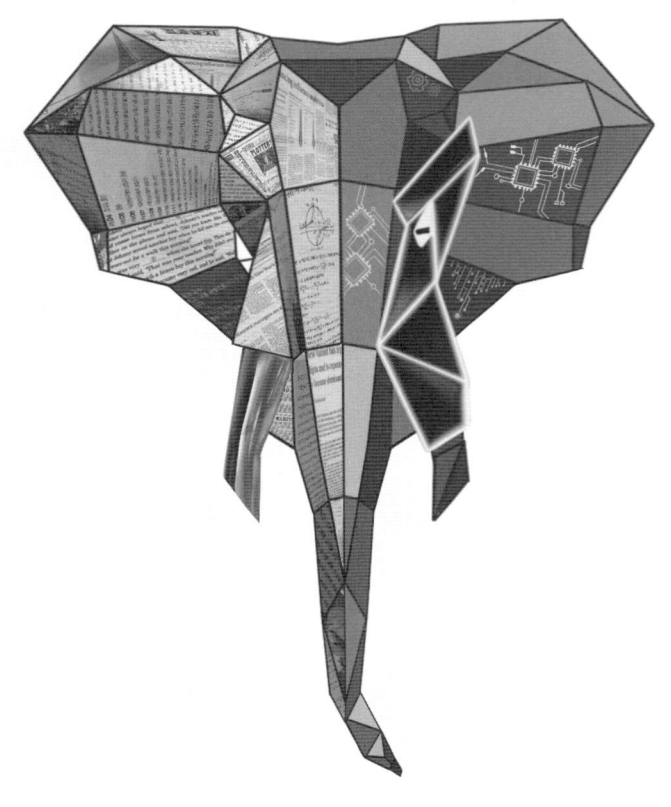

## 코끼리 코

코끼리의 코는 무려 근육 150,000개가 모여 수백 kg 이상을 들어 올릴 수 있다. 내부의 공간 역시 생각보다 커서 물 45L 정도가 들어갈 수 있고, 한 번에 9L 이상 물을 빨아들여 마신다. 다만 물을 마실 때는 코에 한 번 저장한 다음, 다시 입으로 가져가서 분사하여 물을 식도로 넘긴다.

코의 원래 주 기능인 후각 기능도 좋아 후각 수용체 유전자 수가 육지 동물 중에서 제일 많다. 쉽게 말해서 세계에서 후각이 제일 좋은 육지동물이다.

## Writing

코끼리의 코는 사람의 손과 같습니다. 쓰기는 결국 손으로 하는 것이고 생산적인 결과를 만들어 내는 것이기에 코끼리 코는 라이팅과 연관이 많습니다. 코끼리 코는 후각이 발달되어 냄새를 잘 맡습니다. 쓰기도 세상이 원하는 것을 잘 읽어 내고 그 필요를 잘 맞출 수 있어야 합니다. 코끼리가 코로 물을 흡입한 후 입에 넣듯이 글도 우선은 생각을 모으고 나서 글로 쏟아내야 합니다.

# 1.
# 기록은 지혜와 부를 당기는 자석이다.

　라이팅(Writing), 쓰기는 자신이 원하는 취업 또는 학위를 얻기 위한 중요한 관문 중 하나입니다. 미국과 유럽의 경우 높은 수준의 대학에서 작문은 거의 절대적인 지위를 차지하고 있다고 봐도 과언이 아닙니다. 시험이 아니더라도 글을 쓰고 책을 쓰는 것은 세상을 내 편으로 만드는 가장 강력한 기술입니다.

　기록은 기억을 이깁니다. 눈으로만 하는 독서는 시간이 흐르면 머릿속에 남아 있는 것이 별로 없어 삶의 변화를 느끼지 못할 수 있습니다. 삶이 변화하는 생산적인 독서를 위해서는 기록을 해야 합니다. 기록은 기억의 단서가 되고 생각의 재료가 되어 글쓰기는 물론 삶에 적용할 아이디어를 줍니다.

기록은 정돈된 생각을 만들어 줍니다. 너무 많은 책이나 강의 영상을 보고 듣기만 하면 머리가 꽉 차 무거워지는 느낌이 들고 복잡해질 때가 있습니다. 이때 생각을 정리하고 글을 쓰는 순간 내 몸을 비우듯이 머리가 가벼워지고 시원해질 때가 많습니다. 라이팅은 비우는 것입니다.

메모는 깊이 있는 소통의 맛을 느끼게 해 주고, 정리는 생각에 질서를 만들어 줍니다. 이는 보다 능동적으로 자신의 생각과 해석을 발전시켜 줍니다.

이러한 이유로 이 책의 마지막은 쓰는 것에 대한 이야기로 마무리하고자 합니다. 우리는 다양한 방법을 접하며 실제 써 보면서 감각을 익히면 더 잘 쓸 수 있게 될 것입니다. 여기서 다루는 라이팅, 즉 작문은 메모는 물론, 표시와 정리, 글쓰기 모두를 포함하는 '포괄적인 기록'을 지칭합니다. 또한 특별한 영감과 타고난 재능으로 쓰는 글쓰기가 아니라 마음만 먹으면 누구나 원하는 양과 수준의 글을 편하게 쓸 수 있는 테크니컬 라이팅(공학적 글쓰기)의 본질에 대해 다루고자 합니다.

처음엔 기록보다 독서 습관을 갖는 게 더 중요합니다. 독후 활동이 독서를 방해하지 않도록 심플의 원리를 지키며 독서에 절대 비중을 두고 시작하여 비율을 조절하며 진행합니다. 독서 생각 글쓰기의 비율을 3:2:1, 2:3:1, 1:2:3 정도로 기간에 따라 조정해 나가기를 추천합니다. 충분한 독서와 생각의 시간을 거치면 어느 순간 쓰기가 읽기보다 쉬워집니다. 쓰기 위해 읽고, 읽기가 자신이 주도하는 생각의 보조도구가 되는 순간, 책으로부터 자유로워지면서 생산적인 활동을 많이 할 수 있게 됩니다.

전체 독서 과정 중 수행하는 라이팅은 다음과 같습니다.

**Pre Reading - 읽기 전 라이팅**
서문 앞: 궁금한 것이나 목표 적기
목차 옆: 읽을 순서나 기간과 독서 시간 방법 계획

**In Reading - 읽는 중 라이팅**
표시: 밑줄이나 표시
메모: 궁금한 것, 적용할 만한 생각
정리: 꼭지마다 또는 챕터마다 제목 옆 간단 글의 구조 정리

**Post Reading - 읽은 후 라이팅**
1차 액션: 독서 노트와 바인더 분류 정리
2차 액션: 융합 설계 글쓰기
3차 액션: 토론, 발표, 기획, 블로그 글쓰기

**실천 꿀Tip**: 실전적으로 책을 읽어갈 때는 1, 2주 단위로 한두 권의 인문 또는 교양 도서와 공부하거나 탐구하고 싶은 한 주제의 책을 3권 이상 준비하고 가방이나 손에는 인문 도서와 지식 도서 2권 이상을 가지고 다니길 추천합니다.

## (1) Pre Reading - 시작은 반을 결정한다

표지, 머리말, 목차를 보면서 전체적인 내용의 구조와 핵심을 파악하고 미리 읽을 순서 및 독서 방법과 일정을 간단하게 기록하거나 체크합니다. 독서 목적과 독서를 통해 얻게 될 효과에 대한 예측, 질문을 서문 앞에 쓸 수도 있습니다.

미리 책을 살펴보는 것은 독서의 항해 전 지도와 나침반을 확보하는 것입니다. 적은 정보로 맥락을 잡고 핵심을 추측할 수도 있고, 독서의 실천 가능성도 높여 줍니다.

## (2) In Reading - 기록은 대화다.

책과 대화하듯 읽으며 표시, 메모, 정리 등을 합니다. 이러한 활동은 적극적으로 질문하고, 추론하고, 참여하며 읽는 활동입니다. 일방적으로 받아들이기만 하는 것이 아니라 자신의 생각과 저자의 생각을 비교하며 답을 찾아보는 적극적 독서 과정입니다. 처음에는 어려울 수 있지만 단순한 구경이 아닌 참여를 하는 독서의 맛을 놓치지 않길 바랍니다.

메모는 책으로부터 중요한 정보와 지식을 끄집어내 주기도 하지만, 자신 안에 있는 것을 끄집어내 주기도 합니다. 특히 책을 읽는 중간중간 핵심 키워드를 중심으로 책 내용을 떠올려 보기도 하고 떠올린 핵심 키워드를 연결해 생각을 정리하고 자신의 생각을 덧붙여

기록하는 것을 추천합니다.

### (3) Post Reading - 지혜의 부엉이는 황혼에 난다.

"미네르바의 부엉이는 황혼이 되어서야 날아오른다."라고 합니다. 즉 지혜는 어떤 일을 마칠 때에 생긴다는 의미입니다. 그만큼 마무리를 잘 해야 지혜를 담을 수 있습니다. 독서의 마무리 활동은 또 다른 시작입니다.

#### 💡 1차 액션: 필기하라, 그리고 분류하라

질문과 문제로 가득한 아이작 뉴턴의 노트, 수많은 그림과 아이디어가 메모로 된 레오나르도 다빈치의 노트, 궁극의 개념을 추구한 철학자 헤겔의 노트, 무의식의 몽상적 명상을 기록한 알베르트 아인슈타인의 노트를 떠올려 봅니다. 노트에 필기를 하라는 말은 어쩌면 디지털 시대에 구닥다리 같은 얘기가 아닌가 생각할 수도 있습니다. 그러나 수기로 쓴 노트와 디지털 노트, 음성과 영상 모든 것을 활용하면 더 큰 힘을 가질 것이라 확신하고, 손 노트만이 주는 이점은 직접 체험으로 느껴 보기를 바랍니다.

필기를 하는 구체적 방법으로 내용의 밀도가 높은 책은 공책 또는 카드로 정리 후 책에 넣습니다. 밀도가 낮은 책은 종이(A4/B4)의 낱장에 정리해서 바인더에 분류합니다. 최근 독서 교육 시장이 발달하며 다양한 활동지와 교재들이 만들어지고 있지만, 마무리로는 백지 노트가 가장 좋은 활동지입니다. 백지는 우리의 뇌와 같다고 봅니다. 처음부터 끝까지 머릿속을 설계한다는 마음으로 노트를 채워가길 기대합니다.

노트의 종류를 정한 후에는 기록하는 방식을 정합니다. 순차 기록 노트(일반 줄 노트)에는 내용 순서대로 중요한 문장이나, 기록하고 싶은 문장을 필사하고, 단원이나 책 한 권이 끝날 때 그림과 마인드맵으로 체계적으로 정리합니다. 인문 독서는 순차 기록 노트가 적합하고, 지식 독서는 마인드맵으로 연결 지어 정리하는 것이 좋습니다.

독서 노트에 기록될 내용에는 1. 책 제목, 저자, 날짜 및 책 소개나 저자에 대해. 2. 책의 중요 문장 필사 또는 초록. 3. 필사, 초록한 문장에 대한 자신의 생각. 4. 책을 읽으며 떠오른 질문. 5 책의 핵심 내용 요약정리. 6. 책을 읽고 깨달은 것, 얻은 것. 7. 실천 항목 등을 기록하면 됩니다.

읽으면서 간단히 메모해 둔 것들과 연결하여 체계화한 것 그리고 나의 생각과 아이디어들을 노트에 기록하면 됩니다.

정형화된 기본 틀에 다양한 독후 활동을 추가하는 것도 좋습니다. 독서 후 필기는 내용을 체계화하는 작업으로 대단히 중요합니다. 독서를 통한 공부 머리를 만들고자 한다면 이게 핵심일 수 있습니다.

실천적으로는 생각날 때마다 순서대로 날짜와 함께 적어 나가는 작고 가벼운 만능 수첩과 분야별 또는 주제별로 분류해서 모아 두는 바인더 노트의 사용을 추천합니다. 만능 수첩에는 일정은 물론, 일상의 아이디어와 독서 기록들을 일차적으로 적는 것입니다. 이후 그

날 또는 일주일에 한 번은 필요한 것만 주제별로 분류하여 컴퓨터의 폴더나 링바인더에 정리해 놓는 습관에 도전해 볼 것을 추천합니다.

### 💡 2차 액션: 융합 설계 글을 쓰라

《아름다운 동행》의 저자이자 의사인 박경철은 한 독서 공감 강연에서 글쓰기 노하우를 공개했습니다. 1만여 권이 넘는 책들을 소장할 정도로 책을 많이 읽었는데 처음으로 책을 쓰려 하자 '나는'이라는 두 글자를 쓰고는 턱 막혔다고 합니다. 그때 박경철 의사는 독서를 많이 했다고 하더라도 글을 쓰는 능력이 발달하는 것은 아니라는 것을 깨우쳤다고 합니다. 즉 책을 읽는 능력과 글을 쓰는 능력은 별개입니다.

글쓰기는 생각을 구성하고, 설계하고, 표현할 수 있어야 합니다. 이론도 알아야 하지만 실제로 글을 써 보는 경험이 필요합니다. 책의 목차나 한 꼭지의 글 설계를 분석하면 글 구성력이 좋아지고, 문장과 문단을 분석해서 초서 및 필사를 하면서 생각과 글을 연결하는 훈련을 하면 글 전개력이 좋아집니다. 특히 책의 서문이나 평론을 추천합니다. 모방과 분석이 창조의 어머니인 이유는 결국 행동으로 경험해서 뇌에 회로가 생겨야 하기 때문입니다. 많은 이론보다 좋은 글을 여러 번 읽고 암송도 하고 필사도 하면서 익혀야 하는 이유입니다.

글쓰기는 그 자체로 하나의 생각하는 과정입니다. 읽기는 문자를 그림과 오감으로 바꾸는 것이라면 글쓰기는 그림과 오감을 언어로 바꾸는 것입니다. 이미 정해진 정답을 맞히는 것이 아니라 모두가 수긍하는 답을 글을 쓰며 만들어 내는 능력으로 정보 편집 능력을 발휘하는 것입니다.

　글을 쓰는 법은 생각을 그린 후(발상/구상), 순서를 정한 다음(구성), 살을 붙여 나가며(수사) 쓰면 됩니다. 중요한 것은 생각의 설계도를 작성하는 것입니다. 구상은 생각을 읽는 사람에게 전달하기 위해 최적화된 생각 모형에 맞춰 관련 내용을 배열하고 연결하는 것입니다. 이어 단락을 구성하거나 전개하는 기술을 습득해야 합니다. 구성을 끝낸 후에 내용 전달에 효과적인 순서로 연결하는 겁니다. 글을 쓰기 전에는 중요한 항목들을 기억해 두면 좋습니다. 대상의 정의나, 특징, 유용성, 장점과 단점, 긍정적·부정적 요소, 내외부적 요소와 기간별 예측, 기대 효과 등이 있습니다. 구상은 화살표나 표 그림 모형을 이용하고, 구성 전개 설계는 개요 조목화나 로직 트리를 이용하면 좋습니다.

　전개는 논리적 흐름과 방향이 있어야 합니다.

　보통 현상 또는 통념과 문제 인식-원인-해결책, 화제-의미 해석(영향 또는 기존 기준 기반 평가와 이로 인한 필요성 제시), 부분-종합적 개념화와 일반화의 세 가지 형태를 중심으로 합니다. 여기에 비교 견주기, 분류 나누기, 묘사 비유 구체화(서사, 과정, 인과)의 방법을 더하는 것을 기본으로 합니다.

　여기에 다양한 비유(직유, 은유, 의인, 활용, 대유, 풍유)나 강조(반복, 열거, 대조, 점층, 과정, 설의, 영탄), 변화(대구, 도치, 역설, 반어, 돈호)를 주거나 감각적 언어(시각, 청각, 미각, 촉각적 심상 언어)를 이용해 매력을 더하면 됩니다.

　글을 쓰기 전 구상과 구성을 한 후 말로 설명해 보면서 표현이나 어색한 부분을 교정하고, 쓰면 막힘없이 쓸 수 있습니다. 글은 쓰면서 많은 것을 배우고 발전하게 됩니다. 어느 순간은 쓰기 위해 글을 읽게 됩니다. 아이디어를 얻기 위해, 확실한 확인을 위해. 그러므로 글쓰기는 독서와 공부의 완성이 됩니다.

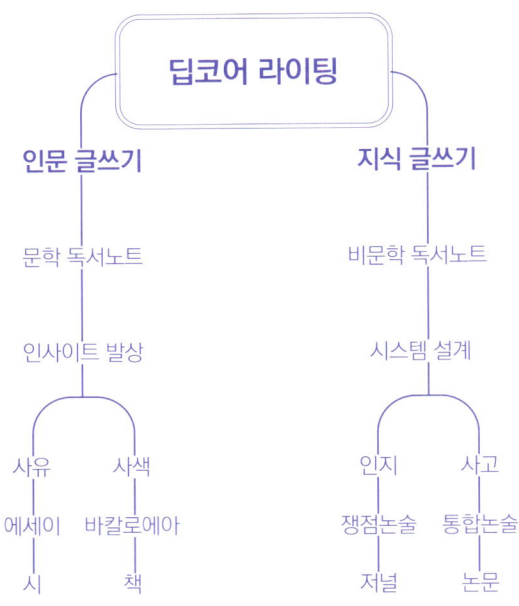

**생각의 구분은 글쓰기에도 아이디어를 줍니다.**
　글쓰기의 종류는 위와 같이 에세이, 철학적 논술, 시사 쟁점 논술, 교과 통합 논술 등 다양합니다. 이는 앞서 설명한 것을 기본으로 하되 각각의 특징에 따라 방법을 더 정교화 해 가면 됩니다.

## ① TRACK ONE - 인사이트 사유 · 사색 글쓰기

글쓰기는 결국 틀과 내용입니다. 사유 사색 글쓰기는 정형화된 틀이 없습니다. 평소 자신의 주관이 뚜렷한 사람은 자기 멋에 취해 아무렇게나 쓰기 쉽고, 자신만의 생각이 별로 없었던 사람은 너무 막연하게 느껴져 쓰기 어려워합니다. 이때 작문 실력을 기르는 가장 좋은 방법은 사유 사색 글을 많이 읽는 것입니다. 글의 구성 방식과 전개를 분석하고, 좋은 표현은 찾아 익힙니다. 그러다 보면 몇 가지 패턴이 발견됩니다. 그것을 활용해서 생각을 채우면 글이 완성됩니다.

이 외에도 다양한 생각 구성 및 전개 프로세스를 가지고 있으면 생각을 정리하고 글쓰기를 시작하는 데 많은 도움이 됩니다.

내용 재료는 앞서 살펴본 독서법과 사유, 사색, 생각 방법에서 가져오면 됩니다. 이것을 서사, 과정, 인과, 논증, 범주, 이론-적용, 심화, 반박-재반박, 인용, 열거 등으로 생각을 더 발전시킬 수 있습니다. 실제 글을 쓸 때는 쓰기 전에 마인드맵이나 다양한 지식의 구조도를 이용해 생각 논리 구조를 그려보거나 생각거리를 연결해서 정리하고 글을 써 내려가면 훨씬 편합니다.

> 다음은 하버드 글쓰기 프로그램의 에세이 평가 기준의 한 예입니다. 명확성, 논리성, 일관성, 독창성, 매력 등 이것을 참고로 피해야 할 것과 가야 할 방향을 정확히 알고 실천하려고 노력합시다.

| 등급 | 평가 기준 |
|---|---|
| A | 탁월하고 완전한 글<br>제기한 문제를 글 앞, 중간, 뒤쪽 모두에서 유지하는 글<br>흥미로운 논제를 제시하고 근거를 잘 선택한 글<br>대안적 해석이나 관점을 언급한 글<br>상투적 표현이 적고 독자를 끌어당기는 글<br>학습한 내용이나 남들의 생각을 반복하는 데 그치지 않고 논의를 전개하는 글<br>명료하고 세련된 문장 |
| B | 여러 면에서 훌륭하지만 한두 가지 중요한 부분에서 보완이 필요한 글<br>목표했던 부분 일부를 다루지 못했거나 나머지 부분과 동떨어진 내용이 있는 글<br>근거의 연결성이 부족한 글<br>근거의 맥락이 충분히 다뤄지지 못해 독자가 읽으면서 연결 고리를 찾아야 하는 글<br>논제 제시 단계에서부터 한계가 있어 전개와 논증이 평이한 글<br>대체로 명료한 문장 |
| C | 잠재성은 보이지만 불분명한 논제, 혼란스러운 구조, 설득력 없는 근거, 명료하지 못한 문장 등 결함이 두드러지는 글<br>논지를 발전시키기보다는 같은 내용을 반복하는 글<br>너무 많은 사항을 간략하게만 제시하는 글<br>구두점, 문법, 맞춤법, 문단 나누기 등에 문제가 있는 글<br>내용 요약에 그치거나 논증 대신 비체계적인 의견 제시에 그친 글 |
| D | 심각한 정도로 과제의 목표 달성을 이루지 못한 글 |

참고: 《하버드는 어떻게 글쓰기로 리더들을 단련시키는가》 (이상원, 북오션)

## ② TRACK TWO-프레임 인지 · 사고 글쓰기

독서를 많이 하는데 논리적으로 글을 못 쓴다고 말하는 사람들이 종종 있습니다. 앞서 말했듯 지식과 생각을 구성하는 법을 모르는 것입니다. 체계적으로 생각하고, 논리적으로 글 쓰는 법을 모른 채, 생각나는 대로 쓰다가 막히기 때문에 그렇습니다. 체계적으로 글을 쓸 줄 모르니 당연히 정교하지도 않은 글이 나오는 것입니다.

이는 설계도를 만들지 않고 건물을 짓겠다는 것과 같습니다. 고층 빌딩 같은 정교한 건물을 지으려면 당연히 설계도가 필요합니다. 마찬가지로 우리의 글도 잘 설계하기 위해서는 생각을 구조화하고 논리적인 발문을 할 수 있는 프로세스를 거쳐야 합니다.

논술이나 저널은 빈틈없이 체계적으로 정리해 주는 것이 중요합니다. 주어진 조건을 체계적으로 조직해, 새로운 생각과 해결안을 제시하는 짜임새가 중요합니다. 앞서 살펴본 생각하는 방법에 대한 훈련을 잘 해 둔다면 프레임을 고민해서 잘 구성만 하면 됩니다.

우선 아래 모형의 각 위치에 논리적인 발문 프로세스에 맞추어 자신의 생각을 적습니다.

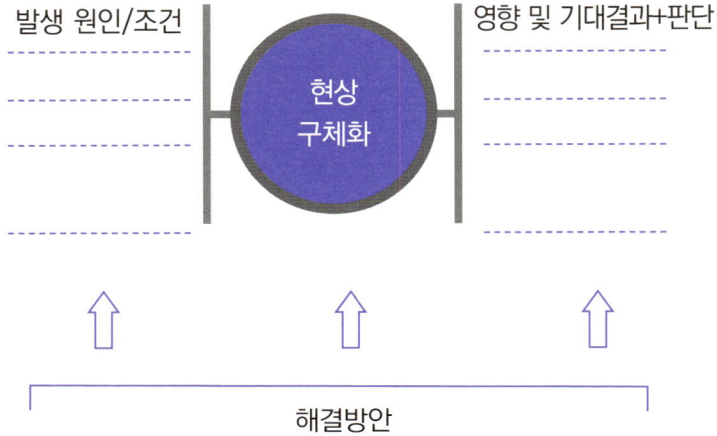

## 1. 현재 문제 상황 분석
- 어떤 상황인가?
- 육하원칙으로 보다 구체적으로 자세히 설명해 보면?

## 2. 영향 분석 및 판단
- 이 상황이 어떤 결과들을 만들어 내고 있는가?
- 어떤 영향을 미칠 것인가?
- 긍정적인가? 부정적인가?
- 진행 또는 정지, 제거 또는 발전 중 어떻게 해야 하는가?

## 3. 원인 및 발생 조건 분석
- 발생 원인과 조건은 무엇인가?
- 보다 더 근본적인 원인은 무엇인가?

- 다른 원인은 없는가?

## 4. 해결 방안 제시 및 평가
- 발생 원인과 조건을 어떻게 처리해야 하는가?
- 그 해결 방안은 적절한가?

다양한 자료를 참고해서 관련된 다른 아이디어나 정보를 채워 넣습니다. 문서에서 뽑을 수도 있고, 토론을 통해서도 좋은 아이디어들을 추가할 수 있습니다. 이렇게 하면 자신만의 생각과 다른 사람의 생각을 연결할 수 있고 차이도 알 수 있습니다.

이어 글을 쓰기 전 번호를 붙이며 어색한 부분이 없어질 때까지 말로 설명해 봅니다. 이때 어색한 부분은 내용을 보충하고 표현도 바꾸어 봅니다. 마지막으로 글을 쓰면 됩니다.

| 구분 | 평가 내용 및 기준 |
|---|---|
| 이해력 | • 주어진 논제에 대한 정확한 이해·분석 능력 |
| 분석력 | - 1단계 적절성/중요성/논리성<br>- 2단계 분명함/정확성/명료성(완벽성)<br>- 3단계 폭넓음/충분함(강함)/깊이<br>• 제시문에 대한 정확한 이해 분석(독해) 능력<br>• 논술문이 논제에 충실한 정도<br>• 제시문을 적절히 활용한 정도 |

| 구분 | 평가 내용 및 기준 |
|---|---|
| 논증력 | • 근거 설정 능력<br>– 주장에 대한 적절하고 분명한 논거 제시 여부<br>– 주장과 논거의 논리적 타당성<br>– 논제에 대한 분명한 견해 표현<br>– 표현 견해가 제시문의 논의에 의거해 적절한 뒷받침<br>• 구성 조직 능력<br>– 전체 논의 전개에 정합성 및 일관성이 유지<br>– 전체 논의 전개에 있어 논리적 비약은 여부<br>– 글의 전체적인 흐름이 체계적이고 조직적으로 전개 |
| 창의력 | • 심층적인 논의 전개<br>– 본인의 주장이나 논거에 대해 스스로 가능한 반론들의 고려<br>– 본인의 논의가 지니는 더 나아간 함축이나 귀결들에 대해 고려<br>– 논의가 전개되고 있는 맥락이나 배경 상황에 대한 적절한 고려<br>– 묵시적인 가정이나 생략된 전제에 대한 더 나아간 고찰<br>• 다각적인 논의 전개<br>– 발상이나 관점 전환을 시도<br>– 가능한 대안들에 대한 고려<br>– 여러 개념들의 종합<br>– 암묵적으로 가정된 전제에 대한 비판적 고찰<br>• 독창적인 논의 전개<br>– 주장이나 논거에 새로움<br>– 문제를 통찰함에 있어 특이함<br>– 관점이나 논의 지평에 참신함 |
| 표현력 | • 표현의 적절성<br>– 문장 표현의 매끄럽고 자연스러움, 적절한 비유 등<br>– 단락구성 및 어휘 사용<br>– 맞춤법, 원고지 사용법 |

### 💡 3차 액션
### : 생산적인 활동을 하라: 토론, 발표, 영상 삶 기획, 블로그 글쓰기

3차 독후 활동은 개인별 독후 활동과 집단별 독후 활동으로 나눌 수 있습니다.

### 개인별 독후 활동
자신의 공부나 일 또는 생활에 적용할 점을 찾아내어 적용하고 실천하는 것입니다.

### 집단별 독후 활동
독서 모임 등을 통해 집단 지성을 발전시키고 지속적으로 독서를 이어가는 환경으로 이용하는 겁니다. 토론이나 적용 후 다시 블로그에 글을 쓰거나 유튜브에 영상을 올리는 것도 좋습니다. 블로그 글쓰기는 나 중심에서 읽는 독자들 입장에서 도움 되고 공유될 수 있는 글을 쓰면 좋습니다.

# Tip 딥와이드 독서 모임

독서 모임을 통해 다양한 사람의 의견을 듣고 토론하며 더 깊고 넓게 이해할 수 있는 집단 지성 기회와 독서 생활의 계기와 동력을 얻을 수 있습니다. 특히 유태인의 탈무드 교육과 중세 및 근대 르네상스 시대의 경전 공부와 인문 공부를 응용한 새로운 독서 문화를 기대합니다.

### 독서 가정(가정에서)

현실에선 공부 외에 인문학적 소양까지 신경 쓰는 것은 어렵습니다. 설령 부모가 인문학적 소양을 통해 자녀들의 인성과 진로를 돕고 삶의 지혜와 의식 수준을 높이고 싶어도 이게 마음처럼 쉽지가 않습니다. 사실 인문학 독서는 지식 독서에 비해 지도하는 사람의 역량을 더 많이 요구합니다. 높은 수준의 인격과 의식 수준, 그리고 독서 수준이 필요합니다. 어설프게 해서는 오히려 안 하느니만 못할 수도 있습니다. 이때는 발상의 전환이 필요합니다.

가르쳐 주겠다가 아니라 함께 '나누어 보겠다.'는 자세입니다.

같이 읽는 시간을 갖고 각자가 생각하는 핵심과 의미 있게 본 내용을 삶에 적용할 수 있도록 발표할 수 있습니다. 성경 공부를 하는 분들의 큐티를 참고해도 좋을 것 같습니다.

### 독서 모임(학교 독서 동아리 또는 지역 독서 모임)

가정에서 이루어지는 책 모임은 현실적으로 어렵습니다.

그래서 가장 이상적인 독서 모임은 유대인의 예시바나 시나고그 또는 일반 교회의 성경 공부와 같은 형태입니다. 전체 독서 토론과 연령별, 관심별, 모둠 토론이 공존하는 토론입니다. 전체 토론을 통해서는 세대 간 서로의 마음과 생각의 소통 기회를 갖고, 독서 문화를 공유합니다. 아이들도 자신들만의 생각과 이해 수준에 머무르지 않도록 돕습니다. 동시에 연령이나 관심별, 여러 모둠 토론도 이루어져 좀 더 깊은 대화와 유대감을 갖도록 합니다.

방식은 자유형, 발제형, 낭독형, 서평형, 강독형 독서 토론, 필사, 치유와 경험 나누기 등 다양한 방식이 가능합니다. 토론할 도서를 선정할 때에도 전체 공동 도서, 모둠별 도서로 나누고 모둠별 도서도 모둠별 공통 도서, 개별 도서로 나누어 수행할 수도 있습니다.

## 2.
# Re Doing 시작을 먼저 하는 자가 아닌 완성을 빨리하는 자가 이긴다.

**시작을 먼저 하는 자가 아닌 완성을 빨리하는 자가 이긴다.**

이것은 제가 몇 십 년을 살아오면서 강렬하게 느낀 점입니다. 학습도 선행을 먼저 시작한 것이 중요한 게 아니라, 늦게 시작해도 빠르게 높은 수준까지 끝내는 사람이 결국 이기는 것입니다. 마찬가지로 먼저 끝까지 해낸 사람, 마무리를 한 사람이 승리자가 되는 것입니다. 끝내는 습관, 승리하는 습관을 만들기 바랍니다.

**"이별은 새로운 만남의 시작"**

계속해서 전진하는 마지막은 계속 다시 하는 것입니다. 독서를 하든, 글을 쓰든 기존의 것을 다시 정리하고, 보완하여 재구성하는 다시하기 활동은 다루는 내용에 생명력을 불어넣어 줍니다. 이는 1만 시간의 법칙과도 맥을 같이 합니다. 어떤 일이든 정교하게 훈련된 반복을 1만 시간 이상 계속하면 그 분야의 마스터가 될 수 있다는 것에서 나온 말입니다. 앞서 살펴본 독후 활동도 마지막이 아닌 새로운 시작입니다.

### 다시 쓰기(Re Writing)

글쓰기는 자신의 창조적인 작업인 동시에 능동적이고 종합적인 활동이기에 여러 번 반복적으로 다듬을 때 글은 물론 사고도 동시에 다듬게 되어 더 정교한 두뇌를 만들어 줄 것입니다. 다시 쓰기는 디테일한 마무리로 끝내는 것입니다. 악마는 디테일에 있다죠? 악마에게 당하지 않기 위해선 마무리가 안 된 채 계속 새로운 것만을 시작하는 것을 경계해야 합니다. 보통 그 마음을 보면 새롭고 창의적인 것만 중요하고 가치 있다는 생각을 하고 그런 것만 하겠다는 마음이 들어 있는 경향이 있습니다. 실제는 기존의 것을 논리적으로 마무리 짓는 것, 지저분하게 보이는 마지막 작업도 중요한 것을 하는 것만큼 중요합니다. 마치 청소할 때 손으로 큰 휴지는 줍고 빗자루로 미세한 것들을 싹 쓸어버리고 걸레로 먼지 하나 없이 닦아 버리는 것과 같습니다. '적당히' 마인드를 버리고 '완벽하려는 자세'가 좀 피곤해도 발전을 위해서는 필요합니다. 중간중간 매듭을 지어주고 새로운 것을 더해 가는 게 필요합니다. 계속 새로운 것만 추구하는 사람들은 분명 앞서가는 것처럼 보이지만 결국은 남는 게 없거나 무너지는 경우가 다반사입니다. 앞에 것들이 사라지고 약해지기 때문입니다. 마무리 작업은 귀찮고 고됩니다. 많은 에너지와 고도의 집중력을 요하기 때문입니다. '에지'(edgy)있게 끝을 냅시다.

## [에필로그]
### 글을 마치며...

　이 책은 한겨레 신문에 '융합 독서'에 대한 글을 연재하며 시작되었습니다. 학교, 도서관의 초청을 받아 대화를 나누다 보니 좀 더 자세히 설명하고 싶다는 마음이 들었습니다. 최근에는 학습과 관련된 독서에 대한 책이 많이 나오면서, 독서와 학습의 접점에 대한 관심이 많아지는 걸 보며 보충 설명을 위해 부족하지만 펜을 들게 되었습니다.

　교육 설계자, 교육 연구가로 기업 교육, 독서 인재 대안 학교에서도 근무했습니다. 서울 한겨레 교육 문화센터에서 학습 코칭 및 학습독서 그리고 융합 독서 지도사도 여러 해 지도했습니다. 더불어 서울 교육 특구에서 20여 년 동안 인간 역량의 탁월성과 관련된 학습, 사고하는 독서를 연구하며 프로그램을 개발하고 많은 학생들을 직접 지도해 봤습니다. 특히 전 과목 교과서 중심의 최상위권 공부 방법을 분석하고, 일억여 원이 넘는 책들을 구입하여 연구하며 수많은 실전 경험과 이론을 통해 보완해 왔습니다.

　하지만 제논의 역설에서 끊임없이 다가가도 계속 멀어지는 거북이처럼 연구는 끝이 없다는 것을 알았습니다. 연구는 도착하는 것이 아니라 다가가는 것이었습니다.

　'너 자신을 알라.'

　독서와 학습에 대한 연구를 거듭할수록 느껴지는 부족함에 대해 소크라테스의 명언이 발목을 잡는 것 같아 부끄럽습니다. 단순히 줄거리를 읊고 아는 척하는 것은 몇 권만 읽어도 금세 할 수 있지만 질문 앞에 '진짜?'가 붙어 저에게로 돌아온다면 답하기 쉽지 않을 것이라는 생각도 듭니다.

'진짜 그걸 안다고 생각해?'

'진짜 탁월하게 성장할 수 있어?'

'진짜 독서에서 얻는 효과가 소수의 전유물로 끝나지 않고, 대중이 두루두루 함께할 수 있을까?'

완벽을 추구하기 시작한다면 끝나지 않을 여정이기에 지금까지 얻은 좋은 결과라도, 작지만 여러분과 나누고 싶어 연구와 경험을 정리하여 출간하려고 합니다. 부족한 것은 앞으로도 채워 갈 것을 약속하겠습니다.

문자가 가진 한계와 방대한 자료, 정해진 분량의 한계로 인해 설명이 다소 추상적으로 느껴질 수 있습니다. 그러나 책에 쓰인 문장을 보이는 그대로 받아들이지 마시고, 독서의 본질과 원리를 깨우쳐 각자의 상황에 따라 유연하게 사용하시길 바랍니다. 출간 이후에도 도서 목록이나 독서 방식은 더욱 구체적으로 체계를 잡아 블로그와 유튜브, 현장 강의를 통해 최대한 공유할 수 있도록 노력할 것입니다.

저는 가능한 많은 사람에게 학습, 독서, 글쓰기가 회피의 대상이 아닌 성취와 기쁨의 대상이 되길 바랍니다. 그리고 효율적인 학습법이나 독서를 통해 자유롭게 각자가 원하는 것을 성취하길 기대합니다.

'가장 기쁘고 보람된 삶은 뭘까?'

인생에 후회를 남기지 않기 위해 저 스스로에게 물었습니다. 답은 가족과 행복한 추억을 더 많이 만드는 것과 여러분에게 도움이 되도록 연구를 마무리 짓고 더 많이 알리는 것입니다. 많은 분들이 도움을 받아 선한 영향력을 끼치며 하늘 위로 훨훨 날아오르길 바라는 마지막 낭만을 가져 봅니다.

  마지막으로 부모님과 아내, 딸과 아들, 그리고 우주의 주인 되신 분께 영원한 사랑과 감사를 드립니다.

  더불어 계속 비워야 더 좋은 것으로 채울 수 있다는 깨달음을 다시 한번 일깨워 주고, 척박한 글을 윤기 흐르는 글로 도와준 지식과 감성의 한지현님께 특별히 감사드립니다.

*Stay hungry, Stay foolish!!*

*-Steve jobs-*

# [참고 문헌]

자밀 자키, 《공감은 지능이다》, 심심(2021).
남미영, 《공부머리를 완성하는 초등 독서법》, 21세기북스(2021).
모티머 J.애들러 외, 《독서의 기술》, 범우사(2010).
로버트 루트번스타인&미셸 루트번스타인, 《생각의 탄생》, 에코의 서재(2007).
박문호, 《박문호 박사의 뇌과학 공부》, 김영사(2017).
박동호, 《고수의 공부법, 메타센스》, 북카라반(2016).
케네스 쿠키어, 빅토어 마이어 쇤버거, 프랑시스 드 베리쿠르, 《프레임의 힘》, 21세기북스(2022).
힐 마골린, 《공부하는 유대인》, 일상과이상(2013).
강신장, 황인원, 《감성의 끝에 서라》, 21세기북스(2014).
대니얼 j. 레비틴, 《정리하는 뇌》, 와이즈베리(2015).
김정운, 《에디톨로지》, 21세기북스(2018).
이재영, 《탁월함에 이르는 노트의 비밀》, 한티미디어(2008).
조셉 오코너, 이안 맥더모트, 《생각의 미래》, 지식노마드(2016).
앙투안 드 생텍쥐페리, 《어린왕자》, 열린책들(2015).
이황, 《성학십도: 열 가지 그림으로 읽는 성리학》, 풀빛(2005).
마쓰오카 세이고, 《지의 편집공학》, 지식의 숲(2006)
헨리 뢰디거 외, 《어떻게 공부할 것인가》, 와이즈베리(2014).
채사장, 《지적 대화를 위한 넓고 얕은 지식》, 웨일북(2020)
야마구치 마우, 《7번 읽기 공부법》, 위즈덤하우스(2015).
유시민, 《유시민의 공감필법》, 창비(2016).
하시모토 다케시, 《슬로 리딩》, 조선북스(2012).
정희모, 이재성, 《글쓰기의 전략》, 들녘(2005).

매리언 울프, 《책 읽는 뇌》, 살림출판사(2009).
다치바나 다카시, 《지식의 단련법》, 청어람미디어(2009).
신원동, 《메디치가의 천재들》, 북랩(2015).
쑤린, 《유대인 생각공부》, 마일스톤(2019).
스타니슬라스 드앤, 《글 읽는 뇌》, 학지사(2017).
매튜 립맨 외, 《교실 속 어린이 철학》, 씨아이알(2020).
자청, 《역행자》, 웅진지식하우스(2022).